国家教育体制改革领导小组办公室组织编写

教育改革典型案例（一）

总 主 编　袁贵仁
本册主编　刘自成

人民教育出版社

中国教育改革发展丛书·序

教育是民族振兴、社会进步的基石，是提高国民素质、促进人的全面发展的根本途径，寄托着亿万家庭对美好生活的期盼。党和国家历来高度重视教育。经过新中国成立六十多年特别是改革开放三十多年的不懈努力，我国建成了世界最大规模的教育体系，保障了亿万人民群众受教育的权利。教育事业的发展，极大提高了全民族素质，有力地促进了科技创新、经济发展、民生改善和文化繁荣，为实现我国从人口大国向人力资源大国的转变作出了不可替代的重大贡献。

纵观我国教育事业发展的实践历程，根本经验在于探索和走出了一条中国特色社会主义教育发展道路。这条道路，是中国特色社会主义道路的重要组成部分，凝结了中国共产党领导人民发展教育事业的基本经验，体现了中国国情和时代特征，反映了世界教育发展规律，继承了我国教育的优良传统，从根本上明确了“培养什么样的人、怎样培养人”“办什么样的教育、怎样办教育”等重大理论和实践问题。

2010年7月，党中央、国务院召开了新世纪第一次全国教育工作会议，颁布了《国家中长期教育改革和发展规划纲要（2010—2020年）》，确定了“优先发展、育人为本、改革创新、促进公平、提高质量”的方针，描绘了我国未来教育改革发展的宏伟蓝图，指明了教育事业科学发展的新方向，开启了我国从教育大国向教育强国、从人力资源大国向人力资源强国迈进的历史新征程。《教育规划纲要》的颁布，统一了思想，明确了任务。各级党委政府狠抓落实，社会各界关心支持，各级各类学校改革创新，广大教育工作者锐意进取，贯彻落实工作开局良好、进展顺利。两年来，教育优先发展的战略地位进一步落实，教育投入大幅增加，育人为本观念深入人心，教育改革有序推进，教育质量稳步提高，教育公平迈出更大步伐。全社会对教育的理论思考和实践探索不断深入，新思想、新经验、新成果不断涌现，教育事业进入了最好的发展时期，中国特色社会主义教育发展道路充满生机与活力。

组织编写出版中国教育改革发展丛书，集中展示近年来中国教育改革发展的重要成就，总结推广教育改革发展的成功经验，广泛汇集国内各方面专家学者关于教育改革发展的思想智慧，有利于全党全社会更好地了解教育、关心教育、支持教育，有利于深化教育改革、激发教育活力，有利于更好地凝聚共识，形成合力，推动《教育规划纲要》贯彻落实，促进教育事业科学发展。相信丛书的出版，必将进一步丰富和发展中国特色社会主义教育理论，为开创教育事业科学发展新局面，为全面建设小康社会和中华民族伟大复兴作出更大贡献！

二〇一二年七月

目　录

学前教育体制改革专题

义务教育均衡发展专题

推进素质教育改革专题

创新人才培养模式专题

办学体制改革专题

职业教育办学模式改革专题

考试招生评价制度改革专题

保障体制机制改革专题

管理体制改革专题

学前教育体制改革专题

关注学前教育　打造“幸福起点工程”

——江苏镇江市深入推进学前教育体制改革

【摘要】发展学前教育不仅是健全国民教育体系的重要一环，更是时代之需、民生之重。如果说，教育是人生幸福之基，那么，优质普惠的学前教育就是人生幸福的起点。为此，镇江市立足实际，以开展国家学前教育体制改革试点为契机，将学前教育发展置于全市教育发展大局，在整体推进全面教育现代化建设的进程中，着力加快学前教育的改革发展，通过调动各种资源，全力推动体制机制创新，积极打造具有镇江特色乃至苏南发达地区特点的学前教育优质普惠的“幸福起点工程”，力争实现到“2015 年学前教育免费一年，2020 年免费三年”的目标。目前，已初步实现“广覆盖、保基本”的学前教育公共服务要求，为深入推进试点工作奠定了坚实的基础。

实施“幸福起点工程”的整体战略和路径

一、坚持“五个一体”原则

第一，城乡一体。学前教育实施“县级统筹，县镇共建，以县为主”的管理体制，各级教育行政部门负责“扎口管理”，推进城乡均衡发展。第二，公、民一体。深化政府主导地位和指导责任，加快实施政府主导、社会参与、公办民办并举的学前教育办园体制。按“宜公则公、宜民则民、宜股则股”的原则，规范和扶持社会力量举办学前教育尤其是积极扶持普惠性幼儿园，形成公办民办协调发展的格局。第三，家园一体。各级教育部门积极探索家庭教育和幼儿园教育互为补充、有机融合的模式，形成学前教育合力。第四，保教一体。根据幼儿年龄特点，各类幼儿园中保育员和教师既有分工，又相互配合，坚持保教结合、保教并重，做到保中有教、教中有保。第五，玩、乐一体。坚持学前教育以“游戏”为主，按照“玩中乐，乐中玩”的基本要求，不断深化学前教育课程改革，坚决反对学前教育小学化倾向，促进幼儿身心全面和谐发展，奠基孩子幸福快乐的童年。

二、突出“四大支撑”保障

第一，规划引领。将学前教育发展纳入全市教育发展规划，科学制定《学前教育发展五年行动计划》和《镇江市市区学前教育机构规划布局》等配套文件，明确到2015年新建、改扩建幼儿园100所左右。第二，经费保障。财政性学前教育经费在同级财政性教育经费中占合理比例并逐年提高。制定学前教育生均经费标准和生均公用经费财政拨款标准，并高于省定标准。根据发展重点设立学前教育专项经费，学前教育资助制度逐步健全完善。第三，师资提升。落实和健全幼儿教师资格准入制度和职称评定制度；按省定标准核定教师编制，配足配齐人员；完善幼儿教师在职培训体系和初中、小学教师转岗支教机制；提高幼儿教师工资待遇。第四，科学管理。按照幼儿教育基本规律，坚持走以促进公平和提高质量为重点的内涵式发展道路，着力打造优质幼儿园。

三、达成“六心”目标

第一，孩子入园省心。根据城乡发展规划，通过3～5年努力，基本实现幼儿“就近入园”的目标。第二，家长托园放心。切实加强幼儿园安全建设，让家长放心、让社会满意。第三，教师工作专心。加强师德建设和考核，落实相应待遇，保障合法权益，有序推进幼儿教师专业提升“十百千”工程。第四，幼儿成长开心。建立幼儿园保教质量评估监控体系，面向全体幼儿，突出保教结合，寓教于乐，寓乐于玩。第五，社会择园遂心。既大力发展公办幼儿园，又鼓励社会力量以多种形式举办幼儿园，满足多样化、特色化的学前教育需求，加速托幼一体化进程。第六，扶贫助困暖心。设立重点资助农村及弱势群体的学前教育专项经费，使得大多数家庭困难儿童、残疾儿童都能得到政府资助，不因“贫”因“残”而不能入园。

推进体制机制改革的主要举措

一、建立以政府为主导的学前教育管理新体制

明确政府的主导责任，县级政府负责统筹规划本辖区内学前教育事业规划布局，落实学前教育经费，统筹管理各类学前教育机构；乡镇政府（街道办事处）承担发展农村（社区）学前教育的责任，负责幼儿园规划建设、征地、周边环境治理等工作，扶持乡镇（街道）中心幼儿园和村办、民办幼儿园发展。加强领导，明确职责，将学前教育发展纳入市政府“十大民生工程”，建立以分管副市长为组长的学前教育体制改革工作小组及联席会议制度，制定《重点任务责任分解方案》，完善督导考核评价体系，切实履行教育部门以及相关职能部门职责，形成推动学前教育发展的合力。力争到2014年，所有辖市（区）均创建为江苏省学前教育体制改革示范区。

二、建立以政府投入为主的多渠道经费保障新机制

下发《镇江市市级学前教育发展专项经费管理办法》《关于建立健全学前教育经费保障机制的通知》和《镇江市幼儿园收费管理实施办法》等。按照国家和省、市的要求，构建了政府主导、社会参与的投入机制，建立健全学前教育经费保障及使用管理机制，将学前教育经费列入政府财政预算，新增教育经费向学前教育倾斜，确保财政性学前教育经费在同级财政性教育经费中占比不低于5%，并逐年提升，杜绝以保教费等收费充抵财政拨款。制定出台生均公用经费财政拨款标准，达到当地小学教育标准的二分之一以上。设立学前教育专项经费，用于办园条件改善、省级优质园创建、幼儿园园长和幼儿教师培训等。其中丹阳市从2011年起，学前教育的财政性经费投入占整个教育财政性经费投入的5%以上。扬中市出台公办园生均500元公用经费的拨款标准。鼓励社会力量多元化投入，形成由政府、社会、企事业单位和家长共同分担幼儿培养成本的合理机制。鼓励有条件的地区率先实行免费一年的学前教育，其中扬中市2012年秋季将率先在农村幼儿园全面实行免费一年的学前教育。

三、建立以公办园、优质园为主的办园新体制

加大公办幼儿园建设，新建、改扩建一批安全、适用的达到省优质园标准的幼儿园。一是中小学布局调整后的富余教育资源和其他富余公共资源，按符合学前教育布局规划、园舍标准和安全要求优先改建成公办幼儿园。二是鼓励优质公办幼儿园举办分园或合作办园，支持街道、农村集体举办幼儿园。三是制定《镇江市区住宅小区配套学前教育机构建设管理实施办法》和编制《镇江市市区学前教育机构布局专项规划（2011—2020年）》，明确小区开发建设主体按规划配套建设幼儿园，交由当地教育行政主管部门举办公办园或普惠性民办幼儿园。四是大力发展农村学前教育，将幼儿园作为新农村公共服务设施统一规划，优先建设，加快发展。五是明确公办幼儿园独立法人资格，对纳入事业单位机

构编制管理范围的教育部门办幼儿园、其他部门办幼儿园和集体办幼儿园等公办幼儿园，逐步实行统一的事业编制教师配置政策。六是积极扶持民办幼儿园发展，对低收费、普惠性民办幼儿园采取购买服务、减免租金、以奖代补、派驻公办教师等方式予以支持，引导民办幼儿园改善办园条件、提高保教质量。七是加大优质园创建工作，完善城乡之间、公办民办之间幼儿园结对帮扶制度，建立发展共同体，开展多种形式的对口支援活动，帮助薄弱幼儿园提高保教质量，推进城乡学前教育优质均衡发展。

四、建立以公办教师为主体的幼教师资队伍建设“聘、管、培”一体化新体制

在省幼儿园编制标准出台之前，镇江市采取过渡性措施，下发《关于加强公办幼儿园机构编制管理工作的意见》，制定临时性公办园事业教师编制标准。各辖市（区）可在编制范围内，公开招聘具有幼师专业学历的大专毕业生以及在岗的优秀非在编教师，同时盘活现有资源，鼓励小学、初中相关教师转岗幼儿教育，加大对农村幼儿园和薄弱幼儿园的扶持力度，推进园际师资配置均衡，提高公办教师占比，到2014年，各地公办幼儿园全额拨款事业编制教师比例达到50%左右。制定《镇江市关于做好非在编聘用教师队伍建设的意见》，进一步明确“按需设岗、竞聘上岗、按岗聘用、合同管理”的用人机制和人员聘用制度，依法落实幼儿教师待遇，着力稳定教师队伍。润州等地还增设了合同制教师招聘渠道，教育局聘用合同制教师与事业在编教师享受同等待遇，实行招聘、考核、工资统一管理。制定《镇江市关于幼儿园教师“十百千”培训方案》，实施“十百千”工程，五年内培养10名“名、特、优”学前教育专家，组织100场学前教育专家讲座培训，培养1 000名左右的学前教育教学管理能手，全面提升幼儿教师的专业素养。镇江高专丹阳分部学前教育专业基地建设得到加强，先后组织2批90名小学转岗教师开展为期

一年的专题培训，同时加大幼儿教师岗位培养培训力度，2011 年对幼儿园园长、农村骨干教师、保育员等专题培训已达 4 376 人次，基本达到全年每人一次的培训机会，2012 年，将评选辖市（区）级教育教学管理能手 300 名和市级教育教学管理能手 100 名。

五、建立以教育行政部门为主管的学前教育管理新机制

为规范幼儿园办园行为，全市所有学前教育机构，包括 0 ~ 3 岁早教机构，不论所有制、投资主体、隶属关系，均由所在地教育行政部门统一规划、统一准入、统一监管。到 2012 年底，无证办园现象将在镇江市全面消除。认真做好幼儿园的招生工作，根据就近入园的原则，逐步建立幼儿园施教区管理制度，满足适龄儿童就近入园的需求。根据教育部《关于规范幼儿园保育教育工作防止和纠正“小学化”现象的通知》要求，制定《幼儿园保教工作实施意见》《辖市（区）教育局年度工作督导考核细则》等，开展幼儿园保教常规工作“园园行”督查调研，加强对幼儿园的动态和实时监管，加强对幼儿园常规管理、课程实施、游戏活动安排的指导，引导幼儿园科学制订一日作息时间，合理开展一日保教活动，严禁违背学龄前儿童身心发展规律的“小学化”教学行为，扎实推进幼儿教育的健康发展。

深入推进省市优质园创建工作，“以评促建、以评促管、以评促发展”，完善保教质量评估监管体系，探索符合不同年龄层次、不同特点的儿童保教方法，提高保教质量，引导幼儿园优质发展、特色内涵发展，促进幼儿健康快乐成长。2011 年，创建省优质园 5 所、市优质园 11 所；2012 年，创建省市优质园各 6 ~ 8 所，努力使镇公办中心幼儿园的建园率及省优质园占比达到 100%；2013 年，力争省优质园占比达 80%；2015 年，省优质园占比达 80%，入省优质园的幼儿占比达 90% 以上。

与此同时，高度重视幼儿园安全工作，始终绷紧“安全第一”这根弦，全面实行全员安全“一岗双责”制，“三防”措施落实到位，坚决杜

绝校车、活动设施、食品卫生等各类安全事故的发生。

“幸福起点工程”的实施成效

镇江市正式推进国家教育体制改革试点以来，已初步形成以政府办园为主、社会参与、公办民办并举、覆盖学前三年、延伸0～3岁婴幼儿的学前教育格局。“幸福起点工程”实施成效主要表现在以下三个方面。

一、加强了领导，营造了各级政府和社会各界高度重视学前教育改革发展的良好氛围

市政府及相关辖市（区）先后召开一系列学前教育体制改革动员会、现场会、推进会，出台一系列促进学前教育改革和优质普惠发展的文件、规定，建立由分管副市长为组长的联席会议制度，着力强化政府在学前教育统筹规划、政策引导、制度建设、投入保障等方面的主导作用，切实推进改革发展重点任务落实和办园体制与管理机制的健全完善。这一系列改革措施既指导、引领改革试点不断走向深入，同时又进一步营造了学前教育大发展大飞跃的良好氛围。

二、加快了发展，满足了群众对优质普惠学前教育的需求

（一）加快了园舍建设力度，满足了适龄儿童“就近入园”的需求。2011年是镇江市多年来学前教育基础设施投入最多、推进最快、成效最为显著的一年。全市总计投入1.2亿元，新建小区配套幼儿园14所（其中建成公办园7所）、乡镇中心幼儿园2所、农村园1所，建成率100%；改扩建公办园12所、民办园3所。2012年，已完成新建幼儿园10所、改扩建幼儿园3所，完成年度建设任务的72%，可新增学位5 000多个，有力缓

解了适龄幼儿“入园难”问题。共新增班级 108 个，新增学位 5 000 多个，每所幼儿园覆盖常住人口为 1.41 万。目前，全市公办园占比达到 73.4%，在公办园入读的幼儿占比达到 80% 以上，基本解决“入园难”问题。

（二）提高了内涵和保教质量，满足了适龄儿童“入好园”需求。做到扩大规模与提高质量并举，在办学条件改善的同时，更注重幼儿园环境创设、教职工素养提升、课程设置等方面的内涵建设，要求幼儿园办园更规范，内涵更丰富，努力满足群众“上好园”的期望。有效的优势互补、整体提升，已成为镇江每一所幼儿园的文化办园追求。扬中市文化新村幼儿园尝试混龄教育的研究，丹徒区上党中心幼儿园把地方艺术特色开发成幼儿课程，京口区贺家弄幼儿园挖掘不同职业家长教育资源开展幼儿实践活动，润州区中山西路幼儿园创设幼儿心理研究实践的园本课程，句容市天王中心幼儿园利用农村资源开发特色游戏，丹阳市正则幼儿园用爱和美培育完整的儿童……幼儿在活动中尽情地玩乐，享受忘我的愉悦，增强了体质，培养了良好的心理品质。

三、促进了事业发展，提升了学前教育事业整体水平

第一，公办园占比进一步增加。镇江市现有 192 所幼儿园，其中公办园 141 所，公办园占比 73.4%，比 2010 年提升 3 个百分点。第二，幼儿园公办教师总数进一步增加。目前，镇江市专任教师 3 822 人，其中公办园专任教师 2 736 人，在编教师 1 093 人，公办园中公办教师占比达 40%。第三，优质园占比进一步增加。省优质园 123 所，省优质园占比达 64%，比 2010 年提升 4 个百分点。第四，学前三年入园率进一步提升。在园幼儿园 63 822 人，学前三年入园率达 98%，其中在公办园就读的幼儿 53 328 人，占比达 80% 以上；在省优质园就读的幼儿 48 027 人，占比达 75%。积极探索科学的 0～3 岁婴幼儿早期教育服务方式，0～3 岁早期教育受指导率比 2010 年提升 19 个百分点，达 44% 左右。

（江苏省教改办推荐）

公办民办并举　破解入园难

——福建厦门市积极探索公益性普惠性学前教育

【摘要】为认真贯彻落实国务院《关于当前发展学前教育的若干意见》和福建省人民政府《关于加快学前教育发展的意见》，满足广大人民群众对学前教育的需求和期盼，在市委市政府的高度重视下，厦门出台《关于大力推进学前教育事业发展的意见》，组织实施学前教育三年行动计划，大力发展公办园，积极扶持民办园。紧紧围绕公益性、普惠性、规范化的发展目标，坚持政府主导、社会参与、公办和民办并举，以前所未有的决心和力度，积极推进学前教育事业发展，努力破解“入园难”问题，取得阶段性成效。

统筹协调，推进学前教育事业科学发展

一、落实政府职责，完善工作机制

市委、市政府高度重视学前教育事业的发展。市政府主要领导亲自带队调研，多次听取专题汇报，把发展学前教育作为重大民生工程，将建设公办园及扶持民办园列为特区建设30年30项惠民项目之一，不断推进学前教育事业科学发展。2011年8月，在历经多次调研和专题研讨后，厦门市人民政府出台《关于大力推进学前教育事业发展的意见》，明

确了厦门发展学前教育的指导思想、发展目标和保障措施。同时加强组织领导和统筹协调，健全教育部门主管，财政、发改、编办、人力资源和社会保障、物价、综治、公安、卫生、城乡建设和国土等部门分工负责的工作机制，形成有效推动学前教育发展的政策保障。

二、明确目标任务，实施三年行动计划

为落实全省提出的用三年时间初步构建布局合理、覆盖城乡的学前教育公共服务体系，基本满足 3～5 岁适龄幼儿入园需求的总体目标，厦门各区结合实际制定了各区的学前教育三年行动计划（2011—2013 年），其中思明区还邀请了市城市规划设计院参与区学前教育发展建设规划。各区提出，在坚持“保基本、全覆盖、有质量”发展原则的基础上，通过扩建、新建、资源重组等形式，改善办学条件，最大化扩充学前教育资源，努力促进学前教育的发展。各区从实际出发，多渠道扩大公办学前教育资源，实施“公办幼儿园近期发展计划”，积极扶持民办幼儿园，努力扩大普惠性学前教育资源。通过科学编制规划，突出重点，多样办学，争取实现学前机构布局全覆盖。根据各区规划，2011 年全市新建、改扩建公办幼儿园 19 所，2012 年拟新建、改扩建公办幼儿园 23 所，2013 年再新建、改扩建公办幼儿园 15 所以上，争取到 2013 年，全市各区在园幼儿数从 2010 年的 88 289 人增加到 111 688 人，学前教育财政投入提高到 41 701 万元。

三、统筹协调，扩大资源，规范发展

为有效落实发展学前教育的目标任务，厦门认真作好学前教育发展规划，把幼儿园规划建设纳入新区建设、旧城改造的建设规划，纳入城镇和新农村建设规划，做到同步规划、同步建设、同步投入使用。在土地出让前，要求明确配套幼儿园的办学规模、建设标准、所有权属和建设时序要求，规划许可审批前要征求教育部门意见。

采取灵活多样的方式发展公办园。鼓励和支持行政事业单位、镇（街）村（居）集体利用国有和集体资产举办公办性质幼儿园，利用农村小学布局调整和其他富余公共资源优先举办公办幼儿园，对现有幼儿园按照国家标准进行改扩建，完善办学设施，扩大办学规模。将公办幼儿园建设列入市重点建设项目、为民办实事项目，确保项目建设资金到位。2011 年，省政府下达厦门新增公办幼儿园建设任务 19 所，厦门安排增加到 24 所，新增 212 个班、6 360 个学额。对列入 2012 年公办园建设任务的项目，要求各区教育局要早规划、早准备，及时立项开工，确保资金到位，争取全市 2012 年新建不少于 18 所公办园。

在大力推进公办园发展的同时，积极鼓励和支持有条件的镇（街）村（居）集体举办幼儿园，引导和扶持社会力量举办公益性和普惠性幼儿园。目前，厦门湖里等区已陆续出台了相应的鼓励街道和社区居委会利用国有和集体所有资产、经费举办公办性质幼儿园的扶持政策。

为加强民办幼儿园规范管理，不断提高民办幼儿园的办学水平，市教育部门出台《民办幼儿园评估管理办法》，下发《关于做好集体办和民办幼儿园定级评估的通知》，根据幼儿园的办园条件和办园质量，按一级、二级、三级和基本合格四个等级对民办幼儿园进行评估定级。2011 年同时对镇（街）、村（居）等集体举办的幼儿园以及经审批的民办幼儿园进行评估，全市共评估集体办幼儿园 200 所，民办幼儿园 256 所，其中一级园 63 所，二级园 56 所，三级园 98 所，基本合格园 230 所，未定级 9 所。

为使广大幼儿能到规范、安全、合格的民办幼儿园就学，厦门加大了清理整顿无证幼儿园的力度。由教育、综治、财政、公安、民政、卫生、建设、物价、执法、消防等十个部门联合制定《开展清理整顿无证幼儿园工作方案》和《过渡性幼儿园办园标准》，并实行对无证办园限期整治的月报制度，由市政府办公厅转发各区政府和市直委办局贯彻执行，对厦门的无证民办幼儿园以及排查中新发现的无证幼儿园进行清理整顿。

清理整顿分为自查自纠、清理整顿、总结建制三个阶段，对符合办园条件的予以审批，对达到过渡性幼儿园条件的，通过加强日常监管，促其规范办园；对园舍符合建筑、消防要求，但其他方面尚有差距的，允许其筹办，限期整改；对不符合或经整改仍无法达到过渡性幼儿园条件的，坚决予以取缔，并做好在园幼儿的分流工作。全市共清理整顿 293 所无证园，正式批办 68 所，同意筹办 199 所，取缔 26 所。并及时通过媒体、网络等形式向社会公布经审核符合办学基本条件的民办幼儿园名单，引导家长为幼儿选择规范、安全、合格的幼儿园。

四、加大财政投入，提高保障水平

在市委市政府的协调下，建立市、区财政共同投入的促进学前教育发展的机制。

（一）建立民办园分级收费管理和分级补助制度。为充分体现政府的惠民政策，使广大民众真正享有实惠，2011 年厦门出台《关于民办幼儿园实行分级收费管理等事项的通知》《关于做好民办幼儿园分级收费管理有关工作的通知》《关于制定接受政府补贴的民办幼儿园有关收费最高限价的通知》等文件，明确规范配套措施，确保厦门民办幼儿园分级收费管理和财政补助工作的顺利实施。从 2011 年秋季开始，对愿意接受协调、实行分级收费管理制度的民办幼儿园，实行保教费分级最高限价，四个等级的最高限价分别为每生每月 500 元、400 元、300 元和 250 元。对经正式批办且执行最高限价规定的民办幼儿园给予财政补助，四个等级民办园每生每月分别补助 350 元、250 元、150 元和 100 元（每年按九个月计算）。民办园办园水平与其所能享受的政府补助金额直接挂钩，民办幼儿园评估等级越高，财政补助越高；民办幼儿园每提升一个评估等级标准的，给予财政补助 10 万元。

（二）设立公办园建设补助经费。对公办幼儿园的改扩建项目，按 6 班、9 班、12 班的规模，市财政分别予以 50 万元、70 万元和 100 万元的补助。

（三）加大无证园整改力度，对经整改达到正式批办标准的，财政采取“以奖代补”的方式予以一次性补助，办学规模达到12班、9班、6班、3班的，分别奖励50万元、40万元、30万元、20万元。

（四）出台《关于建立学前教育资助制度的通知》，建立对家庭经济困难儿童、孤儿和残疾幼儿接受学前教育的补助机制。据统计，截至2011年底，市、区两级财政对公办幼儿园建设投入资金已达12 037万元，对实行分级收费管理的集体办和民办幼儿园补助资金投入达2 652万元。目前，全市签订协议参加分级收费管理的民办幼儿园达241所（含过渡性幼儿园）。愿意实施分级收费管理的民办幼儿园占民办园总数的83.1%以上，提高了办园水平，减轻了市民负担，充分体现了政策的普惠性。对办学场所属于政府部门的，还实行零租金。有不少幼儿园因为享有政府分级管理的补助政策，主动降低收费标准，让利给幼儿和家长，有的降幅达到每月500元以上。

五、加强队伍建设，提升师资素质

随着学前教育资源的不断扩大和幼儿园数量的增加，教师队伍建设成了推进学前教育工作的重点和难点。2007年，集美区教育局克服重重困难，首次破冰公开招聘新增5名编内教师，改变了厦门近十年未招公办编内教师的状况。2008年，海沧区、同安区也开始新招编内教师，共录取15名。2010年，思明区教育局也首次新招了30名编内教师。2011年市政府《关于大力推进学前教育事业发展的意见》出台后，由于有了强有力的政策支持，厦门各区逐步为幼儿园核编，全面推行幼儿园新任教师公开招聘、择优聘用制度。2011年全市共招聘111名公办幼儿教师，是近年来补充幼儿师资队伍规模最大的一次。从2007年至2011年底，厦门共新增幼儿园编内教师229名。

为切实提高师资队伍素质，厦门坚持幼儿教师培训后再上岗制度。

设立学前教育培训专项经费，建立市、区、园本三级培训机制。2011 年还依托厦门城市职业学院，对当年录用的新教师实行三个月的封闭性培训，并进行结业考核，许多教师在结业典礼上展示了良好的弹、唱、跳、画及教玩具制作等基本功。

厦门将继续根据省、市有关文件的精神逐步配齐幼儿园的教职工，加强对教师的培训和培养力度，强化学前教育的人才支撑。通过扩大总量、加大培训、落实待遇，把有爱心、懂幼教的教师充实进来，提高教师队伍保教水平，有效提高保教质量，促进幼儿健康成长。

六、坚持科学保教，促进学前教育发展

制定《厦门幼儿园一日活动常规要求》，出台《关于进一步规范幼儿园办园行为的意见》，在幼儿一日活动常规和行为规范的习惯养成上，在办园秩序、保教行为、教科研工作、师资配备、收费行为和卫生安全等方面，进一步细化规范化要求。开展学前教育片区管理，将辖区幼儿园划分成若干个片区，每个片区以 1～2 所省示范幼儿园或市优质幼儿园为龙头，带动民办幼儿园与农村幼儿园发展。同时加强教学常规的检查和教学督导，建立相应的监督检查和问责机制，引导全市公办民办幼儿园切实尊重幼儿身心发展规律和特点，科学保教，全面提高幼儿园的办园水平。

经过一年的努力，厦门学前教育发展取得了明显成效，政府责任得到加强，保障力度大幅提高，学前教育资源扩大，办园行为不断规范，呈现了良好的发展态势。2011 年 11 月 3 日，省教育体制改革领导小组在厦门召开了全省学前教育三年行动计划现场推进会，与会代表现场考察了厦门的幼儿园，深入了解厦门大力发展公办园、积极扶持民办园、多渠道扩大学前教育资源、规范幼儿园管理、提高保教质量等情况。省领导充分肯定厦门推进学前教育发展的做法，把厦门过去一年发展学前教育工作概括为“四有”，即有力度、有创新、有亮点、有成效，认为厦门推进学前教育普及工作力度大，建立民办幼儿园分级收费管理和财政补

助制度的做法，有创新，是亮点，是学前教育改革发展的一个方向，必将有效缓解“入园难”“入园贵”状况，同时，对农村幼儿园教师自制教玩具、勤俭办学的精神表示赞许。厦门推进学前教育事业发展的做法和成效也得到了市民的广泛认可。

群策群力，推进学前教育发展再上新台阶

一、提高思想认识，完成目标任务

坚持把发展学前教育作为解决民生问题的重点，切实按照厦门《关于大力推进学前教育事业发展的意见》和学前教育发展的三年行动计划，落实各项配套措施，创新管理办法。第一，加快推进公办幼儿园建设。尽快实现一街一镇一所公办园的任务，如期完成省政府下达的建设任务，确保全市各项目标任务特别是公办园建设任务的顺利完成。第二，落实小区配套幼儿园的移交。认真落实《厦门学校用地保护规定》，对未按规定配建幼儿园的不予审批，已经改变性质用途的，加大限期整改的力度，努力增加公益性、普惠性幼儿园的数量，满足片区内幼儿的入园需求，维护社会稳定。第三，积极扶持民办幼儿园。落实鼓励民办幼儿园发展的各项政策措施，推行幼儿园标准化建设，不断提高民办幼儿园办学水平，逐步建立起质价一致的管理体制，努力解决入园贵问题。同时要依法加强对过渡性民办幼儿园的管理，严格落实办园许可证审批和年检制度，坚决取缔无证办园。

二、加强学前教育师资队伍建设

公办幼儿园有编不核或已核编但不按编配足教师，是一个长期困扰学前教育发展的突出问题，既影响了教师队伍的稳定，也因经济等因素

影响了公办园和集体办园、部门办园的公益性质，应依法落实幼儿园教师编制、地位及待遇，稳定学前教育师资队伍。按照《福建省全日制、寄宿制幼儿园和小学附设学前班人员编制标准》进行核编，加大幼儿教师的核编力度、培训培养和招聘力度，足额配备厦门公办幼儿教师，适度放宽教师招聘的条件，允许公办幼儿园招聘部分在职的外地优秀教师及厦门公办非在编的幼儿教师，创新骨干教师的培养和招聘工作，力争到 2015 年公办园编内在职教师达到核编数的 50% 以上，努力建设一支数量充足、结构合理的幼教师资队伍。同时各有关部门应定期对幼儿园的核编进编情况进行专项督查，为学前教育队伍的建设和幼儿园保教质量的提升提供保障。

三、完善财政核拨机制，提高资金使用效率

目前厦门基础教育阶段除了学前教育外均统一生均公用经费标准和生均财政拨款标准。将积极研究制定全市统一的、科学合理的公办幼儿园生均公用经费标准和财政拨款模式，以此为切入口，建立健全学前教育财政经费保障长效机制。对公办幼儿园，在按《福建省全日制、寄宿制幼儿园和小学附设学前班人员编制标准》进行保教人员核编并核拨人员经费的基础上，将幼儿园收取的保教费全额返还，同时核拨生均公用经费。对集体办和部门办幼儿园，将进一步加强接受财政补助的专项管理，督促各区及时足额按有关标准将财政补助专款核拨到集体办和部门办幼儿园，确保教师的工资待遇，促进幼儿园保教质量的提升。对实行分级收费管理的民办幼儿园，要加强对财政补助专项经费的监管力度，建立健全年度使用计划申报制度、资金使用管理制度、项目过程督查和评估审计制度，确保专款专用、专账管理，防止以任何名义、方式挤占挪用。

（福建省教改办推荐）

全省总动员　实行普及学前教育“三步走”

——陕西省系统部署学前教育发展战略

【摘要】近年来，按照国务院《关于当前发展学前教育的若干意见》精神，陕西省以组织制定和推进实施三年行动计划为主要抓手，切实加强领导，省、市、县各级政府成立学前教育工作领导小组，建立学前教育联席会议制度，统一协调教育、发改、财政、编制、人社、卫生等相关部门，及时通报、协调、解决学前教育改革发展中的重大问题，形成合力与共识。在改革中，按照“立足省情、适度超前、尽力而为、逐步推进”的原则，提出普及学前三年教育、实施学前一年免费教育的目标。在工作部署上，提出普及学前教育分三步走的战略步骤。通过强化政策支持，加强组织领导，健全督查机制，有力促进了全省学前教育的整体发展。

领导重视，行动迅速

2010年全国教育工作会议结束后，陕西省委立即召开常委会，专题研究贯彻落实工作，明确提出要把大力发展学前教育作为全省教育工作的重点任务来抓。省委书记要求加快普及学前教育，提高保教质量。省长连续多次召开座谈会，听取社会各界对教育工作的意见和建议，重点研究全省学前教育的发展现状、发展目标和保障措施，强调要积极推进学前一年免费教育、两年普及教育，力争三年内每个县城至少有两所、每个乡镇都有一所公办标准化幼儿园，基本解决“入园难”问题。主管教育的副省长多次深入幼儿园调研，并召开专题会议，要求全省各级党委、政府要切实把学前教育摆在更加突出的位置。

2010 年 12 月中旬，陕西省委、省政府召开全省教育工作会议，颁布实施《陕西省贯彻〈国家中长期教育改革和发展规划纲要（2010—2020 年）〉的实施意见》，并制定印发五个配套文件，第一个就是《陕西省人民政府关于大力发展学前教育的意见》，对发展学前教育作出总体规划部署。2011 年 9 月 4 日，全国学前教育三年行动计划西安现场推进会后，省长立即召开专题会议，就贯彻落实会议精神提出了十项重大举措，于 9 月 9 日以省政府名义召开由省、市、县、乡四级党政和相关部门主要领导参加的电视电话会议，对各市县实施学前教育三年行动计划作出全面部署。一年来，各市县将发展学前教育纳入当地经济社会发展规划和工作重点，全省迅速形成党委、政府高度重视、强力推动，相关部门各司其职、密切配合，全社会广泛关注和大力支持学前教育发展的良好氛围。

立足省情，科学规划

陕西是我国西部地区一个经济欠发达省份，学前教育底子较薄。截至 2010 年底，全省共有幼儿园（班）3 928 所，其中城市 822 所，县镇 668 所，农村 2 438 所；公办 711 所，占幼儿园总数的 18.1%；民办 3 217 所，占幼儿园总数的 81.9%。3～5 周岁幼儿 109.6 万人，在园幼儿 70.47 万人。全省学前两年在园幼儿 53.7 万名，学前两年毛入园率为 73.81%；学前三年在园幼儿 68.16 万人，学前三年毛入园率 62.19%。总体上看，学前教育依然面临资源不足、入园率不高、公办园数量过少、农村幼儿园短缺、城市“入园难”和“入园贵”等问题。

针对资源不足、公办园数量过少、入园率不高等突出问题，省委、省政府审时度势，把加快发展学前教育作为贯彻全国和全省教育工作会议和《国家中长期教育改革发展规划纲要（2010—2020年）》的突破口。2011年3月，省教育厅抽调20余位专家和教育行政干部组成6个调研组，分赴全省11个地市进行全面细致调研，摸清学前教育发展的现状以及面临的主要问题，为科学制定全省三年行动计划提供了翔实可靠的依据，并形成10万字的调研报告。按照“立足省情、适度超前、尽力而为、逐步推进”的原则，提出了普及学前三年教育、实施学前一年免费教育的目标。在工作部署上，普及学前教育分三步走：第一步，2011—2013年，每个县城建1所能发挥辐射带动作用的公办幼儿园，新建、改扩建公办乡镇中心幼儿园1 000所，推行学前一年免费教育，学前三年毛入园率达到75%；第二步，到2015年，每个县城建2所能够发挥辐射带动作用的公办幼儿园，每个乡镇建1所公办中心幼儿园，大村独办、小村联办，城市居民小区配套建设幼儿园，建成县、乡、村三级服务网络，普及学前两年教育，学前三年毛入园率达到85%；第三步，到2020年，高水平、高质量普及学前三年教育。

建章立制，保障发展

一、强化政策支持

制定下发《关于加快发展学前教育的若干规定》《陕西省学前一年免费教育实施方案》《关于综合利用中小学闲置校舍的指导意见》《城市新建居住区配套规划建设幼儿园的指导意见》《陕西省幼儿园基本办园标准》

《资助资金管理办法》等系列文件。各级政府安排专门资金，每年新增教育经费向学前教育倾斜，财政性学前教育经费在同级财政性教育经费中占合理比例。幼儿园建设涉及的行政事业性收费和政府性基金，按照有关规定予以减免。对经营服务性收费，各级政府根据实际情况适当减免。

二、加强组织领导

省、市、县各级政府成立学前教育工作领导小组，建立学前教育联席会议制度，统一协调教育、发改、财政、编制、人社、卫生、计生、建设、土地、规划、公安、物价等相关部门，及时通报、协调、解决学前教育改革发展中的重大问题，从而形成合力与共识，全面推进学前教育事业又好又快发展。省委、省政府在精简机构、压缩编制的情况下，在省教育厅设立基础教育三处，专项负责学前教育工作。西安、汉中、延安等市也建立了专门机构，很多区县一级教育行政部门也专门成立了学前教育机构，充实了人员力量，初步形成了全省学前教育上下联动、密切配合的工作格局。

三、健全督查机制

从 2011 年起，省委、省政府把学前教育发展情况作为对市县进行年度目标责任考核的重要内容，纳入党委、政府目标责任考核体系，分季度督办。将各县推进学前教育发展情况作为创建“双高双普”“教育强县”的重要评估指标。省教育厅与各市政府签订了目标责任书。一年来，省政府多次组织力量督查全省各市县开展学前教育工作落实情况，副省长亲自带队到市县检查指导学前教育工作，有力地促进了学前教育事业的发展。

采取措施，推动发展

一、切实加快幼儿园建设

落实政府主导、社会参与、公办民办并举的方针，坚持走多元化办园之路，努力扩大园所数量。重点建设县城幼儿园、乡镇中心园，省上实行以奖代补，每新建一所奖励100万元，改扩建一所每平方米补助500元。新建、改扩建公办园所需土地，由当地政府按照行政划拨方式提供。加强城镇小区配套园建设，小区建设规划实行教育行政部门前置审核，不具备配套园建设条件的小区，开发商须缴纳城市新建小区教育设施配套建设费，由政府统筹建园。建立专项资金，通过以奖代补、购买服务、减免租金等方式扶持民办幼儿园。其中，西安市连续三年每年投入1亿元，用于奖励民办园。通过利用中小学布局调整后富余的教育资源和其他公共资源举办幼儿园，以及乡镇中心园办分园，大村独立办园，小村联合办园，有条件的小学附设幼儿园等多途径发展农村学前教育。鼓励企事业单位办幼儿园，禁止企业随意停办或撤销幼儿园。各县选择1所幼儿园建立残障儿童随班就读资源中心，以多种形式为残障儿童提供学前教育。2011年全省规划建设的441所幼儿园已全部建成并按期投入使用，2012年省定新建、改扩建325所幼儿园正在有序建设之中。

二、加大资金投入力度

2011年省本级财政投入达到4亿元，地市财政投入23亿元，全省学前教育经费投入占教育经费总投入的5%。对达到基本办园标准的幼儿园，按照平均每生每年200元的标准下拨专项生均公用经费。对无条件单独建园的边远地区开办附设幼儿园的小学，省上按照生均800～1 000元的标准给予奖补资助。对各县建立的特殊儿童随班就读康复资源中心，省财政按每人1 500元的标准予以奖励性补贴。从2011年秋季起，免除所有公办幼儿园学前一年幼儿保教费，民办幼儿园按照公办幼儿园保教费标准予以减免。省、市、县政府建立学前一年免费教育经费保障机制。按每生每年 700 元计算，省财政按需求总量的 80% 设立奖补资金，资金分配与市县人均财力、在园人数、毛入园率挂钩。建立学前教育资助制度，对家庭经济困难幼儿、残障幼儿以及孤儿补助生活费，每生每天 3 元，所需资金 50% 由省财政承担。免除烈士子女、残障儿童和孤儿的保教费。着力保障农村留守儿童和进城务工人员子女入园。共免除 33.66 万名幼儿保教费，使 6.73 万名家庭经济困难幼儿得到了生活补助。从 2012 年起，宁陕县、彬县、高陵县、吴起县、神木县、府谷县等实施学前三年免费教育，深受社会的关注和赞誉。

三、总结推广典型经验

为总结普及农村学前教育的经验，2009 年 11 月和 2010 年 11 月相继在长安区、洛南县召开全省农村学前教育工作现场会，基本形成全省农村学前教育发展思路，即落实各级政府发展学前教育的责任，紧紧抓住中小学布局调整的有利时机，着力加强乡、村两级幼儿园建设，逐步形成以县办幼儿园为龙头和示范、乡镇中心幼儿园为骨干、村级办园为基础、公办民办共同发展的农村学前教育新格局，学前三年教育的普及率不断提高。尤其是 2010 年在洛南召开的现场会，辐射广、影响大，形成的“洛南模式”为发展农村学前教育开辟了新思路。在 2010 年底召开的全国学前教育电视电话会上，洛南县作为发展农村学前教育的典型进行了大会交流。中央电视台新闻联播曾对洛南县学前教育工作进行报道，《人民日报》《光明日报》《中国教育报》和新华社等 12 家新闻媒体予以报道。2011 年以来，又以编发简报、组织媒体宣传报道等形式，大力宣传各地推进学前教育发展的新举措和新经验。其中，国家级贫困县岚皋县举全县之力，实施“学前教育整县推进工程”，用一年时间建成全县所有 15 个乡镇的中心幼儿园，2011 年秋季已全部按时开园。

规范管理，提高质量

一、规范办园行为

按照“省定标准、以奖代补，市级统筹、布局规划，以县为主、分工负责”的管理体制，各级教育行政部门对学前教育实行统一归口管理，开展理顺办园体制改革试点，加强对新建园的审核，强化督导评估，实行动态监管，严格幼儿园收费管理，规范办园行为。进一步加强安全设施建设，配备保安人员，健全各项安全管理制度，全面排查隐患，不断强化幼儿园的安全保障工作。加快幼儿园信息平台建设，促使学前教育管理工作更加科学、透明、高效。

二、加强队伍建设

严格执行幼儿教师专业标准，健全幼儿教师资格准入制度，严把入口关。按照定编、定岗、不定员的原则，通过“省考市选县用”，由省编制部门商教育、财政部门，根据实际，充分考虑幼儿年龄特点和保育教育工作需要，合理确定教师配备比例，核定公办幼儿园教职工编制，配足配齐幼儿园教职工，并根据生源变化情况及时予以调整。从 2011 年起，由省教育厅负责，会同省人力资源和社会保障厅每年面向全省公开招聘一定数量具有教师资格的大专以上毕业生，经过专业培训后，充实到幼儿教师队伍。公办幼儿园中具有教师资格、目前尚未纳入编制管理的教师，可参加省上组织的幼儿教师公开招聘考试，在同等条件下优先录用。对中小学因布局结构调整等原因需重新聘用的教师，可进行转岗培训，调整补充进幼儿教师队伍。进一步加强高等师范院校、高等职业技术学院的学前教育专业建设，完善初中毕业起点五年制学前教育专科学历教师培养模式，注重提高学生的综合素质，为普及学前三年教育培养足够数量的合格教师。完善省、市、县、园四级培训网络，采取多种形式对园长、教师进行全员培训。每五年对所有幼儿园园长及教师完成一轮培训，集中培训时间不低于240课时。鼓励和支持教师参加学历培训，不断提高幼儿教师学历层次。落实幼儿教师地位和待遇，保障幼儿教师在进修培训、评选先进、专业技术职务评聘、工资、社会保险等方面与当地中小学教师具有同等地位。规定县政府按照高于当地城镇职工最低工资标准的原则，合理确定民办幼儿园教师工资指导线。

三、落实科学保教

切实加强学前教育教科研工作，遵循幼儿成长与学前教育规律，注重保教并举，重视儿童营养与健康，注意在游戏和活动中培养儿童的良好习惯和素养。建立公办与民办幼儿园对口支援制度、公办教师到民办园任教服务制度，促进优质资源共享。安康市的白河县、商洛市的洛南县已经作为教育部、财政部学前教育巡回支教试点县，启动实施巡回支教工作。同时，按照“全省覆盖、整县推进、点面结合、重点帮扶”的原则，在全省开展省级示范幼儿园与区县薄弱园结对帮扶活动，通过结对帮扶，开展专题讲座、教学观摩研讨、送教下乡、浸入式跟班学习、课题研究、联谊、捐赠等灵活多样的方式，帮助各级各类幼儿园提高管理水平、保教质量以及教师专业素质。

经过一年多的努力，陕西学前教育事业发展成效显著。目前，全省有各级各类幼儿园5 499所，其中公办园1 187所，所占比例从2010年的18.1%提高到21.6%；在园幼儿97.66万人，同比增加27.19万人。学前三年教育毛入园率80.14%，同比提高17.95%，学前一年在园幼儿（含学前班）37.7万人，毛入园率87.4%，同比提高11.8%。2011年9月，国家教育体制改革领导小组办公室在陕西组织召开全国学前教育三年行动计划现场推进会，充分肯定了陕西省学前教育改革的做法和经验。

（陕西省教改办推荐）

为贫困地区发展学前教育探出一条新路子

——宁夏彭阳县深化学前教育体制改革

【摘要】为有效改善贫困地区因经济发展、人口分散、交通不便等因素造成的农村孩子接受学前教育困难的状况，彭阳县以实施国家农村学前教育机制改革试点为契机，积极探索贫困地区发展学前教育的新路子。积极采取履行发展学前教育职责、拓宽幼儿教师补充渠道、不断扩大学前教育规模、有效规范农村办园行为、设列学前教育专项经费、保障学前教育投入、深入挖掘本土幼教资源等途径，努力构建覆盖城乡、布局合理的学前教育服务体系和政府投入、举办者投入、家庭合理负担、幼儿园自筹、社会捐资等多元投入机制，实现“村有学前班、乡有幼儿园、县有示范园”的目标，有效保障适龄儿童接受基本的、有质量的学前教育。

背景情况

彭阳县位于宁夏东南部边缘，六盘山东麓，地貌类型复杂多样，山大沟深，沟壑纵横，是一个以农业为主的国家重点扶持贫困县。现辖3镇9乡156个行政村，总人口26.26万人，其中农业人口23.5万人。

随着经济社会的快速发展和人民生活水平的不断提高，全县学前教育的发展与社会需求之间的矛盾越来越突出。农村幼儿园基础设施较差，规模小，效益不高，办园条件普遍简陋。幼儿教师没有编制，专业幼儿教师数量不足，聘用教师工资待遇低，流动性大，师资队伍不稳定。加之彭阳农村山大沟深，农村人口数量大且居住分散，交通十分不便，农民收入不高，县级财政困难，农村幼儿接受学前三年教育困难较大，普及学前教育任务艰巨。

为有效改善农村孩子接受学前教育困难的状况，全县以实施国家农村学前教育机制改革试点为契机，积极探索贫困地区发展学前教育的新路子：坚持教育优先发展和“科教兴县”战略不动摇，按照“乡镇建设中心幼儿园，人口相对集中村和移民点建设村级幼儿园，县城小区配套建设相应规模幼儿园”的总体发展思路，努力在办学体制、管理体制、投入体制、队伍建设和幼儿资助等方面进行实践探索，进一步加大经费投入，深化体制改革，切实解决群众期盼与相对短缺的教育资源、急需增强的教育活力和成为约束的体制机制之间的矛盾。

主要举措

一、健全高效务实的组织领导体系

落实政府职能，成立由政府县长任组长、四大机关分管领导任副组长、相关部门和乡镇负责人为成员的学前教育改革试点工作领导小组，负责全县学前教育发展各项工作的规划指导和组织实施。制定《彭阳县学前教育三年行动计划》和《彭阳县承担国家农村学前教育机制改革试点工作实施方案》，明确学前教育发展的指导思想、基本原则和具体措施，提出到2013年和2015年学前教育三年毛入园率分别达到70%和80%以上的发展目标。把学前教育改革纳入教育专项督导评估考核，要求各乡镇和有关部门主要领导亲自抓、分管领导具体抓、工作人员蹲点抓，形成一级抓一级、层层抓落实的责任落实机制。

二、探索多元投入的经费保障机制

在财政预算中，设列学前教育专项经费，坚持每年筹措200万元，用于支付“县聘乡用”幼儿教师工资和园长、教师培训等，按照每名幼儿100元标准，设立学前教育生均公用经费。县财政多方筹资1 245万元，建成交岔乡中心幼儿园，正在建设民生家园小区配套幼儿园，启动建设王洼镇中心幼儿园。争取农村学前教育推进工程建设试点项目资金1 934万元，新建、改建7所县乡幼儿园。同时，积极拓宽社会融资渠道，争取宁夏隆湖房地产开发有限公司投资283万元建成城阳乡中心幼儿园，吸纳民间资金兴办了春蕾、民乐、育英、童乐4家民营幼儿园，扶持创业青年兴办博雅幼儿园，鼓励开发企业投资685万元在茹河花园住宅小区配套建设茹河幼儿园。

三、构建城乡一体的幼教资源格局

坚持政府统筹规划，针对县城入园幼儿逐年增加的实际，规划新建18班型的县第二幼儿园。实施新建住宅小区配套建设幼儿园，要求与小区同步规划、同步建设、同步交付使用，建成后采取政府委托方式，办成普惠性民办幼儿园，已建成茹河花园小区幼儿园，正在建设民生家园小区幼儿园。结合中小学布局调整，新建或改建乡镇中心幼儿园。在建成交岔乡中心幼儿园的基础上，实施新建古城、王洼和新集3所乡镇中心幼儿园，改建草庙、孟塬、罗洼、冯庄乡中心幼儿园。同时，积极探索利用农村富余校舍资源改建幼儿园、在农村小学附设幼儿园等办园模式，不断完善乡村学前教育公共服务体系。

四、创新质量并重的师资扩充办法

按照国家和自治区有关标准核定公办幼儿园教师编制，通过小学学前教育专业教师转岗培训、面向社会招聘等途径，有计划地补充幼儿教师。2011 年，在全区率先采用“县聘乡用”形式，为乡镇中心幼儿园公开招聘幼儿教师 50 名，逐步解决农村幼儿教师数量不足问题。把学前幼儿教师培训纳入“国培计划”，对幼儿园园长和教师进行全员专业培训。2012 年以来，已培训城乡幼儿教师 184 人，其中转岗教师 180 人，骨干教师 4 人，幼儿教师整体素质不断提高。同时，为幼儿园非公办教师免费缴纳“三险”，采取政府补贴、幼儿园分担、以奖代补等形式，确保幼儿园非公办教师工资待遇逐年提高。

五、配套扶贫助困的幼教资助政策

根据自治区《关于开展建立学前一年教育资助制度试点工作的通知》要求，建立健全学前一年教育资助政策。对家庭经济困难幼儿、孤儿和残疾儿童，按全县 5 周岁及以上在园幼儿总数的 30%，给予每年 10 个月、每生每月 100 元的资助，并通过民政救助、减免学费、补贴生活费等方式予以帮扶，力争让所有儿童都能接受普惠性学前教育，切实解决家庭经济困难儿童入园难问题。

六、推进保教齐抓的幼教质量改革

制定完善《彭阳县幼儿园（学前班）管理办法》，印发《关于进一步加强学前教育管理全面加强学前教育质量的通知》，以县幼儿园为示范基地，通过送教下乡、城乡互动、交流培训等途径，不断规范保育教育质量，有效遏制“小学化”倾向。将民办幼儿园纳入政府监管体系，不断加强和规范民办幼儿园管理，依据《宁夏普惠性民办幼儿园评定标准》，开展普惠性民办幼儿园认定工作，6 所民办幼儿园达到申报条件，被确定为普惠性民办幼儿园。深入挖掘幼教资源，创办了《彭阳幼教》刊物，编写了《可爱的家乡——彭阳》等园本教材和《民间亲子游戏》等幼教资料。坚持以游戏为基本活动形式，动员幼儿教师制作教具玩具，并引导幼儿利用树枝、布片等材料自制玩具，充分挖掘跳房子、捉迷藏、丢手绢等民间传统幼儿游戏的价值，拓展游戏教学空间，培养幼儿的多元智能，促进幼儿健康快乐成长。

主要成效

经过几年努力，彭阳全县学前教育事业呈现出全面健康快速发展的良好局面，成效明显。一是学前教育普及率显著提升。随着公办民办学前教育的协调发展，幼儿园园舍建设难题得到破解，幼儿教师队伍不断壮大，待遇逐步提高，办园行为更加规范，全县学前教育普及程度大幅提升。二是初步形成了覆盖城乡、布局合理的学前教育服务体系。县城公办幼儿园规模不断扩大，小区幼儿园配套建设不断加强，乡村幼儿园建设不断完善，农村小学附设幼儿园的“校中园”办园模式得到积极推广，实现了“村有学前班、乡有幼儿园、县有示范园”的目标，保障适龄儿童接受基本的、有质量的学前教育。三是保障学前教育投入。项目支持不断增多，政府投入力度不断加大，社会融资渠道逐渐拓宽，初步建立了政府投入、举办者投入、家庭合理负担、幼儿园自筹、社会捐资等多元投入机制，基本满足了广大人民群众特别是农村居民的学前教育需求。

目前，全县有各类幼儿园 20 所，其中县城 5 所（含民办 4 所），乡镇中心幼儿园 11 所（校中园 9 所），村级幼儿园 4 所（含民办 2 所），乡村小学附设学前班 104 个；幼儿教职工 438 名，其中专任教师 275 名，公办教师 98 名，幼教专业教师 53 名；在园（班）幼儿 6 202 名（幼儿园 3 843 名、学前班 2 359 名），学前教育三年毛入园率为 66.8%，同比增长 11.2 个百分点，高于全区平均水平 12.9 个百分点。

（宁夏回族自治区教改办推荐）

规范办园　科学保教　力克“拔苗助长”

——安徽省下大力气纠正幼儿园教育“小学化”倾向

【摘要】学前教育必须遵循幼儿身心发展规律，以幼儿为本，按照幼儿身心特点进行保育教育。长期以来，由于对学前教育重视不够，学前教育欠账太多，幼儿教育空间资源和人力资源短缺，人们对儿童的学习和发展“重成就、重学业、重知识”，幼儿园教育“小学化”现象严重，极大损害了幼儿身心健康，加重了家长负担，在社会上造成了较大的负面影响。安徽省自2009年6月起，从省级层面出台一系列政策，采取一系列措施，下重拳加强幼儿园管理，规范办园行为，努力纠正幼儿园教育“小学化”倾向，回归科学保教实质，取得重要成效。

规范办园、科学保教的背景

一、规范办园、科学保教是实践科学发展观的必然要求

2008年，安徽在全省开展为期半年的全面调研，覆盖所有市，涉及上百所不同类型幼儿园，发现不少幼儿园违背幼儿身心特点，“小学化”现象令人担忧。一些幼儿园片面强调文化知识学习，提前教授小学的识字、拼音、算术、外语等，教学内容与小学相差无几，有的难度超过小学一年级；一些幼儿园活动室环境严重变味，桌椅像小学一样摆放，摆

着书包、作业本，墙上贴着拼音表、加减乘除算式、甚至英语单词和句式，渲染应试教育，活动材料、教玩具奇缺。孩子短暂的童年在“纸笔和书本”上痛苦度过，从小就被关进了应试教育的牢笼。要改变这种状况急需从省级层面出台政策，加强宏观管理和引导。

二、规范办园、科学保教是贯彻国家教育方针政策的客观要求

教育部2009年5月在山东召开规范办学行为专题会议，全面部署基础教育规范办学行为工作，安徽省认为，学前教育属于基础教育的组成部分，理应同步规范。早在2000年2月，教育部《关于在小学减轻学生过重负担的紧急通知》明文规定，幼儿园不得使用幼儿教材和用书，这一文件是遵从学前教育规律、保障幼儿身心健康的正确规定，应该严格执行。现实情况却是幼儿教材四处泛滥。很多幼儿园使用多种幼儿教材，有的孩子一学期要用十多本教材，书包重量不亚于小学生；有的教材打着“操作材料”名义，蒙骗家长，其实仍是纸质课本；使用教材和课本，教师像教小学生一样授课，孩子们被禁锢在纸笔上，埋头认字、计算，过早地充当了“小学生”，无法进行游戏、获得快乐；同时，大量使用幼儿教材也抬高了幼儿园收费标准，有的孩子一学期教材费上千元，有的英语教材一套价格甚至高达2 800元！

三、规范办园、科学保教是遵循幼儿园教育规律的迫切要求

《幼儿园工作规程》《幼儿园教育指导纲要（试行）》等文件对幼儿教育的任务、目标、原则有明确规定。幼儿园的任务是对幼儿实施体、智、德、美诸方面全面发展的教育，实施启蒙的素质教育，促进幼儿身心和谐发展，而不是片面重视智育的教育。幼儿园的教育原则是实行保育与教育相结合的原则，而不是单纯的教育，更不是单纯的、系统的知识教育。幼儿园保育教育目标包括体质、习惯、兴趣、智力、能力、情感、态度、性格、心理等方面，是全面的、多维的目标，而不是片面

强调智力提升和知识教育的目标。实现保育教育目标的手段必须多元，就是要通过幼儿一日各项活动，主要包括生活、游戏、运动、学习等来实现，要以游戏为基本活动，寓教育于各项活动中。不能通过“纸、笔、黑板、教鞭”来实现，也不能通过纸质教材、书面作业、测验考试来实现。

调研发现，保教秩序比较混乱。有的幼儿园热衷于举办特色班、兴趣班、实验班，如蒙氏班、外语班、珠心算班、扫盲班、神童班、识字班等，大多都带有推销教玩具、教材、赚取培训费、加盟费的目的；有的英语兴趣班每个孩子费用达一万多元。有的幼儿园不具备举办双语、艺术教育的条件，却纷纷打着“双语”“艺术”的旗号，有的甚至打着“三岁扫盲”的所谓智能训练中心旗号，夸大宣传，误导家长，抬高收费，一时间，幼儿园名称五花八门，名不副实。有的幼儿园置政策文件于不顾，不按规定收费，把教材、办班、参演等各种不符合规定的费用作为提高收费标准的理由，擅自提高收费标准。教师教育理念出现偏差，习惯了“一本书、一支笔、一块黑板、一支教鞭”的小学化教学，学生的主动性和创造性得不到发挥，游戏活动开展严重不足，严重损害了家长利益，违背了幼儿园教育规律。

四、规范办园、科学保教是教育行风建设的现实需求

由于利益驱动，各种出版商、教材编写人、教材经销商纷纷把手伸向幼儿园、孩子和家长，有顺口溜叫“想赚钱，找幼儿园”“想发财，卖教材”。近年来，幼儿园乱用书、乱办班、乱收费、乱命名等行为成为媒体聚焦、家长反映、领导批示查处的热点，社会各界迫切希望采取措施加强幼儿园管理，规范办园行为。

规范办园、科学保教的主要举措和做法

一、取消幼儿教材，遏制小学化教学

2009年6月起，安徽相继出台《中小学办学行为规范》《关于严禁使用幼儿教材等问题的紧急通知》《关于坚决制止违规补课严格处罚违规行为的通知》等政策文件，取消幼儿园幼儿教材。主要做法有：一是禁止幼儿园使用各类幼儿教材，把幼儿从课本和作业中解放出来；二是要求教师使用多种版本教学参考书、指导书，大量使用玩教具；三是科学安排幼儿一日活动，加强游戏活动，要求幼儿园增加各种游戏材料；四是在各班活动室建立图书角，添置符合幼儿园特点的幼儿图画书或绘本；五是禁止幼儿园进行识字、拼音、外语、计算等教学及布置书面作业、测验等，消除“小学化”倾向。

二、规范办班行为，维护保教秩序

在取消幼儿教材的同时，先后在《中小学办学行为规范》《关于规范幼儿园办班收费等有关问题的通知》《安徽省一类幼儿园评估体系》《安徽省民办幼儿园分类评估体系》等文件中，对幼儿园办班进行明确规定。一是规范办班时间，正常开园时间内必须把精力放在一日常规活动上，一律不得举办各类特色班、兴趣班、实验班，正常开园时间外，经过批准方可适量办班。二是规范审批程序，教育局对办班条件、师资、场地、内容、安全等把关审批，物价局审批收费。三是规定了禁止项，如外语班、计算班、拼音识字班、蒙氏班等有小学化倾向、对幼儿身心健康不利或有争议的兴趣班、特色班、实验班均在禁止之列。四是禁止任何借办班推销玩教具、缴纳加盟费、培训费等的行为。五是规定参加各种班必须由家长自愿，幼儿园不得误导或强制要求。

三、加强收费管理，减轻家长负担

从 2007 年开始对幼儿园收费进行规范。三年出台三个文件：一是 2007 年省教育厅会同省物价局、省财政厅出台《关于加强幼儿园收费管理的通知》，严格实行“一费制”收费，除了保育教育费，只能代收伙食费，其他一律不得收取；二是 2008 年省教育厅会同省物价局、省财政厅出台《关于核定全省公办幼儿园保育教育费最高和最低收费标准通知》，严格执行收费的上下限额，最高每生每学期 2 000 元，最低每生每学期 200 元；三是 2009 年会同省物价局出台《关于规范幼儿园办班收费等有关问题的通知》，严格规范举办兴趣班、特色班、实验班的内容、审批程序、收费标准确定等；四是严格执行各类幼儿园收费实行公示制度，保证幼儿园收费政策透明。

四、规范其他行为，力求同步推进

一是规范命名。禁止幼儿园命名带有宗教色彩、迷信含义，禁止冠以国际、中国、双语、艺术、科技、蒙氏、神童训练、智能训练等字样，禁止夸大宣传或误导公众。二是规范招生。禁止幼儿园发布违规、虚假、夸张信息和广告，招生班额严格执行国家规定，禁止超班额。三是规范办学。《安徽省学前教育三年行动计划（2011—2013 年）》等文件对规范办学进行了严格规定，禁止城区小学举办附属园、学前班，保障幼儿园按照自身规律独立办园，提高保教质量。同时，鼓励村级小学利用闲置校舍举办附属园，解决现阶段资源不足问题，加强村级小学学前班管理，引导村级附属园、学前班规范办园，科学保教。四是规范参展。禁止幼儿园参加未经教育行政部门（主管部门、集团内部的除外）同意的参演、参赛活动及商业性参演、参赛活动。五是规范科研。禁止幼儿园参加未经教育行政部门批准的课题研究、教改实验（主管部门、集团内部的除外），禁止幼儿园通过加盟、入股等商业性运作手段，参加课题研究、教改实验等活动。六是规范合作办园。未经教育行政部门批准，不接受其他机构、个人合作办学，未经省级教育行政部门批准，不得进行中外合作办学。

五、加强常规管理，保障政策实施

一是全省“三步走”，分步推进。2009年6月以省政府名义召开全省电视电话会，动员部署，做到文件宣传覆盖所有幼儿园、所有教师；8月召开各市教育局负责人会议，全面推开，各市县（区）制定方案和措施，市县有检查、指导方案，幼儿园有实施方案，12月召开全省现场会，进行阶段小结，深入推进。以后每年每学期均定期检查，及时通报，省教育厅每年通报三期以上。同时，各市县（区）也同步建立检查和通报制度。二是加强督查，全力推进。2009年、2010年、2011年连续三年，每年厅领导班子成员均分别带队，分组对全省进行规范办学专项督查，各市县（区）分别同步开展检查，纵向查到底，横向查到边，每所幼儿园不留空白，每个班级不留死角。全省督查已成为每年常规工作，每次督查必有结果，每次结果必有通报，每次通报必有整改。三是突出重点，全面推动。以市区和城区幼儿园为重点，以省级一类园、市级一类园、优秀民办园为重点，发挥带动和示范作用，把规范办园、科学保教的各项要求纳入《安徽省一类幼儿园评估体系》《安徽省民办幼儿园分类评估体系》的指标，规定了数十项一票否决指标，促进省一类园、优秀民办园率先规范，推进城区幼儿园率先规范。四是关注死角，减少盲区。会同公安部门，按照“准入一批、整改一批、取缔一批”的思路，对无证幼儿园全面排查，分类治理，促进无证园规范办园、科学保教。五是加强社会监督，在安徽教育网建立“规范办园平台”，方便群众举报，设专人及时查处纠正。六是建立规范办园“义务监督员”制度，从全省各行各业招聘了50多名义务监督员，利用暗访、调查等手段，加强对幼儿园规范办园的监督，发现情况，及时报告，省教育厅及时查处。七是利用督导、年检等多种手段，从2009年起，把规范办园、科学保教实施情况纳入教育系统年度目标考核、教育强县考核、幼儿园年度检查等指标，建立健全长效约束机制。

六、注重理念更新，推动科学保教

一是加强政策学习和宣传。在规范办园的政策出台初期，尤其是禁用幼儿教材初期，一石激起千层浪，各方面反映十分强烈，有支持的，有反对的，有不少难度，压力非常大。在这种情况下，一方面省教育厅领导带头顶住压力，凡会必讲规范办园，统一认识。另一方面，各级教育行政部门加紧通过报纸、网络、电视等多种渠道，大力开展《幼儿园工作规程》《幼儿园教育指导纲要》《幼儿园管理条例》等规章文件的学习宣传。省教育厅要求各地学习宣传要达到“三会”目标：会指导，要求广大幼教专干和教研员做到知晓内容，把精神贯彻执行到位；会掌舵，要求广大园长带头执行文件；会应用，要求幼儿园教师做到领会精神，把规范办园行为的文件精髓内化为保教行为。先后在《人民日报》《中国教育报》《中国青年报》专稿宣传，在安徽省老百姓最为关注的《新安晚报》上开辟专栏，组织高校、幼儿园、小学、教育部门专家撰文宣传。二是强化教师培训。采取“论坛 + 巡讲 + 讨论”：首先是每年举办一期大规模“幼儿园园长论坛”，邀请上海等地幼教专家做专题讲座；其次精选“游戏教学”“环境创设”“幼小衔接”“教师专业化成长”等专题，组织专家分赴每个市开展“幼教专家下基层巡讲活动”，把政策宣传到每所幼儿园、每个教师；再次是在全省开展幼教理念大讨论，帮助广大基层同志认识幼教规律，统一思想认识。三是落实“以游戏为基本活动”。在全省各级各类幼儿园推进区角游戏、户外体育游戏、集体教学游戏渗透、幼儿自由游戏等游戏活动，对游戏时间安排、场地利用、材料投放、游戏设计和组织、游戏评价等环节提出具体要求。定期开展游戏检查、游戏观摩、游戏评比等，提高游戏水平。四是加强教研指导。充分发挥教研部门作用，建立分层教研指导网络，对幼儿园进行现场指导，分“城市幼儿园—县城中心园—乡镇幼儿园”三个层次，由城市省级一类园辐射县城幼儿园，由县城幼儿园辐射乡镇幼儿园。五是发挥家长委员会、幼儿园开放日、专题家长报告会等的作用，多渠道做好家长工作，帮助家长了解规范办园、科学保教政策的内涵，引领家长保教理念，最大限度地赢得家长理解和支持。

规范办园、科学保教取得的突出成效

安徽规范办园、科学保教政策得到各级教育行政部门的大力支持，也得到了省物价局、财政厅、出版社等部门的支持，更得到了广大幼教工作者和幼儿家长的支持，取得了突出成效。

一是保教理念明显转变。园长、教师、教育部门管理人员对幼儿园教育规律加深了认识，幼儿园一日活动充分体现了尊重幼儿、以幼儿为本的思想，“以游戏为基本活动”已成为共识，区角游戏、户外体育游戏等各类游戏活动开展得红红火火。家长的观念得到了科学引领，绝大部分家长对规范办园由反对变为积极支持，禁用幼儿教材已经被全社会普遍知晓和认同。二是办园行为明显改变。各项规范办园政策在全省得到很好的执行，幼儿园的各类幼儿教材全部取消，命名、招生等明显规范，“小学化”得到明显纠正，乱办班、乱收费现象得到遏制。三是保教质量明显提升。幼儿园教育开始回归本真，幼儿园环境更加美化，体现童趣、突出育人，场地利用突出了方便幼儿活动和游戏，桌椅摆放充分体现了幼儿园保教活动特点，一日活动安排体现了以游戏为基本活动，广大教师的创造性和主动性得到了更大发挥，广大幼儿在玩中学、学中玩，更加活泼和快乐。四是幼儿和家长的负担明显减轻。全省幼儿家长因停办各种营利性办班而减少负担近 2 亿元（每个孩子每学期平均上各种班费用在 500 元以上）。

（安徽省教改办推荐）

义务教育均衡发展专题

蹚出推进义务教育均衡发展的阳光大道

——吉林通榆县促进义务教育均衡发展的举措和实践

【摘要】通榆县位于吉林省西部，是国家扶贫开发工作重点县，属欠发达地区后发展县。全县现有中心校以上学校40所，其中，义务教育阶段学校36所。中小学生3.45万人，教职工4 585人。2006年以前，这个县财政收入还不足5 000万，是1998年全省最后一批通过“两基”验收的县份之一，无论是办学条件还是办学水平都要远远落后于其他县份。《中华人民共和国义务教育法》经修订实施以来，通榆县委、县政府站在新的历史起点，着眼于教育的基础性、先导性和全局性，把推进义务教育均衡发展作为县域发展的突破口，以改善条件为重点，以队伍建设为核心，以提高质量为根本，以标准化学校建设为主线，不断强化政府统筹，优化资源配置，在学校硬件建设标准化的同时，学校管理日趋规范化，办学质量逐步优质化，实现了农村学校之间、县城学校之间无择校、全县无择校收费的良好局面。

加大投入，集中建设，大力改善办学条件

过去通榆的办学条件存在的突出问题是铁东、铁西不均衡，城乡不均衡，2006年前，县城铁东学校基本实现了楼房化，但铁西和农村中小

学校都是砖瓦房，还有3.3万平方米C、D级危房。县城内办学条件不均衡，城乡办学条件也不均衡。通榆县在优化布局、整合资源的基础上，启动了义务教育学校标准化学校建设工程，以项目为载体，不断加大投入力度，大力实施标准化学校建设。截至2011年底，共建设标准化学校25所，全部消除C、D级危房。全县学校楼房化比例达到91%，办学条件得到突破性改善。

一、多方筹措资金，加大政策支持

通榆是国贫县，也是全省财政收支矛盾最大的县份之一。2006年，全县财政全口径收入不足5 000万元，等待建设的项目和需要投入的事业却数不胜数，教育资金缺口的额度可想而知。但通榆县委、县政府历来高度重视教育工作，把教育强县作为通榆崛起振兴的重要举措来抓。主要领导真正重视，有关部门大力支持，人民群众关心爱护，营造了全社会尊师重教的良好风气。2006年以来，通过争取上级政策资金、县里配套资金、减免资金和社会捐赠资金，全县改善办学条件共投入2.2亿元。积极争取国家和省对国贫县的支持，并发挥上级各种项目和资金的最大效用。在县级财力十分困难的情况下能够及时、足额配套县级应承担的项目配套资金，并及时拨付各项教育专项资金，不滞留不挪用，并通过盘活闲置校舍资产、争取社会捐赠资金等方法千方百计筹措资金。县政府采取减、免、返等各项政策支持学校办学条件改善，对学校建设工程实行行政事业性零收费、服务性收费只收成本费，还将校舍建设的施工企业税收收入全部投入到学校建设中。

二、统筹兼顾，推进标准化建设

2008年，通榆对全县义务教育学校进行重新规划，计划用五年时间全部完成学校标准化建设。始终坚持三个原则：坚持统筹兼顾，科学规划，不搞小而散的工程，实施项目组合，将各种资金捆绑使用，力争建一所达标一所的原则；坚持坚固、安全、实用、经济的原则，不搞“豪华”的形象工程；坚持立足现实、着眼长远、促进均衡的原则。

由于争取的项目资金额度都不大，一般几十万元，最多的100万元左右，而建设一个标准化学校需要资金500～800万元，仅靠一两个项目的资金远远不够。为了把项目结合起来使用，需要做大量工作，向主管项目的部门解释、说明，争取支持和理解。经过不懈的努力，通榆将农村标准化学校建设工程与中小学布局调整工程、农村初中改造工程、薄弱校改造工程、明德项目工程、逸夫项目工程、中小学校舍安全工程、中小学现代远程教育工程、农村初中四室建设工程、义务教育学校图书、农村小学科学实验室装备项目、中小学校校园安全保卫设施建设项目等相结合，高起点规划，高标准建设，努力发挥项目资金最大效益，每年建设2～4所标准化学校。在县城先后实施了铁西第八中学和明德小学“两校”建设、培智学校建设、四中、七中、九中、蒙古族学校的标准化改造。在农村全面实施了标准化学校建设工程，先后建设了兴隆山镇中心校、第十中学、第二中学、边昭镇学校、向海乡学校、瞻榆镇第一小学、第六中学、第三中学、包拉温都乡学校、八面乡学校、什花道乡学校、苏公坨乡学校、向海乡四井子学校、新兴乡学校、第五中学、团结乡学校、新发乡学校，集中建设和改造校舍总面积达到19.2万平方米。同时积极做好实验室、微机室、音体美器材、图书等方面的装备工作，使全县农村学校的办学条件有了突破性的改善，有些地方装备标准甚至高于县城学校。物质条件的均衡配置，为实现义务教育均衡发展奠定了坚实的基础。随着办学条件的明显改善，很多农村孩子返乡就读，据不完全统计，2010年，全县共有31名中学生、113名小学生由县城返乡就读；2011年，全县共有35名中学生、204名小学生由县城返乡就读。

队伍为本，机制为先，提升教师整体素质

一、优化校长和学校领导班子队伍

校长和领导班子对学校的发展至关重要。通榆高度重视学校的校长和班子配备工作，特别是注重对校长的均衡配置。早在2006年，就启动实施校长公开选拔制、聘任制和任期制，制定出台《通榆县教育系统中层以上领导干部任用管理暂行规定》，对全县中小学校长及中层以上领导干部全部实行公开选拔，在县委组织部和纪委、监察局的参与监督下，通过公开职位、自愿报名、竞聘演讲、当场亮分等环节公开选聘了49名校长，其中5名县城副校级领导竞聘到农村中小学任校长，11名校长进行了异地交流。122名副校级领导、213名中层领导也通过竞聘走上领导岗位。2010年，在第二轮中小学校长及中层以上领导干部公开选拔聘任中，有6名城内优秀的副校级领导干部竞聘到农村学校任校长。通榆县还在农村学校选派了8名有发展潜质的副校长到城镇中小学校任副校长进行挂职锻炼，每月至少到城镇学校工作一周，通过参与教育教学管理来提高各方面的能力和素质，把城镇先进管理经验带回学校。

二、完善教师补充和培训机制

尽管通榆财力困难，但从未间断过新教师的补充，每年都公开招聘30～50名大学本科毕业生充实到农村学校。实行特岗教师政策后，三年共招聘322名本科学历的特岗教师、10名硕士毕业生教师、12名“三支一扶”教师，并全部充实到农村学校任教，委托白城师范学院分院定向培养的60名体育、音乐、美术、英语、计算机等学科教师也全部充实到农村学校，农村教师年龄老化、学科短缺、专业不对口的实际问题得以缓解，进一步缩小了城乡教师整体素质的差距。

坚持教师培训和教师考核双管齐下，加强学校管理，用激励机制和

考核机制来全面提高教师素质，走内涵发展道路。加强县教师进修学校建设，同时依托省、市教师培训机构加强教师继续教育培训。还将北京师范大学教育培训中心和清华大学继续教育学院等名牌大学作为通榆县教师的域外培训基地，采取“引进来，走出去”的方式，对校长和教师进行培训。2010年暑期，带领全县新聘校长到北京师范大学进行为期一周的高端培训，同年邀请北京第八中学龚正行校长等专家学者前来对教师进行面对面的讲学、交流，提升全体教师的教学和管理理念。不断加强校本培训和远程培训，先后启动“农村中小学教师队伍整体素质提高工程”及“通榆县中小学骨干教师培训工程”，举办全县中小学各学科教师参加的新课程培训班、中小学骨干教师培训班等，2010年培训教师2 139人次。自2005年起，通榆在全县范围内启动为期五年的新课程课堂教学质量评估和教师文化业务水平考试两大系统工程，每年都有近700名专任教师参与评估，有近3 000名教师集中进行教师文化业务知识考试，有近100名教学副校长和教导主任参加教育教学基本功考核。通过考试和竞赛，引导教师不断钻研业务，相互促进，共同提高。

以强带弱，城乡联动，促进农村共同发展

为引领农村教育快速发展，2006年，通榆县在吉林省率先建立城乡学校联合体，实行“城乡联动、以城带乡、以强带弱、共同发展”的战略。以县城9所学校为龙头校，农村学校为协作校，实行“1＋3”或“1＋4”组合形式，组成9个城乡联合体，制定了联合体办学章程和实施方案，充分发挥联合体学校龙头校的示范和辐射作用。

（吉林省教改办推荐）

做第一个敢吃螃蟹的人

——福建福安市实验小学推进集团化办学模式改革

【摘要】福建省教育厅颁发《关于推行义务教育小片区管理的实施意见》后，福安市实验小学敢于第一个“吃螃蟹”，于 2011 年 9 月在全省率先成立首个公办小学教育集团，下设三个校区，即龙江校区、南湖校区、阳泉校区。现有在编教职员工 245 人，学生 5 135 人，教学班 94 个。集团跨越城区两个办事处，有机组成一个城区义务教育小片区，占据福安城区小学教育规模的半壁江山。经过一年的试运作，教育集团通过“强 + 弱 + 新”的模式组合，借助优质教育品牌，以“名校”扶“弱校”，以“名校”带“新校”，实行“紧密”管理，争创特色。在名校品牌的统一引领下，各校区合理定位，各创特色，有效突破名校办学发展瓶颈，提升弱校的内质，让新校逐渐崛起，办学效益得到社会及广大家长的高度认可。特别是在“择校热”不断升温的教育形势下，教育集团在推进义务教育均衡发展中发挥了积极作用，成为福安地方推进义务教育均衡发展工作的一个亮点。

改革背景：教育形势驱动和自身发展的需求成为集团诞生的催化剂

一、大环境的引领

（一）福安市实验小学教育集团的创建是福安市委、市政府、市教育局贯彻福建省政府《关于进一步推进县域义务教育均衡发展的意见》，加快福安市义务教育均衡发展，缩小校际办学条件、师资力量、管理水平等方面的差距，促进区域内义务教育均衡发展的创新举措。

（二）福安市实验小学教育集团作为福建省义务教育均衡发展小片区管理试点，力求落实福建省教育厅《关于推行义务教育小片区管理的实施意见》，实现小片区义务教育学校建设实体化、合作实质化、提高实效化的目标。同时也是福安市为创建“福建省百强教育强县”摸索更惠民的教育改革路径。

（三）现阶段各地教育不均衡，学校间软实力失衡的现状令人担忧，导致社会问题凸显。“择校热”愈演愈烈，让孩子进一所好小学，是众多家长的头等大事。托关系、找领导、通路子、花大钱，家长们各显神通。如何遏制“择校热”之风，是福安市教育局领导探索的新课题。集团化办学将借助名校品牌辐射效应，整合弱校、新校，整体提升办学质量，推动教育均衡发展，破解“择校热”难题。

二、内部提升的驱使

原福安市实验小学是一所百年老校，学校先后荣获全国艺术教育先进单位、全国艺术教育特色单位、全国写字先进实验小学、全国特级教师教研基地学校、全国课改实验先进学校、全国课堂教学艺术“魅力学校”、福建省先进教工之家等荣誉称号。但是学校发展至今，却陷入一个“瓶颈”：校园面积窄小，学校硬件严重不足，那么小的校园，却容纳了2 300名学生，年年在超负荷运行。如何打破“瓶颈”，让小校园有大视野，小学校办大教育，在“扩量”的同时又“提质”？如何发挥教育品牌的辐射作用？强烈的内部提升动力驱使学校领导班子主动投身到筹建教育集团的工作中来，探索适合福安实小可持续发展的教育创新道路。

三、“结盟·重建”的基础

2008年，福安市教育局针对福安城区教育的现状，实施城区学校“结盟·重建”行动，充分发挥优质学校的品牌和师资优势，将优质教育资源有效放大，实现“六同”，即管理同谋、计划同盘、资源同享、活动同步、信息同通、发展同行，以此探索城区学校小片区管理模式，推动城区学校真正意义上均衡发展。其中，福安市实验小学与福安韩城一小“结盟·重建”，通过管理联动、领导联动、学科教师联动、德育联动、活动开展联动，做到资源共享，优势互补，整体提升。“结盟·重建”两年以来，福安市实验小学的优质资源得到放大辐射，韩城一小由此蜕变，学校软实力得到提升，赢得广大家长和社会人士的高度赞誉。在“结盟·重建”取得硕果的基础上，为进一步推进教育均衡发展，在市委市政府的关心支持和市教育局指导下，福安市实验小学教育集团应运而生。

运行措施：整合资源，紧密管理，借助品牌辐射
全面推进教育均衡

一、坚持“二十字方针”与“六字路径”，积极处理好管理的“放”与“集”关系

“二十字方针”——“集团不集权，放手不放任，指导不指挥，同步不同化”，给予校区领导较大管理弹性空间，又能让校区在集团统一管理中彰显特色。

“六字路径”——“整合（理念认同、关系融洽）、共进（共同分享、共同成长）、创特（一校一品一特色）”，明确集团发展的近期和长期目标。

二、创建模式，实行“紧密型”管理，为校区融合均衡提供有力保障

集团机构设置实行“四个一紧密型管理”模式，即实行“一个独立法人单位”“一块牌子”“一校多区”“一套行政班子”（设立总校长、成立党总支、校区分设执行校长）。集团日常管理严格按照福安市教育局的“七个统一”管理要求，即“师资统一调配、教师统一待遇、课程统一设置、教研统一管理、质量统一监控、考试统一评价、招生统一组织”，对“人、财、教、物”统一管理，统一领导，重组优化。只有采取“紧密型”管理，集团运作才能得以顺畅，校区融合才能实现，优质教育资源辐射才能行之有效。

三、整合资源，合理配置校区资源，淡化家长的“择校”观念

集团是以“名校＋弱校”“名校＋新校”的“强＋弱＋新”的模式组合的，下设的龙江校区、南湖校区、阳泉校区三大校区具有差异性。龙江校区（原福安市实验小学）是一所名校，具有高素质的师资、高效的管理模式、高品位的校园文化等优质教育资源；南湖校区是城区一所弱校；阳泉校区是一所刚创办的崭新的学校。因此，根据实际分别对三大校区的发展给予目标定位，集团采取措施，扶强补弱，渗透强化理念资源、调配优化人力资源、规范保障财力资源、弘扬挖掘文化资源，从而使三大校区的文化理念、教学教研交相融合，推动弱校改变和发展，促进新校崛起。其中，人力资源的调配是重中之重，不仅要有相关政策的保障，还要有可行的制度为前提；既做到制度化，又要做到人性化。

为确保集团正常、有序运作，福安市实验小学教育集团制定了集团章程，并依据三校区工作运行实际，制定集团财务管理、教学常规、教师培训、例会召开等方面的制度，做到集团工作有章可依。同时将原福安实小 24 名骨干教师外派到阳泉、南湖校区，目前已起到很好的引领作用。三校区的工会、德育、教导处等处室工作的开展已能做到横向联手，

纵向比较，取得一定的成效。三校区的校容校貌得到很大的改善，尤其是南湖校区改变更是喜人，即将迎来省级标准化学校的验收，南湖校区由原来家长不愿意送孩子到此就读的学校转变成为家长争先选择的学校，2011年秋季招生，南湖校区招收6个班级共300多名学生，招生人数创该校历史新高。

四、找准定位，扩大优质资源辐射，推进教育均衡发展

集团形成“强＋弱＋新”校区定位模式，三校区各自确立不同的发展目标。“龙江校区”固本培源，重在提升造血功能，整体提升学校教育内涵，打造优质教育品牌，创建文化名校；“南湖校区”珍惜成立集团的机缘，校园文化建设努力追赶，创建精品书香校园；“阳泉校区”精心酝酿，潜心学习，在崭新的校园里创建“花园式”生态学校。

校区管理推行治校特色理论。集团创办之后，三校区推行原实小治校特色理论。如，通过“赛、展、训”平台历练骨干队伍，不断推出名师，让成熟的“饺子”不断浮出水面的“煮饺子”育名师理论；提倡“因才施用”、因材施教，让每一位师生自主成长的“动物学校理论”；关注团队力量让管理形成合力的“木桶理论”。这些原实验小学的管理特色在弱校和新校管理实践中得以借鉴落实，很快在南湖校区和阳泉校区建设中见到成效。

运行成效：整体融合共提升，呈现显著的办学效益

一、师资水平整体提升

校区教师轮岗实行“按需配置”政策，根据三校区“强＋弱＋新”模式互派教师。南湖校区是薄弱学校，缺乏强有力的中坚管理力量，因

此龙江校区向南湖校区派出管理力量，并借此输出管理理念，从管理层面帮扶南湖校区，从而使南湖校区定位好了发展目标；阳泉校区刚刚创办，一至六年级规模呈金字塔型，一年级12个班，学生数最多。为此，向新建的阳泉校区派出一部分教学骨干，加强阳泉校区低段师资配置，辐射整个校区。龙江校区派出骨干的能力在南湖校区得到充分的发挥和表现，为他们提供了展示、锻炼、提高自我的平台。这些派出的管理力量产生“鲶鱼效应”，有效提升了南湖校区教师群体的观念，让薄弱校区的教师感受到职业压力，促其自主加压，自我主动发展，激励他们追求更高的成长目标。教师们在教学教研中优弱互动，互相学习，共同进步，促进师资水平的整体提高。例如，集团组队参加第32届“创新杯”全国教学艺术大赛，成绩突出。获得2个特等奖，4个一等奖，1个二等奖；集团组队参加宁德市教师教学技能大赛，成绩喜人，两位教师获得参赛学科比赛第一名（共六项学科竞赛），成为宁德全市参赛学校中成绩最好的学校。

二、校区文化趋于融合

每学期集团至少集中三大校区全体教师召开会议一次，并在校区组织活动的基础上开展集团大型教育教学活动、校区教研互动、校区之间联合开展的师生活动等，以龙江校区为首带动其他校区的共同提升，同时又提供了校区之间竞争的平台，有效激发了各校区内动力，促进其自身发展。

集团针对南湖的薄弱之处，对该校区校园有效整理改造，教学手段实行班班进电子白板，投资改善教师备课室条件，装修多媒体教室、美术室、电脑室、心理健康咨询室等专用教室，让南湖校区师生亲身感受加入集团的优越感，并通过强校的管理理念和优质文化施以感染，使南湖校区由内而外发生蜕变，校容、设备不断升格，校园文化建设彰显成效，书香怡心，文化底蕴渐显深度。教师精神面貌焕然一新，许多年长教师深感成为实小集团教师的幸福。阳泉校区这所崭新的学校，融合来自四面八方的教师，在极短的时间内，通过“磨课吧”“段长沙龙”等活动提高了教师的凝聚力。其间，三大校区在年段管理模式上秉承原实小“柱子理论”“动车理论”，实行“年段小学校”的管理模式，在年轻教师的培养上贯彻“饺子理论”，教师整体面貌在不断改变、提升。

三、社会认可赞誉度攀升

一年来，南湖、阳泉校区教风、学风和校风的优化得到家长们的高度认可。南湖校区家长表示：终于可以在家门口享受优质教育资源了！阳泉校区的家长奔走相告：政府做得好，我做梦都想不到孩子能成为实小的学生，由实验小学的老师为他上课。

集团的创办缓解了招生择校矛盾。三大校区 2011 年秋季一年级共招收新生 1 127 人，共 23 个班级，完成进城务工人员随迁子女指标 310 人，较大程度化解了福安市城区进城务工随迁子女升学压力，缓解了每年招生中因家长择校而引发的矛盾。

副省长在福建省教育工作会议上高度评价了福安市实验小学教育集团的办学经验；宁德市委常委、福安市委书记指出，福安市实验小学教育集团是闽东教育改革的一个典范。《福建日报》以《福安义务教育“小片区”管理：一校多区异校同教》专题报道了福安市实验小学教育集团的办学成效。临近的县市教育部门先后组织领导、教师到实小教育集团参观学习，借鉴其经验并加以推广。

然而，在探索的道路上，福安还会面临许多困难和问题，如龙江校区（原实验小学）整合后，资源输出，“牛奶稀释”论不绝于耳，优质品牌的“母体”（龙江校区）如何继续壮大，被质疑的“削峰填谷”如何走向“扬峰填谷”，如何让更多的教师主动参与校区师资交流，如何建立长期、可持续发展的教师交流制度，上级有关部门在相关政策上如何给予倾斜，诸多的问题有待于实践研究。

（福建省教改办推荐）

像抓经济发展一样抓教育

——河南焦作市多策并举大力推进义务教育均衡发展

【摘要】多年来，焦作市始终坚持把教育摆在优先发展的战略地位，以“办人民满意的教育”为目标，“像抓经济发展一样抓教育”，坚持不懈地推进教育改革。制定出台《焦作市中长期教育改革和发展规划纲要（2011—2020年）》，对未来十年的教育改革发展进行全面谋划。围绕人民群众反映强烈的“上学难”“上学贵”问题，突出“五个重点”，夯实义务教育均衡发展基础；落实“四项制度”，营造义务教育均衡发展环境；实施“三大创新”，构建义务教育均衡发展工作机制；开展“五项活动”，强力推进义务教育课程改革。

突出“五个重点”，夯实义务教育均衡发展基础

一、以改善办学条件为重点，不断加大经费投入

近年来，焦作各级政府多方筹措资金8亿多元，持续改善农村中小学办学条件。实施危房改造工程，全部消除农村中小学D级危房，使289所农村中小学彻底改变面貌；实施农村100所中小学校舍维修改造工程，使农村孩子在宽敞明亮的教室学习；更新农村中小学课桌凳22万套，结束农村学生自带课桌凳上学的历史；实施校舍安全工程，把学校建成

最安全、家长最放心的地方。

二、以合理配置教育资源为重点，调整优化学校布局

坚持城镇化发展、新型农村社区建设与义务教育发展相结合，不断优化中小学布局。科学调整了 21 所中小学布局，有效解决长期困扰中心城区中小学布局不合理、多学段混合办学、教育质量良莠不齐等问题，缓解了大班额现象。为进一步适应城镇化发展的需要，积极探索乡镇教育园区建设新模式。

三、以农村学校信息化建设为重点，实现优质教育资源共享

作为全国中小学信息技术教育试验区和全国中小学教育远程继续教育试点地区，近年来，焦作累计投入教育信息化资金达 1.3 亿元，通过建立河南省首家光纤宽带教育城域网、实施农村中小学现代远程教育工程及教育管理信息化项目，网络教育资源总量达到 600GB 以上，覆盖全市所有成建制中小学，较大程度满足了教师和学生的需求，使广大农村中小学生享受到与城里学生一样的优质教育资源。

四、以提高农村教师素质为重点，实现师资水平均衡

为缩小城乡之间、校际之间的师资差距，在师资引进、调配和培训等方面制定向农村学校倾斜政策。对全市农村中小学校长进行强化培训，更新教育理念；招考录用的新教师优先满足农村学校；建立城镇中小学教师到农村学校任教服务制度；实施教师培训“零缴费”，调动教师的积极性。从 2010 年暑期开始，对初中毕业班教师按一定比例进行校际交流，打破教师在一所学校工作十几年甚至几十年不变的历史，进一步促进校际间的师资均衡。

五、以扶弱助困为重点，保障教育公平

按照“属地管理、就近入学”的原则，保障进城务工人员随迁子女享受与当地居民子女同样的就学待遇。同时，通过建立“中小学贫困学生救助金”、实行残障学生“零缴费”就读制度，落实“两免一补”“希望工程”“春蕾计划”等惠民举措，不让一个孩子因贫困而辍学。

落实“四项制度”，营造义务教育均衡发展环境

一、实施目标管理责任制

建立义务教育均衡发展目标管理责任制，把义务教育均衡发展的目标任务写入政府工作报告，并纳入政府责任目标考核，把今后五年内推进义务教育均衡发展的目标任务分解到各个年度。

二、建立均衡师资、均衡编班制度

制定《关于义务教育阶段学校均衡师资均衡编班的指导意见》，对学校师资配备、学生编班作出刚性规定，邀请学生家长代表、人大代表、政协委员等参与相关工作，避免暗箱操作，确保教育公平。

三、制定以素质教育为导向的质量评价制度

以量化方式对县域教育水平和发展趋向进行过程监测，促进学生全面发展。通过深入推进课程改革、积极打造高效课堂、构建有效作业体系、加大校园文化建设、开展中小学生综合素质展示活动等，推进素质教育向纵深发展，全面提高中小学的教育教学质量。

四、实行普通高中分配生制度

为落实义务教育学校“划片招生，就近入学”政策，有效遏制择校热，实行普通高中分配生制度，并逐年提高省、市级示范性普通高中招生分配比例，由起初的10%提高到目前的60%，引导生源合理分布，有力促进薄弱学校发展，基本解决学校争抢优质生源的问题。

实施“三大创新”，构建义务教育均衡发展工作机制

一、教育督导市长令为均衡教育发展护航

2004年，以市长令形式印发《焦作市教育督导规定》，坚持对县级政府履行教育职责情况进行年度督导评估，以此推动全市依法治教、尊师重教大环境的形成。

二、设立千万元教育质量奖，助推教育均衡发展

2006年以来，市政府每年出资1 000万元设立教育质量奖，以推进素质教育、提高教育质量为目标，奖励为夯实教育基础、促进教育发展、提高教育质量作出突出贡献的县市区、各级学校和教育工作者，充分调动各级政府、各级各类学校、广大教育工作者干事创业的积极性。

三、出台义务教育法执行情况问责办法，为义务教育均衡发展提供保障

2009年，出台《焦作市对违反〈中华人民共和国义务教育法〉行为实施问责办法（试行）》，对在实施《中华人民共和国义务教育法》工作中不履行职责或履行职责不力的单位或个人进行责任追究。

开展“五项活动”，强力推进义务教育课程改革

近年来，焦作市紧紧围绕“科教兴焦”战略，全面贯彻落实党的教育方针，以教育科研为先导，注重教师的专业成长和学生的素质发展，强力推进义务教育课程改革，大力实施素质教育。通过开展综合素质展示、送教下乡、打造高效课堂、探索构建有效作业体系的新途径、研究和推广课堂教学典型经验活动，有力推动了教学改革的深入开展，也为推进义务教育均衡发展积累了经验，义务教育课程改革取得显著成效。

一、开展综合素质展示活动

2009年，市教育局下发《焦作市中小学生综合素质展示活动方案（试行）》，揭开了焦作市综合素质展示活动的序幕。市级综合素质展示活动的内容由“知识技能大比拼”“创新能力试高低”“个人才艺擂台赛”三个板块组成。全面展示了焦作市在实施素质教育方面的丰硕成果和中学生的风采。先后组织开展了中学生、小学生综合素质展示活动，在全市教育界引起强烈反响，成为焦作市区域推进素质教育的亮点之一。

二、打造高效课堂

印发《关于在全市打造高效课堂工作的指导意见（试行）》，提出“关注全体，激发兴趣；学会知识，教会方法；因材施教，有效互动；达成目标，当堂检测”的32字方针。意见下发后，全市义务教育阶段学校积极行动起来，掀起打造高效课堂活动高潮，课堂教学效果明显提高。市教育局组成专家组对基层开展打造高效课堂的情况开展了专项督导，推动活动健康顺利开展。

三、积极探索构建有效作业体系的新途径

2009 年，市教育局下发《关于在全市中小学推行“有效作业”的指导意见》，要求全市各县（市）区积极开展构建有效作业体系的工作，使之与打造高效课堂活动相互支撑，谋求综合效益。各基层单位已经或正在进行有益的探索。如沁阳市规定小学阶段学生全部取消家庭作业，并将各校打造高效课堂、构建有效作业的情况纳入规范办学行为目标管理；焦作市实验小学发出了“书包不回家”的倡议，在社会上引起强烈的反响，《中国教育报》作了报道介绍。

四、开展“送教下乡”活动

多年来，焦作市教育局每年都组织各学科名师开展“送教下乡”活动，为一线教师做专业引领。八年来组织开展“送教下乡”活动 200 多次，培训教师 15 万多人次，对于帮助教师胜任新课程教学发挥了重要作用。

五、研究和推广课堂教学典型经验

焦作市在课堂教学改革上取得的显著成效，目前正在全市逐步推广。如沁阳永威学校的“先学后教，当堂训练”，温县第二实验初中的“三环六步”，修武周庄中学的“小组合作竞争”，中站许衡中学和武陟张庄学校的管理模式等，很好地体现了新课程对课堂教学方式转变的要求，有力地推动了教学改革的深入开展。

（河南省教改办推荐）

乡村教育与城市教育的平等对话

——广东惠州市“三对等一保障”促进义务教育均衡发展

【摘要】惠州市位于广东省东南部、珠江三角洲东北端。有经济较发达的沿海城市惠城区、惠阳区、大亚湾区和仲恺区，也有经济欠发达的山区县、龙门县，还有兼有沿海城市与山区县特点、经济欠发达的惠东县和博罗县。全市各县区经济发展不平衡，义务教育发展也明显存在城乡间、区域间和校际间的差距。随着人民群众生活水平的日益提高，对优质教育的需求不断增长，追求教育公平的愿望也不断增强。为了缩小城乡、区域和学校之间的教育差距，惠州把改善办学条件与促进内涵发展结合起来，努力办好每一所学校，切实保障适龄儿童、少年平等接受义务教育的权利，促进教育公平和社会和谐，推进义务教育均衡发展取得显著成效。

采取的主要措施

惠州市按照“城乡义务教育学校管理水平基本对等、教学水平基本对等和学生成长指导水平基本对等，办学条件基本保障”的“三对等一保障”要求，把改善办学条件与促进内涵发展结合起来，推进义务教育均衡发展。

一、城乡学校结对一体联动，校长队伍一体打造，实现义务教育阶段学校管理水平基本对等

（一）组织城乡学校结对帮扶。开展以支援先进办学理念、支援优质师资队伍、支援实用教研成果、支援农村学校驶上信息化快车道、支援必要的教学设备、支援农村初中开展劳动技能培训和初中毕业生升入高中阶段为主要内容的送优质教育下乡活动。实行城乡结对学校联动管理、联动教研、联动考核的捆绑发展机制。

（二）实施大学区名校托管模式。对地理位置相邻的学校，实施“一校多区”的实质性兼并，被兼并的学校作为分校区接受总校领导，原分校校长改任总校副校长，总校实行校长一元化领导、教师一体化配备、教育教学一体化管理、财务一体化结算、教育资源一体化共享。

（三）选派骨干教师挂职培养校长后备人才。以公开竞招形式，从优质学校选派骨干教师到农村中小学担任副校长兼任教育督查员，传播先进教育教学和管理经验，督查农村学校各项工作落实情况。挂职期满后可留任重要职务。

（四）实行校长轮岗交流。规定校长初任为五年，可以连任，但原则上在同一所学校连任不超过十年，超过十年的进行轮岗交流。

（五）推进学校管理标准化。制定出台《学校管理标准化流程参考手册》，促进管理科学化、规范化、制度化、精细化。

（六）统一考核促进校长比学赶超。参照学生满意度检测、教师满意度检测，学生保留率、毕业年级学业成绩合格率和毕业生升学率，学校安全工作一票否决等情况，分学校层次类别对县（区）域内中小学校长年度统一考核。

二、城乡学校教师队伍一体配置，教育品质一体提升，实现义务教育阶段学校教学水平基本对等

（一）突破优秀师资“一校独享”的瓶颈，实行优秀师资“刚性流动”。按照“优秀教师刚性流动，普通教师基本稳定，薄弱教师培训提高”的原则，统筹安排办学水平较高的城镇学校10%~20%的优秀教师到农村学校任教。

（二）突破“一师任课一校”格局，实行教师“镇有校用”或“县有校用”的无校籍管理。全镇小学和片区初中信息技术、英语、音乐、体育、美术等“五小科”教师通过“巡教”保障开足开齐课程。

（三）突破农村教师补充困境，实行农村师资定向培养制度。

（四）突破教研活动覆盖面窄的难题，实行城乡学校教研联盟活动制度。

（五）突破师资培训“低效化”现状，完善教师全员技能培训体系。一是完善教师全员培训机制。为新教师、薄弱教师配备优秀成长导师，以跟班学习进行专业技能培训。二是完善名师培养机制。设立1 000万元“人民教育家”培养基金，启动本土教育家培养计划。三是完善在职教师提升高学历层次的奖励机制。市政府对参加高水平大学博士、硕士研究生学习且专业对口并取得相应毕业证的教师，均给予重奖。

（六）突破监测评估薄弱环节，促进所有学校教学水平达标。在小学与初中采用抽测方式监测学生学业水平。开展义务教育阶段教学水平评估，三年内使通过义务教育阶段教学水平评估的学校由74%提升至100%，引导学校从关注外显办学行为向关注内涵发展转变。

（七）探索优质高中教育资源的平衡分布模式。进一步扩大优质高中招生指标直分初中学校的比例，引导生源均衡，缓解义务教育阶段择校热。优质高中招生指标以每年5%的递增均衡直分到初中学校，最高达到60%。

三、城乡学校德育工作体系一体构建，校园文化一体建设，实现义务教育阶段学校学生成长指导水平基本对等

（一）构建城乡一体“心育”体系。力争三年内实现心理健康辅导室（中心）全覆盖、心理健康教育培训全方位、心理健康教育学科全渗透、心理健康知识全普及。

（二）构建城乡一体养成教育体系。实现“十德”（“课德”“会德”“食德”“行德”“衣德”“仪德”“口德”“寝德”“危德”“网德”）养成规范化、实践教育多元化、人生规划个性化。

（三）构建城乡一体德育队伍优化体系。开展“班主任成长共同体”建设行动、复合型“三维”（教师职业资格、心理辅导资格、职业导师资格）教师培养行动、德育群体队伍建设行动、德育工作激励评价行动、特色化德育实践基地打造行动五项行动。

（四）构建城乡一体学生成长帮扶体系。推进“德育导师制”落实到位、学生成长档案记录到位、“家长素质”提升到位、社区联席会议协调到位、警示教育效果显现到位。

（五）推进城乡一体校园文化建设。通过建立指标体系、制定“结对帮扶”计划、完善检查评价和考核奖罚等系列措施，转变校园文化建设理念，促进校园文化动态化、人性化、成果化和个性化，创建特色学校。

四、城乡学校布局一体规划，学校标准化（规范化）建设一体推进，实现义务教育阶段学校办学条件基本保障

（一）优化城乡学校布局，消除大班额。

（二）全面实施学校标准化建设，根本改善农村办学条件。将以学校建设达到规范化标准为主要内容的“创强”工作列入县（区）、镇党政主要领导责任考核范围，坚持以“创强”为抓手推动义务教育规范化学校建设，使全市义务教育规范化学校覆盖率达到100%。

（三）推进教育信息化的城乡一体化，抢占教育制高点。深入推进“校校通”工程，基本实现全市中小学校“校校有网站、班班有主页”，建设全市教育系统共享的各种信息化应用平台，全面提升农村学校信息化管理与应用水平。

取得的主要成效

一、义务教育规范化学校覆盖率达到100%

全市义务教育阶段公办学校519所，100%建成为规范化学校。农村和薄弱学校生均占地面积、生均校舍建筑面积、各场室及设施设备等办学条件全面达标，有基本满足教学需要的“三室一场”——标准配置教室、实验室、阅览室和运动场；生活设施实现“五有”——有符合卫生标准的饮用水、有符合安全卫生标准的厕所、有可供教师工作休息的住房，寄宿制学校还要有符合安全标准的学生宿舍、有符合卫生标准的学生食堂。

二、“广东省教育强镇”遍地开花

惠州市成功创建为“广东省教育强市”。全市3县4区100%成为“广东省教育强县（区）”。全市有67个镇（乡、办事处），其中57个创建为“广东省教育强镇”，计划余下10个在2012年创建为“广东省教育强镇”，全市有望实现“镇镇皆强镇”的目标。

三、教师资源基本做到均衡配置

在全省率先实现县域内教师待遇“两相当”。打破了“教师学校所有制”，建立起了优秀师资“刚性流动”制度、“五小科教师”（信息技术、英语、音乐、体育、美术）“镇有校用”或“县有校用”的无校籍管理和任课多校的巡教制度。建立完善了教师全员培训体系，设立1 000万元基金启动了本土“人民教育家”培养计划，对在职教师提升学历层次实行奖励政策。

四、学校管理水平有了新的提升

实行城乡教育联动发展，组织城乡学校结对帮扶，全市有跨地市结对学校 34 对，跨县（区）结对学校 39 对，县（区）内结对学校 119 对，实现了帮扶农村和薄弱学校全覆盖。城乡学校“三联动”（联动管理、联动教研、联动考核），加快了农村学校管理水平与城市学校接轨。

五、学生成长指导水平取得阶段性成果

建立了“四体系三平台两网络一评估”（校园文化建设体系、心理健康教育体系、品行养成教育体系、健康成长帮教体系；课堂平台、实训平台、活动平台；德育工作队伍网络、德育信息化网络；德育成效评估）的德育工作模式，实行全员育人、全方位育人、全过程育人，惠州市于 2012 年 2 月获评全国未成年人思想道德建设工作先进城市。

六、实现了高水平高质量“普九”

全市小学生辍学率为 0.02%，小学毛入学率为 101.06%，小学毕业生升学率为 100%；全市初中生辍学率为 0.4%，初中毛入学率为 101.78%，初中毕业生升学率为 98.34%；九年义务教育完成率为 111.04%。高水平高质量“普九”也使“普高”成果不断巩固和发展，2009 年全市户籍适龄人口高中阶段教育毛入学率为 88.10%，2010 年达到 90.6%，2011 年达到 92.11%。

（广东省教改办推荐）

促进边境民族地区学校优质、均衡、整体发展

——广西凭祥市义务教育均衡发展侧记

【摘要】凭祥地处祖国南疆边陲，边境线长 97 公里，西南两面与越南接壤，常住人口 11.2 万人，其中壮族占总人口的 82.7%。由于经济落后，教育基础设施和办学条件薄弱，教育质量低下，教师学生外流严重，义务教育阶段巩固率偏低。近年来，随着中国—东盟自由贸易区的建设，中越跨境经济合作区实质性推进，凭祥成为广西沿边对外开放的龙头，经济社会得到快速发展。与此同时，边境民族群众迫切希望加快发展教育特别是发展优质教育，以满足自身创业发展的需求。2010 年，凭祥被确定为国家推进边境民族地区义务教育均衡发展改革试点县（市），借助这个难得的教育发展机遇，凭祥把试点工作提升到重大民生工程的高度，认真落实改革试点的目标任务，积极推进试点工作，义务教育均衡发展取得显著成效。

推进义务教育均衡发展的主要做法和经验

一、强化政府行为

（一）抓组织领导。把义务教育均衡发展工作列入重要议事日程，作

为市政府为民办实事的重要项目予以实施，并纳入年度工作目标绩效考评体系。市委市政府多次召开市委常委会、市政府常务会研究教育工作，审议有关改革重大政策措施。市人大、市政协定期开展视察活动，全市上下形成合力，不断推动改革试点工作。明确各镇政府、各有关部门职责。切实做到领导到位、组织到位、人员到位、任务到位和督查到位。

（二）抓经费投入。坚持依法保障教育经费投入。市政府逐年增加财政预算，确保实现“三个增长”。2009 年凭祥财政教育经费预算 3 770 万元；2010 年教育经费预算 4 273 万元，比 2009 年增加 503 万元，增长 13%；2011 年教育经费预算 8 456 万元，比 2010 年增加 4 183 万元，增长 98%；2012 年教育经费预算 1.1 亿元，比 2011 年增加 2 544 万元，增长 30%，经费投入逐年增长，为实现义务教育均衡发展提供了坚实的资金保障。

（三）抓政策保障。正确研判教育发展形势和趋势，制定出台一系列重大教育惠民政策，如义务教育在校寄宿生伙食补助政策、上学交通费补助政策、免费高中教育政策等。

（四）抓惠民工程。一是实施学生营养改善工程。2011 年 9 月起实施义务教育在校寄宿生营养改善工程（简称“营养餐工程”）。在国家实行义务教育“一补”政策的基础上，由本级财政划拨资金为每位初中、小学在校寄宿生每天增加生活补助 4 元，每生每天伙食标准小学达到 8 元，初中 9 元，一日三餐享受免费供餐，实现义务教育寄宿制学生用餐“零负担”，受益学生 3 000 多人，每年增加本级财政投入近 500 万元。通过实施“营养餐工程”，为边境民族地区农村贫困孩子解决了后顾之忧，促进学生身体健康成长。二是通过政府购买服务的方式招聘学校工勤人员。为确保学生伙食费都能“吃到学生肚子里”，招聘义务教育学校食堂工人 63 人，工资福利由市财政安排资金解决（按照开饭学生与食堂从业人员 60∶1 的比例配备，开饭学生不足 60 人的学校，按 2 名食堂从业人员配备）。为全市公办学校招聘 91 名专职安全协管员。有关食堂水电费、设备购置费等也是由本级财政解决。三是实施义务教育阶段学校寄宿制学生交通费补助工程。2011 年秋季学期起对义务教育阶段学校在校寄宿生的往返交通费进行补助，每人每周补助 4 元，全市 3 000 多名在校寄宿生受益。

二、稳妥调整学校布局

随着经济社会的不断发展，农村人口大量向城镇流动的趋势不断增强，村屯教学点生源持续减少，实施学校布局调整势在必行。但从另一个角度看，边境地区存在稳边固边的需要，教学点的撤并将直接关系到稳定边疆、建设边疆的重大问题。为做好边境教学点的建设工作，凭祥市认真编制全市中小学校布局调整规划，组织工作组多次深入学校、村屯进行调研，召开座谈会，了解民意。同时聘请专家，多层面对规划设计提出可行性分析，使规划编制更具有科学性、针对性和可操作性。

根据凭祥市的边境地域特点，边境一线的小学校点全部保留，让小学低年级的低龄学生仍能在本村小学就近入学，而高年级（五、六年级）学生到条件更好的镇中心小学集中上学，较好地解决了稳定边疆、就近入学和学生享受优质教育资源的问题。规划在凭祥市区新建凭祥市第三小学、凭祥镇中心小学，改建凭祥市第一小学、凭祥市第二小学、上石镇中心小学，迁建友谊镇中心小学，扩建夏石镇中心小学，保留并完善包括边境一线小学在内的 26 所村级小学建设。规划扩建新白云中学（现改名为凭祥市第一中学）、夏石中学。规划后的义务教育学校布局调整，能够较好地整合优化全市教育资源配置，让进入城镇务工人员的子女能够进入学校就读，让每个学生都能享受到优质教育资源。

三、均衡教育资源配置

（一）抓标准化建设。凭祥市扎实实施义务教育学校标准化建设。经费投入和项目安排向薄弱学校倾斜，通过改建、新建、扩建项目，使薄弱学校教学、生活、办公用房达到国家标准。一是建立教育工程项目库。通过对全市学校校舍进行定期检查鉴定登记，对照建设标准建立教育项目库，分三年实施。二是全面消除 D 级危房。三是对存在安全隐患的预制板结构 30 栋校舍制定两年拆除重建计划。四是全面实施农村学校厕所标准化建设。五是实施薄弱学校仪器、图书配备项目，2011 年已经投入 230 万元，重点装备凭祥市第一中学、夏石中学和部分农村小学。两所初中已率先完成学校仪器及图书的国家标准化配备。六是实施现代教育信息化工程。2011 年为农村义务教育学校配置多媒体远程教学设备 103 套，投入 390 万元。现在，2 所初中学校每个班级配备多媒体远程教学设备，实现了“班班通”；每 12 名学生拥有 1 台电脑。计划到 2012 年底，凭祥市将实现中小学每 8 ~ 10 名学生拥有 1 台电脑，小学学校每个班级配备多媒体远程教学设备，实现“班班通”。七是实施课桌椅更新工程。八是改善教师办公条件。到 2012 年底，将实现教师每人 1 台办公电脑的目标。九是打造学校特色化基础设施建设。凭祥市按照“一所学校围绕一个主题，展示一种文化，培育一个特色，形成一个示范点”的思路，计划用三年时间对全市中小学校进行特色化（美化、绿化和文化）基础设施建设。2012 年上半年已完成 9 所学校的特色化建设规划编制工作。

（二）加强边境学校建设。结合边境地域特点，在学校布局调整规划中，全部保留边境一线上的村级小学，让低龄学生就近入学。在经费投入和建设项目安排上充分照顾到边境农村小学，2011 年安排重建村级小学教学楼、建食堂、改造厕所、配备教学设备和图书等项目，投入资金达到 370 万元；2012 年安排农村小学项目 25 个，预算经费投入 642 万元。使边境农村小学也有跟城镇学校一样的办学条件，不断增强对孩子的吸引力，促进边境的稳定和安宁。

四、加强教师队伍建设

（一）强化教师业务培训。在抓好学校硬件建设的同时，进一步强化教师培训，提高教师业务素质，努力提升薄弱学校师资力量。建立教师学习与资源中心，积极实施“国培计划”和“区培计划”，坚持“请进来、走出去”“专家引领和校本培训”相结合的教师培养与培训制度。分期分批组织教师赴区内的桂林、玉林和区外上海、江苏、山东、浙江等先进地区学习，同时聘请区内外有影响的名师到凭祥讲课，做到“每月一训”“每训一专家”，形成教师培训规模化、规范化、常态化。2011 年至 2012 年 6 月，凭祥市先后举办中小学校长高级研修班、EEPO（有效教育）实验教师、学科带头人、“送教下乡”、财务管理等各类培训班，参加培训教师达到 4 600 多人次，受训教师覆盖率达 100%。经过多方式多层次的培训，教师队伍整体素质有了很大的提升，一批中青年教师迅速成长为教育教学骨干。

（二）优化教师专业结构。根据缺科教师情况提出农村义务教育学校教师特设岗位计划，逐步解决农村学校教师学科结构不合理的问题。2009 年以来，共招聘 27 名特岗教师，全部分配充实到农村学校。2012 年计划招聘 80 名特岗教师，其中拟聘 34 名充实到农村初中，46 名充实到农村小学，有效解决农村学校教师年龄偏大、学科结构不合理的问题。

（三）加强教师校际交流。积极探索教师从单位人变为系统人的管理机制，加强教师校际交流，缩小校际教师水平差异。每年从城镇学校抽调 15～20 名教师到农村薄弱学校进行支教。2011 年对校际领导岗位交流作了尝试，14 名领导岗位的教师实现有效交流，提升了农村学校师资力量。2012 年将加大校际教师交流力度，并形成制度，逐步实现教师资源均衡。

五、创新教育发展机制

（一）建立完善教育改革发展的管理机制。设立教育体制改革联席会议制度，成立由市委书记、市长为组长的教育体制改革工作领导小组，统筹领导包括义务教育均衡发展改革、学校布局调整综合改革在内的教育五大改革试点工作，设立教育体制改革办公室，配备专职办公人员和专门办公场所、办公设备，负责统筹协调开展各教育改革试点工作。市委督查室和政府督查室定期开展督查活动，市教育局建立“阳光效能”督查通报制度、干部职工绩效考评制度、干部挂点帮扶制度等，努力创新教育管理机制，促进各项试点工作顺利推进。

（二）建立优秀教育人才激励机制。制定出台《凭祥市培养优秀教育人才若干意见》，市财政每年拿出 100 万元，作为培养优秀教育人才专项基金，提高教师专业福利待遇，激发教师工作积极性，促进提升教师能力水平，增强教育教学工作有效性。

（三）完善教育教学奖励办法。修改完善《凭祥市教育教学质量奖励办法》，加大对有突出贡献的学校和教师的奖励力度。每年划拨专项奖励资金由原来的 50 万元增加到 100 万元。

六、着力提升教育质量

（一）深化教育教学改革。以开展 EEPO 教改实验为载体，着力打造高效课堂。在自治区教改专家团队的指导下，加强培训和实践，教师教育教学观念、课堂教学方式以及学生的学习方式发生深刻变化，学生学习自主性得到提高，个性特长得到发挥，合作学习能力得到增强，教师的整体素质得到提升，教学质量明显提高。第一批参与实验的 9 所实验学校总结推出一批优秀教学经验案例，一批骨干教师迅速成长，EEPO 有效教育教学试点已经初显成效。

（二）抓学校常规管理。一是建立学校常规管理督导机制。2010 年 9 月，印发《凭祥市“中小学校常规管理回头看”活动实施方案》，强调学校常规管理常态化、制度化。二是以抓“两貌”（师生精神面貌和文明礼貌）为重点开展校园文化建设，形成良好的教风、学风、校风。三是创新控辍保学工作方式。实行教育局领导班子成员包片、股室包校、校领导包年级、班主任包班、教职工包人的控辍保学“五包”责任制度，层层签订责任状。重点关注农村留守儿童少年学习生活，帮助弱势群体学生解决困难。

（三）突出爱国爱边教育。创新德育工作模式，充分利用凭祥特有的战争历史、文化古迹、边境地域特点和现代经济建设成果，组织开展丰富多彩的爱国爱边教育、革命传统教育和理想前途教育，增强德育效果。还利用边境地区军营警营遍布全市辖区的地域特点，策划了“边关孩子进军营”活动，让学生走进军营，了解部队官兵生活与训练，了解部队建设，加强爱国主义教育，增强国防意识和责任意识。

（四）抓学生课余生活管理。为解决寄宿制学校课余生活空白问题，各中小学校有针对性地组织学生成立体育、艺术兴趣小组，在老师的指导下，很多学生学会了剪纸、绘画、跳舞、吹笛子，能写一笔好字，学生的个性特长得到发展，自信心得到增强，反过来促进了课堂学习，提高了学科成绩。在2012年5月崇左市第四届中小学生艺术展演活动中，凭祥市选送18个节目参加6大项16个小项的表演节目比赛，获得6个第一名、3个第二名、2个第三名的好成绩，并获得团体总分第一名，名列崇左市七个县（市、区）之首。上石镇中心小学山歌队表演的节目参加由中国教育电视协会主办的第六届“校园时代”全国青少年才艺电视展演海选，通过专家评审，受邀赴京参加第六届“校园时代”电视展演节目录制。

改革试点工作成效

一、办学条件得到进一步改善

义务教育学校的办学条件得到较大提升，大部分教学点和村级小学以上学校建成了楼房校舍，办学条件逐渐好转。如试点项目实施前，凭祥市村小学以上学校有78间砖木结构平房校舍；现在通过规划重建，已经拆除平房校舍，2010年下半年至今新建好的楼房校舍12 200平方米。试点项目实施前，初中小学班级配备多媒体设备只有10套，现在已经有110套，两所初中学校班级多媒体设备配备率达到100%。整合到新学校后的学生都能在条件相对较好的环境接受教育，孩子们正从“能上学”逐渐变为“上好学”。

二、教师资源得到进一步优化

布局调整后，生源相对集中，可以实现合理配备各学科教师，逐渐消除调整前农村小学教师业务“多而不专”的现象，从“有些课程没老师教”变为“所有课程都有老师教”，从“学校有老师教”逐渐变为“学校有好老师教”。

三、学生整体素质得到进一步提高

通过深化教育教学改革，打造高效课堂，实施素质教育，学生逐渐养成良好的行为习惯，生活自理能力和身体素质得到增强，说、唱、跳、画、演等才艺水平和体育竞技水平大幅提升。

（广西壮族自治区教改办推荐）

“均衡凤城”洋溢幸福魅力

——新疆玛纳斯县以义务教育均衡发展打造教育强县

【摘要】教育公平是社会公平的基础，教育均衡发展是实现教育公平的保证。近年来，新疆玛纳斯县充分发挥政府主导作用，突出规划先行，不断优化教育资源配置，实现办学条件的均衡发展；建立完善强弱校捆绑式城乡一体化发展机制，逐步形成紧密联系和相对固定的办学共同体、区域内教师和校长交流的长效机制，推动城乡教师资源均衡配置；规范办学行为，坚持民汉合校“融合”管理，保障弱势群体教育权益，实现受教育权利的均衡；关注学校内涵发展，强化特色学校建设，促进城乡教育质量的均衡发展。

改革的背景

玛纳斯县地处天山北麓、准噶尔盆地南缘，素有“天山金凤凰，碧玉玛纳斯”的美称。全县总面积 1.1 万平方公里，辖 14 个乡镇场站，有 5 个驻县团场，有汉、回、哈萨克、维吾尔等 32 个民族，总人口 28 万。义务教育阶段中小学 18 所，在校学生 14 633 人。其中民汉合校 10 所，两种模式“双语”教学班 68 个，接受“双语”教育 3 488 人（含民考汉 1 972 人）。专任教师 1 650 人，其中双语教师 296 人。连续十多年，玛纳斯县农牧民人均收入位列新疆首位，这里的农民被称为新疆“最富裕的农民”。在这样的背景下，玛纳斯县的农牧民对优质教育的需求更是显得异常迫切和现实。然而一段时间以来，区域内学校之间教育资源配置不平衡，农牧区优质教育资源短缺，中小学教师队伍学科结构不合理，城乡之间、校际之间发展不均衡，大班额和择校现象等问题在一定程度上存在并影响了教育的健康发展，加快教育均衡发展就显得尤为紧迫和重要。

正是基于这一认识，近年来，玛纳斯县以城乡一体化建设为着力点，坚持把推进义务教育均衡发展、促进教育公平作为全县经济社会发展的战略任务，坚持“加大投入补短板、内涵发展强管理、全县教育一盘棋、均衡发展创强县”的思路，以义务教育学校标准化建设为抓手，合理配置教育资源，大力实施强弱校捆绑式发展，强化民汉合校管理，完善保障机制，缩小城乡之间、校际之间差距，全面实施素质教育，关注学校内涵发展，努力办好每一所学校，推进义务教育均衡健康发展，使全县适龄儿童少年逐步提前享受到优质的教育资源，凸显教育系统在构建城乡一体化、打造“均衡凤城、幸福玛纳斯”中的战略性、先导性和基础性的地位。

主要做法及经验

一、政府主导，优化配置，实现办学条件的均衡发展

（一）突出规划先行。教育均衡，规划是基础，投入是关键。县委、政府高度重视农牧区教育发展，多次召开专门会议，对义务教育均衡发展情况进行专题研究，成立以县长为组长的推进义务教育均衡发展工作领导小组，明确各部门的工作目标和任务，建立教育工作联席会议制度，

定期开展调研，强化责任落实。《玛纳斯县中长期教育改革与发展规划》和《玛纳斯县教育事业跨越式发展规划》将城乡教育纳入统一管理范畴，在项目立项、城市规划、建设、财政支出、规划用地预留等方面把教育事业放在第一位，统筹城乡一体化发展，重点向农牧区倾斜，相继出台《玛纳斯县义务教育标准化学校建设规划》和《玛纳斯县义务教育均衡发展规划》，确保推进义务教育均衡发展工作落实到位。

（二）稳步推进布局调整。按照“小学就近入学，初中相对集中”的原则，统筹规划，分步推进。对十所学校进行了民汉合校，全县除三个农区乡镇外，八个农牧区乡镇学校初中学生全部“进城上学”，优化了教育资源。同时因地制宜，保留了大草滩村、团庄子村和冬麦地村三个教学点，由乡镇中心校统一管理，统一调配任课教师，统一教学计划和进度，统一教研活动，确保教学点教育质量的稳步提高。还结合牧民定居工程，将团庄子教学点整体搬迁，使学校布局进一步合理、优化。

（三）加大经费投入力度。在财力十分有限的情况下，确保教育经费实现“三个增长”，义务教育经费保障机制等各项政策得到全面落实。积极争取项目资金，不断加大对义务教育的资金投入，推进学校标准化建设，下大力气改善办学条件，切实解决大班额现象和校舍面积不足的问题。2011 年至今，争取国家和教育援疆项目 17 个，多渠道筹措资金近 1.1 亿元，其中项目资金 5 517 万元，县级配套资金 5 583 万元，新建、改扩建中小学校舍 4.3 万平方米，征收教育用地 3 万平方米，征收经费达 1 064 万元。县财政每月拨付 5 万元对农牧区接送学生车辆进行补助，保障学生上下学的乘车安全。

（四）构建城乡一体的信息化教育体系。把全面推进中小学教育信息化作为促进义务教育均衡发展的重要战略举措，全面提高中小学现代教育技术装备水平，建成玛纳斯县教育信息化公共服务平台，建立辐射至各学校的教学资源库。各校均实现光纤接入，建成远程接收室和远程直播课堂，拥有自己的网站，为全面落实双语“班班通”“计算机教室”及

“薄弱学校改造”等项目实施提供保障，实现了优质教育资源共享，以教育信息化推动现代远程教育进程。

二、强化培训，捆绑发展，推动城乡教师资源均衡配置

（一）建立健全继续教育经费保障机制。将课改培训费和教师继续教育培训经费纳入财政预算，不断加大对教师课改培训、继续教育培训经费的投入，2011 年将教师继续教育经费由过去的 20 万元提高到 78 万元，重点加大对农牧区学校教师的培训力度。

（二）抓好双语师资队伍建设。制定《玛纳斯县中小学少数民族“双语”教师培训工程》，按照“增量补充、存量培训、定向培养、滚动推进”的方针，启动实施“百名双语教师培训工程”，从 2010 年起，用五年时间，每年从牧区选派 20 人到城镇进行为期一年的挂职培训，从城乡学校选派骨干教师到牧区支教一年，培养 100 名双语骨干教师。目前已有 20 名教师通过培训走上双语教学岗位。

（三）积极探索建立强弱校捆绑式发展的管理体制。制定《强弱校捆绑式发展实施方案》《玛纳斯县教育系统人员轮岗交流办法》，以学校自主发展为基础，以提高教育教学质量为中心，将全县中小学分为八个联合发展小组，定期召开联席会议，交流管理理念、办学思想、制度建设、校园文化，实现“教师流动、教研联动、管理互动、课程走动”常态化。开展结队帮扶学校教师挂职支教和交流活动，明确要求每年互相交流的教师数原则上要达到学校教师总数的 5% ~ 10%。对结成共同发展小组的学校进行捆绑式考核，把对弱校帮扶的成效作为对强校综合考核的重要依据，考核结果纳入对学校督导、综合目标考核和学校、校长评先评优中，达到共同提高、均衡发展的目的。

（四）建立校长定期轮岗交流制度。制定《校长轮岗交流办法》，开展校长定期轮岗交流，选拔一批优秀的年轻教师充实到农村中小学领导岗位；实施校长绩效工资改革，加强校长工作的绩效考核。目前已有 38

名校级领导进行轮岗交流。

三、规范办学，加强管理，实现受教育权利的均衡

（一）进一步规范办学行为。制定出台《进一步规范中小学生在校时间管理办法》《中小学教学常规管理办法》《中小学每天一小时阳光体育运动实施方案》《推进“体育、艺术 2+1 项目”实施方案》等文件，对城乡学校实行统一管理、统一考核，促进全县中小学管理水平的不断提高。严格落实学生区域招生制度，按照“就近入学，划片招生”原则，及时调整全县各中小学责任区，明确城镇各中小学的招生片区，要求各学校实行“阳光编班”。制定《中小学学籍管理办法》，促进学生有序流动，择校现象得到有效遏制。

（二）坚持民汉合校“融合”管理。制定出台《民汉合校教育教学管理办法》，实行“八统一、六同”，即对学校教育教学管理实行：一个中心，统一思想；一套制度，统一管理；一个计划，统一进度；一把尺子，统一考评。各族教师统一审核教案，统一教学目标，统一学生作业，统一教学考核。选聘优秀的民、汉教师到民汉合校任教，各族教师同室办公，同桌备课，同堂听课，同步教研，同卷命题，同级评比，相互指导和帮助。积极营造“学双语，讲双语，用双语”的校园氛围和良好语言环境，鼓励师生在各种会议、活动、教育教学工作及生活交流中使用汉语，实现民汉合校教育质量的稳步提升。

（三）保障弱势群体教育权益。落实国家资助贫困家庭学生的各项政策，建立完善扶贫助学管理机制，制定出台《救助贫困生完成九年义务教育实施办法》，逐步提高和扩大贫困学生生活费补助标准和范围，自 2006 年以来，县财政累计拨付农村贫困寄宿生生活补助费 890 万元。各校均建立特困生档案，落实结队帮扶措施。开展“爱心超市”扶贫助学活动，确保每一个学生不因贫困而失学。完善残疾儿童少年就学保障机制，鼓励具备条件的残疾儿童少年随班就读，确保全县残疾儿童少年入

学率100%。制定出台《外来务工人员随迁子女入学管理办法》，坚持“以流入地政府（社区）管理为主”的原则，落实就近免试入学办法，各校积极为外来务工人员子女入学提供保障，使外来务工人员随迁子女与本地学生享受“同城同待遇”，实现就学机会上的公平。

（四）建立素质教育督导评估机制。制定出台《中小学实施素质教育督导评估方案》等四个评价方案，把构建科学完善的教育督导评估体系作为一项重要工作来抓，积极探索整体优化的育人模式，促进了全体学生德智体美劳全面发展和教育教学质量的全面提升。

四、关注内涵，特色发展，促进城乡教育质量的均衡发展

（一）以“六育人”工程为载体，整体推进特色学校创建工作。努力开发丰富优质的教育资源，让每个学生都能接受适合自己的最好教育，都能在现有的基础上有所发展、主动发展、特色发展。从加强校园环境建设、优化育人环境入手，制定下发《中小学校园环境管理评估细则》，通过“三园六化”“文化长廊”及校风、教风、学风等具体指标的评估实施，调动了学校加强校园文化建设的积极性。

（二）以现代文化为引领，推进学校的文化建设。确立“和谐教育、奠基凤城”的文化定位，大力弘扬民族传统文化。各校抢抓机遇，围绕“天山金凤凰，碧玉玛纳斯”这个品牌，将“玛河文化”“碧玉文化”“凤凰文化”内涵与教书育人载体有机结合，提炼、凝聚成具有教育特色的“历史文化、学习文化、创新文化”，基本形成校园文化建设“一校一品牌、一校多特色、校校有特色”的工作格局。集中组建四个“百人特色队”（即县一中百人管乐队、县二中百人民乐队、县三中百人冬不拉队、县四中百人独轮车队），以此辐射、带动各学校的特色项目建设，以特色促内涵发展，以内涵发展促名校建设，引领学校协调发展。

（三）以教科研工作为先导，全面实施素质教育。突出一个中心：以提升课堂教学质量为中心，开展以“实施有效教学，构建高效课堂”

为主题的课堂教学质量效益年活动。教研员进校听课、评课、上研究课、召开专题教研会，重点加强对薄弱学校及薄弱学科教师进行教学指导。抓住一个关键：构建校本研修运行机制，出台《校本研修促教师专业发展实施方案》《关于创建以校为本教研制度建设基地实验方案》和《校本教研评估细则》，采取“自主探索”与“专业引领”相结合的方式，完善校本研修管理机制。凸显一个亮点：搭建教师成长平台，开办由近300名州县级学科带头人和中青年骨干教师参加的研修班，建立一支覆盖全县中小学的骨干教师队伍，促进城乡学校校本教研能力同步发展。同时，以自治区教育改革试点和农牧区基础教育课程改革试点县为契机，确立“因地制宜开发校本课程，稳步推进课程教材改革”的研究方向，出台《基础教育课程改革校本课程开发指导意见》及《关于进一步规范校本课程开发与实施的通知》，把促进学生全面发展作为均衡发展的出发点和落脚点，引领学校协调发展，开发实施具有县域特色的校本课程。全县18所学校开发200多门五大类校本课程，一大批具有挖掘潜力的校本课程正在积极探索，满足了学生的爱好和个性发展，落实了“合格加特长”的特色育人目标。强化双语教研的实效性，开展双语教师调讲赛、基本功大赛、经验交流、教学研讨、专题培训等活动，实行双语班“双向辅导员”制度，开展“错位听课、排课”，发挥骨干教师示范引领作用，为双语教师搭建学习和交流的平台，快速提升“双语”教育教学质量。

经过积极探索和不懈努力，县域内基本实现城乡教育一体化，农牧区学校与城镇学校在物质条件、师资配置、教育质量上无显著差距，学生无序流动和择校现象基本消失，特别是偏远农牧区学校，通过城乡一体的信息化教育体系建设和骨干教师交流，提前享受到优质的教育资源，全县各学校整体教育水平和质量得到均衡发展和全面提升。

（新疆维吾尔自治区教改办推荐）

优先发展是态度　优质均衡是目标

——新疆生产建设兵团农八师石河子市“四步棋”推进义务教育均衡发展

【摘要】近年来，八师石河子市始终坚持教育优先发展战略，紧紧围绕义务教育均衡发展这一战略主题，坚持科学统筹，强化制度创新，推动区域内义务教育均衡发展，取得突出成绩。2010年承担国家推进义务教育均衡发展改革试点项目后，八师石河子市坚持“走好四步棋”，以体制机制创新为突破口，以均衡资源配置为杠杆，以推进教育公平为根本目标，在更高层次上强势推进义务教育均衡发展，八师义务教育呈现出一体化推进、一盘棋运行的良好态势。

第一步棋：强化政策支持，凸显政府主导地位

坚持“优先发展是态度，优质均衡是目标”的发展思路，巩固教育优先发展、重点发展的战略地位。

一、全局决策优先谋划教育发展

将教育发展纳入经济社会发展总规划，成立以师长为组长、各相关部局领导为成员的推进义务教育均衡发展领导小组，先后出台《八师石

河子市关于推进义务教育均衡发展的若干意见》《八师石河子市教育事业“十二五”发展规划》等指导性文件，在明确推进义务教育均衡发展的“总框架”“时间表”和“路线图”的同时，凝聚全社会重视、支持义务教育均衡发展的合力，形成党委领导推动，各行各业共同参与的良好社会环境和工作运行机制，为推进义务教育均衡发展提供强有力的组织保障。

二、财政资金优先保障教育投入

早在2002年，石河子市党委就将义务教育经费全面纳入公共财政保障体系，按照“三个增长”“两个比例”的要求，决定每年在原有教育经费基础上增加1 000万元教育投入以改善办学条件，确保教育经费足额保障，教育投入逐年增长。到2011年，八师石河子市预算内教育经费支出达61 861万元，同比增长40.09%，高于财政经常性收入增长速度15.53个百分点，占公共财政支出的比重达11.82%，同比增长1.73个百分点。教育投入的持续增长，为促进教育公平提供了强大的物质保障。

第二步棋：联系八师实际，力促教育资源均衡

教育资源的均衡配置是实现义务教育均衡发展的前提。立足区域实际，采取“造峰填谷”的方式加大资源统筹力度，不断优化教育资源。

一、均衡学校布局

结合城市“南进北扩”发展战略需求，于2005年率先出台《八师石河子市关于调整中小学结构布局，优化教育资源配置的指导意见》，按照

“因地制宜、盘活存量、优化布局、均衡配置”的学校布局调整方针，通过初、高中分设和积极推进九年一贯制学校建设等一系列政策措施，投入资金 3 900 万元，在开发区新建占地 70 亩、建筑面积 1.9 万平方米的标准化九年义务教育学校——石河子第九中学；通过土地置换的方式，新建了高中学区，为市区义务教育学校置换出近 3 万平方米校舍、7 600 个学位。通过调整学校布局，全市优质教育规模明显扩大，办学效益明显提高。

二、均衡办学条件

据统计，仅“十一五”期间，石河子市就投入预算内资金 6 503 万元、人民教育基金 5 187 万元用于薄弱学校建设，12 所企业剥离学校办学条件得到较大改善。同时，紧紧抓住国家实施中小学危房改造工程、初改工程、校安工程等重点工程建设契机，累计筹措资金 4.8 亿元，消除各类危房 4 万平方米，新建和改扩建校舍近 30 万平方米，全面消除中小学 D 级危房，实现教学仪器、体音美卫劳器材、电教设备和图书资料配备率 100% 达到国家标准。

三、均衡师资配置

教师是第一资源，师资配置不均衡，教育均衡发展也就无从谈起。为此，采取“三定两竞”的办法。

“三定”是指教师定期补充、教师定期培训、干部教师定期交流。坚持“凡进必考”原则，累计录用师范类本科毕业生 627 人、特岗教师 327 人；专科以上学历小学专任教师比例从 2005 年的 84.9% 上升到 94.4%，本科以上学历初中专任教师比例从 2005 年的 55.8% 上升到 89.6%，教师学科、年龄结构也得到全面优化。为进一步提升师资队伍的专业素养，建立“全员培训与骨干研修相结合，远程培训与集中培训相结合，校本研修与支教交流相结合”的校长、教师培训机制，累计选派校领导 560

人次参加了国家、自治区及兵团各级校长培训班，10 610 人次参加了各种教师专业和提升类的培训。在建立教师交流长效机制的同时，健全校长交流轮岗制度，2008 年以来，石河子市共有 385 名教师参加了校际间的支教交流，15 名校领导通过轮岗交流至新学校。

“两竞”是指干部竞聘上岗、教师绩效竞岗。为建立一支高素质教育管理人才队伍，自 2007 年起，将学校中层及副校级领导公开竞聘上岗作为创新干部选任机制的突破口。五年来，共有 24 名政治素质高、教学及管理能力强的优秀中青年教师通过竞聘走上副校级领导岗位，在扩充学校高素质管理人才队伍的同时，增强了广大教育工作者的危机意识和进取精神，对义务教育均衡快速发展产生积极动力。与此同时，为确保团场和市区教师待遇的均衡，2010 年，市党委作出重大决策，在兵团率先实现团场教师、农村教师、市区教师和公务员执行同城同地同待遇的绩效工资标准，使薪酬分配向一线教师、骨干教师及做出突出成绩的其他工作人员倾斜，适当拉开分配差距，构建重能力、重实绩、重贡献的分配激励机制。绩效工资的实施，稳定了垦区广大教师队伍，有力提高了垦区 7 000 多名教师特别是团场、农村教师爱教乐业的积极性。

第三步棋：创新发展机制，培育教育优质资源

实现优质教育资源的“全覆盖”，让每一个孩子都能共享优质教育资源的均衡才是真正的均衡。

一、大胆实践学区集团化管理新模式

作为全国教育体制改革试点地区，石河子市大胆实践，以“学区集

团化管理”作为推进义务教育均衡发展的突破口，按照“相对就近、优势互补、整体提高”的原则组建校际联合体，通过学区内优质教育资源的共享、共建，形成新的学校管理运行机制。通过一年的实践探索，首批四个学区试点已逐步形成管理机制一体化、师资管理一体化、资源配置一体化、学生养成教育一体化的良好运行机制，增强了学区薄弱校加快发展、锐意进取的决心和信心，促进了学区内优质教育资源的再造，开创了全兵团打破区域界限、谋求学校共同发展的先河。2012 年在上年基础上又新建两个学区，将学区试点校增加至 19 所，进一步探索学区“一托二、一托三”管理新模式，逐步扩大学区规模和数量，扩大试点范围，深化和巩固试点成果。

二、构建教研新机制

教育科研是提高教育质量、促进教育均衡的原动力。石河子市十分重视发掘教学研究的资源优势，汇聚教研网络的力量，创设研究环境，搭建交流平台，推广先进经验，带动各学校教研的健康发展。目前，已发展 20 个学科专业委员会，聘任 53 名兼职教研员，命名教研基地学校 2 所、基地学科 60 个。通过开展“主题性、主体性、研究性”主题科研，开设“名师大课堂”“高效课堂”，推行“手拉手”教研和联片教研等一系列教研活动，形成“师、校、组”三层教研网络。为树立先进典型、在教育系统内部构筑“人才高地”，自 2005 年起，石河子市开始实施“名师工程”，每年投入 100 万元专款对荣获“名师”“高中学科带头人”和“教育贡献奖”荣誉称号的教师进行表彰奖励。截至 2011 年，共命名表彰师市“名师”267 人，“高中学科带头人”692 人，造就了一大批教育教学骨干，为优秀教师脱颖而出创设了良好的环境。

第四步棋：维护公平正义，破解均衡发展难题

一、综合治理义务教育择校问题

为从源头遏制“择校热”问题，石河子市始终坚持义务教育按划定学区就近免试入学制度，均衡调配义务教育学额资源，严格控制择校生比例。2011年，全市择校生比例降至8%以下。同时，为积极探索有利于义务教育均衡发展、符合素质教育要求的考试评价和高中招生制度，将考试成绩百分制呈现改变为等级制呈现，将初中毕业生学业考试成绩和综合素质评价结果作为普通高中招生的基本依据；推行高中指标到校办法，将示范性高中计划内招生指标的50%按比例分配到各义务教育学校，并确保指标比例逐年扩大，以引导义务教育学校生源合理流向，提高薄弱学校生源质量，促进义务教育均衡发展。

二、学生资助体系逐步完善

严格执行“两免一补”政策。近年来，共下达两免一补专项资金1.2亿元，全面免除学生课本费金额达3 142万元，受资助学生42万余人，资助比例超过在校生总数的71.3%，其中团场、农村住宿生资助比例达89.23%；为提高垦区青少年的身体素质，让每个孩子都能健康成长，2008年在兵团率先启动政府补贴的“学生饮用奶”计划，每年投入专项资金650万元，使市区32 500名、团场43 000名义务教育学生普遍喝上营养、安全、放心的学生奶。

三、关注农民工子女教育工作

为让每一个孩子都得到享受优质教育的权利，在认真落实“两免一补”与家庭经济困难学生资助政策的同时，按照“以流入地管理为主、以公办学校为主”的原则，制定了《八师石河子市进城务工就业农民

（农工）子女义务教育管理办法》，大力保障城区流动人口子女和团场农民工子女接受义务教育的权利。目前，市区的农民工子女定点学校已达 23 所，占市区学校总数的 82%，有效解决了近 1 万名农民工子女的就近入学问题。

（新疆维吾尔自治区生产建设兵团教改办推荐）

关注民生热点 共享幸福阳光

——安徽省有效解决进城务工人员子女平等就学问题

【摘要】为确保农民工子女都能平等享有义务教育的权利，深入推进教育公平，安徽省围绕“随迁子女”和“留守儿童”两个主体，坚持政府统筹协调，加强各级财政投入，引导社会力量参与，学校、家庭、社会相配合，校内教育与校外教育相结合，以政策完善、项目推进和督查考核为抓手，积极开展农民工子女接受义务教育体制机制改革试点工作。经过一段时间的努力，初步建立起农民工子女接受义务教育两大保障体系，即进城务工农民随迁子女就学“零障碍”体系和农村留守儿童健康成长关爱服务体系。通过“两个体系”的建设和完善，力图使所有农民工子女都能接受良好的义务教育，获得平等的发展机会。

积极推进进城务工人员随迁子女就学“零障碍”

一、强化思想认识，纳入发展规划

严格依照《中华人民共和国义务教育法》关于“父母或者其他法定监护人在非户籍所在地工作或者居住的适龄儿童、少年，在其父母或者其他法定监护人工作或者居住地接受义务教育的，当地人民政府应当为其提供平等接受义务教育的条件”的规定，将农民工子女教育全面纳入经济社会发展的总体规划中，扩大教育资源并统筹配置，改善接收进城务工农民随迁子女学校的办学条件，积极为进城务工农民随迁子女就学创造条件，切实保障他们接受义务教育的权利。切实强化各级政府的法制意识，并使其依法承担起进城务工农民随迁子女就学的政府责任。

二、坚持两个为主，落实政府职责

规定输入地公办学校要按照“就近划片，一视同仁”的原则主动承担接纳进城务工农民随迁子女入学的任务。对于进城务工农民较多、就学矛盾比较突出的城市，现有的教育资源如一时难以按“就近”原则接受较多的农民工随迁子女，可暂时采取建设和保留定点学校的方式，合理确定服务范围，简化入学程序，及时以适当方式告知进城务工农民，保证其随迁子女按时接受义务教育，同时积极创造条件，到 2015 年前过渡到就近划片招生。合肥是全省进城务工就业农民随迁子女就学矛盾最突出的地方，对此，合肥在所辖各城区确定了 134 所中小学作为进城农民工子女定点学校，约占整个城区学校的 55.8%，进一步在原有基础上扩大教育资源，提高保障水平，基本覆盖所辖各城区，保障了进城务工就业农民随迁子女的义务教育权利。

三、完善政策措施，保障同等待遇

由输入地政府大力挖掘公办教育资源，合理规划学校布局，以输入地公办学校接受为主，以定点就读学校为必要补充，切实解决进城务工就业农民随迁子女就学问题。出台政策规定，凡进城务工农民持有户籍证明、暂住证明、务工证明（具体由各地根据实际确定），其随迁子女按就近划片招生政策执行。严禁对进城务工农民随迁子女就学人为设置障碍，严禁举行任何形式的入学考试或测试，严禁以任何理由和任何名义向进城务工农民子女收取“借读费”“赞助费”“捐资助学费”“共建费”等。同时，将家庭经济困难的学生纳入输入地家庭贫困学生救助范围。

目前，安徽铜陵、黄山、亳州、安庆、滁州等市已经取消定点学校，按照“就近、划片、免试”的原则，基本做到所有公办中小学均向农民工子女开放，农民工随迁子女在实际租住地就近入学，初步满足了进城务工就业农民子女就学需求，较好地落实了农民工子女义务教育的同等待遇。

四、创新工作做法，消除升学障碍

从2008年开始，打破户籍限制，规定进城务工就业农民及其他流动人员子女可在流入地参加初中毕业学业考试并报考高中阶段学校。2009年以来，全省农民工随迁子女在流入地参加中考的人数持续上升，并有近75%的学生升入高中阶段学校。在全省范围内实行进城务工农民随迁子女在输入地参加初中毕业学业考试和报考高中阶段学校的政策，并与输入地学生享有同等政策待遇，进一步清除了进城务工农民随迁子女升学障碍，有力地促进了教育公平。以合肥为例，2011年中考，合肥市农民工子女考生报名达6 745人，占市区报名人数的25.6%，普通高中录取3 927人，占市区录取总数的23.2%。其中1 673人录取到省示范高中，占总数的19.1%，698人录取到市示范高中，占总数的25.7%，创历史新高。

在中央的支持下，加大省级统筹的力度，按照进城务工人员随迁子女的实际人数拨付教育经费。各级政府将进城务工农民随迁子女义务教育公用经费纳入接收学校的经费预算中统筹安排，按进城务工农民随迁子女的在校生数拨付经费，予以保障。积极采取措施，对接收学校予以经费支持和奖励。积极实施电子教育券制度。2011年，依托电子学籍网络化管理系统，省教育厅会同省财政厅出台《安徽省进城务工农民随迁子女电子教育券实施方案》，这一举措对于保障农民工子女在城市平等接受义务教育的权利，落实同等待遇，深入推进教育公平起到了积极的作用。

五、积极完善服务，提高保障质量

各输入地教育主管部门和学校积极采取措施，优化教育教学管理和环境，切实提高进城务工农民随迁子女就学的保障质量，使他们在零障碍就学的同时，能够接受到较高水平的教育，顺利完成义务教育。输入地接收学校在进城务工农民随迁子女就学后，要建立基本信息登记制度，及时摸清基本情况，为每一位学生建立成长档案，包括学生的学习情况、身体素质、家庭基本情况、家长务工单位及联系方式等信息，学校随时与家长联系沟通，跟踪管理，将学生的成长情况记录在成长档案中。进城务工农民随迁子女与城区学生统一编班，在学生管理、评优奖励、入队入团、考试竞赛、文体活动等方面，与城市儿童少年同样对待。加强对进城务工农民随迁子女教育研究，开展针对性教育活动，帮助他们了解城市，融入学校，快乐生活。

六、加强调查研究，推广有效经验

积极加强农民工子女教育工作的研究和探索，通过召开座谈会、深入基层调研等形式，及时分析农民工子女教育工作存在的问题，完善政策举措，提高保障质量和水平。各地教育行政部门和中小学校也积极探索，将农民工子女教育问题作为学校教育工作的重要课题，从心理健康、行为习惯、学科学习、家庭生活环境和课余生活等方面进行全面、深入的关注和研究。研究促进农民工子女尽快融入学校生活和城市教育环境、提高学习质量的教育教学方法和模式，取得不少经验。例如，“分类指导、分层教学，降低难度、减小坡度，小步伐快反馈”等教学措施让每一个学生都能品尝成功的喜悦，提高学生的学习信心；将居住相对集中的几个家庭的孩子组织在一起成立“家庭式小社团”，在假期对学生进行集体监护和指导，解决了农民工忙于生计无暇顾及子女教育问题的后顾之忧，取得良好效果。

着力加强农村留守儿童健康成长关爱服务

一、加强组织领导，完善工作机制

2009年，安徽成立农村留守儿童工作协调小组，省委副书记任组长，省人大、省政府、省政协分管领导任副组长，二十多个部门为组成单位。协调小组多次召集会议研究有关政策。各市、县（区）也相应成立农村留守儿童工作协调小组，形成全省上下联动的局面。2009年12月，省委省政府制定印发《关于做好关爱农村留守儿童工作的意见》，提出以心灵关爱、健康成长为核心，以农村义务教育阶段为重点，建立党委领导、人大监督、政府统筹、政协参与、部门联动、社会协同的工作机制，以加强农村公共服务、改善学校生活学习条件、营造全社会关爱环境为基本途径，建成网络化、全覆盖的关爱体系。2011年10月，省人大颁布《安徽省实施〈中华人民共和国义务教育法〉办法》，规定县级以上人民政府应当建立留守儿童关爱体系，保障农村留守儿童接受义务教育。

二、整合多方资源，形成工作合力

注重发挥留守儿童关爱工作协调小组的作用，整合文化、广电、新闻出版、体育等部门的资源，加大农村文化惠民工程推进力度。依托乡镇综合文化站、文化信息资源共享工程基层服务点、农家书屋、农民体育健身工程等农村文体活动场所，配备一定数量的音像资料、棋类、球类等文体活动器材和设施，开展农村留守儿童课外文体活动。通过活动开展，培养孩子道德行为能力、社会实践能力、团结协作能力和社会适应能力。

三、实施民生工程，搭建关爱载体

从2010年开始，安徽设立关爱留守儿童民生工程项目，设立省级资金 8 000 万元，用三年时间在农村中小学校和乡镇综合文化站，建设 2 万个农村留守儿童之家和活动室，配置电视机、电话、电脑、图书和体育活动器材，覆盖所有农村中小学校，努力做到留守儿童校内有监管，课余有去处，得到政府、学校及社会各方面的关爱。截至 2011 年底，全省已建立 1.4 万个留守儿童之家和 855 个留守儿童活动室，社会反映良好，群众满意度较高，对留守儿童关爱产生了积极的作用。2012 年，安徽将再建 5 000 个农村校内留守儿童之家和 400 个活动室，真正实现全覆盖、全关爱。

四、改善寄宿条件，提高保障水平

在全面实施义务教育经费保障机制改革后，安徽先后实施“农村寄宿制学校建设工程”和“农村初中校舍改造工程”，加大寄宿制学校建设力度，支持和鼓励民办寄宿制学校发展，并注意做到两个优先，即优先在留守儿童较多的学校安排项目，优先解决留守儿童的寄宿问题。目前，全省农村义务教育寄宿生 97.6 万人，寄宿率为 14.68%，其中 49.6% 的寄宿学生为农村留守儿童。与此同时，各地也因地制宜地积极为留守儿童创造寄宿条件。如灵璧县从 2004 年起启动留守孩子关爱工程，全县有 107 所小学办起了寄宿制学校或寄宿部，占农村完小的 53.5%，寄宿学生 5 000 多名。中学寄宿制学校 50 所，共寄宿学生 17 000 名。

五、强化制度建设，健全长效机制

一是建立推进会议制度。协调小组各成员单位积极参加，定期会商重大事项和问题，有效保障了留守儿童关爱工作各项政策措施的落实，促进协调小组成员单位发挥好各自的资源优势，共同推进工作。二是落实包保责任制度。留守儿童在校内，由学校组织力量实行包保；在校外，由基层组织负责、学校配合共同包保。一些地区还采取一生一案，跟踪帮扶，或组织人员对留守儿童实行“三管理、五必访”：“管学习、管生活、管身心”，以及“留守儿童身体不佳时必访、情绪不好时必访、学习成绩下降必访、与同学争吵必访、迟到早退必访”，做到“心有人爱、身有人护、难有人帮”。三是完善留守儿童情况报告制度和档案制度。各级教育部门和学校定期统计留守儿童基本情况，进一步完善留守儿童情况统计报告制度和档案制度，建立留守儿童成长记录袋，记录留守儿童家庭基本情况和个人学习发展情况。四是建立和强化家校联系制度。学校定期向学生家长报告学生在校学习生活情况，对家庭教育提出建议。宣传《中华人民共和国未成年人保护法》有关规定，强化家庭责任意识。

六、开展心灵关爱，增强工作实效

2009 年，成立中小学心理健康教育专家委员会，将农村留守儿童心理健康教育作为重点，组织有关方面的专家和志愿者开展心理健康教育指导，组织开展心理健康教育师资培训，重点对留守儿童较多的皖北三市七县和大别山革命老区的 1 000 多名农村教师实施培训，帮助他们掌握心理健康教育基本理论和技能，提升心理辅导质量。指导各地做好心理健康教育师资配备、心理咨询室建设等项工作。各学校还通过设立留守儿童“倾诉信箱”，开展“给远方的父母写封信”“我的成长日记”写作比赛等活动，让留守儿童倾吐心声，使学校和老师有针对性地给予指导和帮助。

2011 年 7 月，实施农村留守儿童亲情电话项目，免费提供留守儿童与父母电话交流。目前，全省 1.4 万个农村留守儿童之家 2 万余部亲情电话已经投入使用，日最高通话呼叫转接次数近 20 万次。此外，各地还利用“家校通”“QQ 群”等现代信息技术，缩短留守儿童与父母联系的时空距离，为实施对留守儿童心灵关爱提供新的途径。

七、加大宣传力度，营造关爱氛围

一是建设关爱农村留守儿童工作实验示范区。确立 20 个县（市、区）为实验示范区。依托教研机构进行留守儿童心理和发展需求研究。通过工作会议推广示范区的工作经验和做法。二是结合民生工程宣传，多渠道广泛宣传留守儿童生活和学习的现状、留守儿童之家的建设情况、留守儿童之家的作用，提高这项民生工程的知晓度，争取更广泛的支持。三是宣传推广关爱留守儿童工作典型经验。通过召开现场会和印发通知等形式对亳州市建立留守儿童联系卡，阜阳、池州市建立留守儿童校园安全制度，安庆、滁州市建立留守儿童包保制度，灵璧县建立“托管中心”，肥西县实行“代理家长”，肥东县组建“留守小队”，含山县成立“爱心妈妈关爱小组”，休宁县建立“党员关爱小组”等，进行宣传推荐，典型引导，在面上推动全省工作。

（安徽省教改办推荐）

探索教师流动机制　促进教育均衡发展

——浙江嘉善县义务教育教师流动改革试点探索

【摘要】嘉善县承担义务教育学校教师流动国家教育体制改革试点以来，切实采取有效措施，扎实推进试点工作，探索符合当地实际、行之有效的改革路径。2011 年至 2012 年，全县共有 364 名教师参与流动，101 名骨干名师流入农村学校，实现了城乡教师双向流动和农村义务教育学校名师全覆盖，激发了流动教师专业发展的积极性。通过教师流动，全县教师资源尤其是骨干教师资源的配置更加合理，所产生的效果也很明显，为义务教育高质量均衡发展提供了强有力的师资保障。

高度重视，做好教师流动准备工作

一、加强组织领导

为做好义务教育学校教师流动改革试点工作，嘉善县政府成立以分管县长为组长，县教育、人社、财政等部门为成员单位的教师流动工作领导小组，下设办公室，统筹全县教师流动工作，负责出台保障措施。县教育局成立教师流动工作指导小组，具体指导和协调学校开展工作。全县各义务教育学校都相应成立教师流动工作小组，负责实施本校教师流动具体工作。

二、加强摸底调研

嘉善县教育局一共开展了农村义务教育学校教师居住地、义务教育学校教师工作年限、义务教育学校教师职称结构分析、义务教育学校名师现状分析、义务教育学校学科设置现状、后三年在校学生规模及教师需求数预测、义务教育学校不适岗教师人数预测以及农村中小学薄弱学科八个专题调研，对全县义务教育学校教师的现状以及未来需求作了充分的分析。

三、广泛征求意见

在摸底调研的基础上，本着尊重学校的发展历程，尊重教师专业发展和个人意愿的原则，嘉善县研究起草了教师流动工作方案，通过召开意见征集会、教师座谈会等形式，广泛听取意见，进行了模拟实施，将方案修改完善，最大限度地规避各种不利于流动工作开展的风险点。最终形成的教师流动工作实施方案，经县政府常务会议审议通过后下发文件。

探索教师流动机制，推进试点改革平稳实施

一、创新合作共赢机制，引导教师有序流动

嘉善县义务教育学校教师流动立足“以校为本”“以人为本”，充分尊重学校的发展历史和办学主体，尊重教师的专业发展和个人意愿，坚持教师流动与学校发展、教师个人成长相结合，建立合作共赢的目标激励机制。一是教师资源科学配置，促进义务教育均衡发展。通过流动实现每一所农村学校基本学科都有县级以上名师引领，带动学校骨干教师培养和学科建设，共同提升。二是提升教师个人素质，助力流动教师专业发展。通过流动，解决教师队伍中存在的职业倦怠和发展后劲不足等

问题，为流动教师创造发展平台，最大限度地激发流动教师的工作热情，在流动中实现教师素质能力的全面提升。三是促进学校共同发展，实现优质资源共享。通过教师和校长的流动，增加学校之间的交流合作，在交流合作中实现互学竞争，取长补短，跨越式地提高农村学校和薄弱学校的教育教学质量，从而实现义务教育学校的高质量均衡发展。

为引导广大教师主动参与到教师流动中来，嘉善县在明确流动目标的同时，通过多种形式宣传教师流动工作的背景和意义，努力在全县上下形成教师合理流动的共识。一是依托每月开展的教育系统干部“双休日大课堂”，举办以“教师流动”为主题的校长论坛，全县各校校级领导、教育局全体机关干部200多人参加了论坛，形成认识上的共识。二是围绕教师流动召开不同层面的座谈会、恳谈会，在征求意见的同时，层层宣传发动。召开全县第一次教师流动工作动员大会，全县700余名教师代表参加。县教育局召开学校中层干部和普通教师座谈会，各义务教育学校都召开教师流动工作动员会，进行全面深入的宣传发动，并利用各类媒体加强宣传引导，消除校长、教师和社会各界的各种思想顾虑。2011年全县报名参加流动的教师达296人，超过了实际流动的教师人数。三是在嘉善教育网开设嘉善县义务教育学校教师流动专栏，设有流动动态、流动大事、政策文件、流动名师风采、八方响应、滚动管理等八个子栏目，全方位宣传介绍教师流动试点工作以及成效，用好的典型进一步推动下一步试点改革。

二、创新教师流动形式，引导教师多元流动

嘉善县教师流动试点工作注重切合县情、校情、师情，针对不同的对象，采取不同的交流方式，确保适合的教师流动到适合的学校、适合的岗位。主要突出三个转变。

（一）变单一的农村向城镇调动为城乡互动流动。针对不同的流动需求，推出多形式、多层次的流动模式。有学校中层以上干部、名教师、

普通教师、特长教师、新教师五大类别的教师流动；教师流动的范围是多元的，有教学片的片域流动，也有全县范围的县域流动；流动的类型是多元的，有服务型流动、培养型流动、互动型流动、竞聘型流动等。2011年在188名流动教师中，城乡互动流动121名，其中由县城流向农村53名。2012年已经确定的176名流动教师中，城乡互动流动105名，其中由县城流向农村48名。

（二）变普通教师调动为以学校管理层和名师为重点的定向流动。在流动中突出中层以上管理人员及县级以上名师这两个重点，切实发挥示范引领作用。通过管理人员和名师的流动，切实提升了农村学校、薄弱学校的教育管理水平、骨干教师培养力度和学科建设。2012年重点加大了校级领导的流动力度，把同一学校、同一岗位任职满六年及以上的正、副校长作为流动重点对象，并鼓励县城区学校年轻优秀的校级领导到农村或者薄弱学校任职。截至2012年7月，已有38所学校流动校级领导34名、中层干部67名、名师24名，原来没有名师的12所学校都至少配置了1位名师，实现了农村学校基本学科都有县级以上名师引领的目标。

（三）变“一刀切”行政调动为分批有序流动。在教师流动中充分考虑学校正常的教学秩序，精心部署制定实施方案，在流动时间上根据教师、中层以上干部及名师、校领导等不同类型教师分三个批次有序进行。同时，明确每一所学校流出的教师和流入的教师数量和类别，确保“有一定数量但不过量”，并按步骤制订计划书、路线图和时间表，不让原有的优质学校因过多的教师流动影响到教育教学质量。结合学校教学规律，嘉善县要求流动教师原则上小学阶段是一、四年级，初中为七年级，避免因流动打乱正常的教学秩序。对中层以上干部和名师，在个人申请、学校同意的基础上，加强教育局的统筹调配作用。对于已经由片域学校组成的八个教育联盟，县教育局充分尊重联盟学校的实际情况，在教师个人申请的基础上，由学校联盟根据学科对应原则，在学校之间协调流动。

三、创新保障机制，用政策引导教师流动

嘉善县在推进教师流动改革试点过程中，坚持原则性和灵活性相结合，充分考虑教师个人的利益和实际困难，既有政策推动，又有人文关怀，引导每一名教师愿意流动、乐意流动，带着感情、激情流动。

（一）加强财政保障力度。嘉善县财政每年安排400万专项经费，用于流动教师的奖励、培养和农村教师的交通费用，尤其是2011年9月起安排教师接送车制度，让在农村任教的859名义务教育学校教师上下班免费乘车，有效解决了流动教师工作在农村、居住在城区的实际交通问题。同时，对于农村教师不带编制流入县城学校及县城学校带编制流入农村学校的教师，服务期内均享受规定的农村教师任教津贴，在待遇上体现流动教师的优惠性。

（二）改革职务评聘制度。为推进教师流动，对城镇义务教育学校教师申报中学高级、中级职务分别要求有三年、两年的农村任教经历，农村教师有多校任职经历在职务评聘时予以倾斜。从2012年起，在高级职务评审、岗位聘任等工作中，逐步加大对教师参与流动经历的要求。

（三）加大名师培养力度。为鼓励优秀教师到农村学校、薄弱学校工作，2011年嘉善县完善名师评创、培养、管理办法，将在农村任教的名师津贴标准提高至城镇的3倍，给予参与流动的名师享受一年一次的学术休假等激励政策，设立流动名师专家辅导团队，举办流动名师高级研修班，积极创造流动名师参与各类活动的机会。

四、创新后续保障措施，引导教师长效流动

为建立教师流动的长效机制，嘉善县开始“一室、一档、一网、一地、一窗口”的“五个一”建设，为流动教师搭建交流成长平台，帮助其在新的岗位获得更高层次的提升。

“一室”是建立名师工作室。县域内所有学校全部组建了名师工作室，通过课题研究、课堂教学研讨，由名师指导培养年轻教师成长，充

分发挥名师在教科研方面的示范引领作用。2011 年在县市级论文获奖、发表新增 140 篇（次），各级各类课题立项新增 50 多个。

“一档”是嘉善县、学校两级都建立了流动教师业绩档案，加强对流动教师工作的跟踪管理。对流动教师所取得的成绩，及时存入个人档案，作为评职评优、提拔任用以及进一步成长的重要依据。

“一网”是建立教师流动网，全方位宣传介绍教师流动试点工作以及成效。目前，该网站已经成为流动教师交流展示的平台。

“一地”是学科基地建设。在四个学校建立学科培养基地，以基地学校的学科建设为依托，对年轻教师进行流动实践培训，重点培训农村新录用的农村教师，推动全县的学科建设，提升教师的专业素质和能力。

“一窗口”是依托各级各类媒体建立宣传窗口。大力宣传教师流动先进典型、成功经验，开展“优秀流动干部和教师”网络评选活动，评选出优秀流动干部和教师 10 名，充分展示流动教师风采，引领教师共同进步，营造积极向上的良好氛围。

嘉善县推进义务教育学校教师流动试点改革两年来，通过教师流动，使教师配置更加科学，初步解决了农村学校学科建设缺乏领军师资的问题，激发了教师团队的活力，形成了相互竞争的氛围，创造、积累了许多宝贵的经验。

（浙江省教改办推荐）

让教师在交流中成长　让事业在交流中发展

——福建省大力推进县域内义务教育学校教师校际交流

【摘要】2009 年，福建选择 11 个县（市、区）作为试点，探索健全县域内义务教育学校教师交流机制。几年来，该省坚持“科学合理、公开规范、积极稳妥、以人为本，促进发展”的原则，围绕一个顶层设计，破解两大难题，坚持三个到位，做到四个确保，通过教师校际交流，一定程度上推动了全省县域内义务教育师资的均衡配置，初步缓解了“择校热”高温不退的现象，提高了教师队伍的整体素质。

背景情况

解决义务教育不均衡的问题，归根结底是要促进校际办学条件和师资的均衡发展。近年来，福建各级教育部门在党委、政府的领导下，通过义务教育学校标准化建设和学龄儿童免试就近入学等措施，基本解决了办学条件等方面的不均等，从而使区域内校际师资的均衡发展成为更为关键的突出问题。

闽侯县地处福建中部，是福州市下属的八个县（市）之一。县域内多山多丘陵，同时兼有山区、半山区和平原三种地形，山地海拔大多在 800 米以上。多年来，因为交通、生活不便等各种原因，许多教师不愿到偏远山区校任教，闽侯县师资呈现平原校强、山区校弱、半山区校较弱的现状。师资配置的差距造成闽侯县“择校热”高温难降。近年来，闽侯县大力开展教师人事关系收归县管，实施义务教育教师校际交流工作，均衡配置师资，“择校热”得到缓解，部分农村校、薄弱校甚至出现生源回流的可喜现象；教师的工作热情和业务潜力在交流中得到激发，教师队伍的整体素质得到提高。闽侯县的成功经验只是福建实施教师校际交流工作的一个缩影。2008 年，省政府《关于进一步加强中小学教师队伍建设的意见》明确提出“建立健全教师交流机制，促进义务教育师资均衡配置”；2009 年，在全省选择台江区、闽侯县、海沧区、长泰县、鲤城区、三元区、永安市、荔城区、光泽县、上杭县、福安市等 11 个县（市、区）开展试点，希望通过试点，探索创新教师管理体制，建立教师校际交流的有效机制，在此基础上，在全省范围推开义务教育学校教师校际交流工作。

主要做法

一、围绕一个顶层设计

教师人事关系收归县管、实施教师校际交流，是一项重大教育人事制度改革，情况复杂，难度较大。由于没有现成的模式可搬，亟需加强顶层设计，为各地开展校际交流工作指明方向。针对各地工作中的热点、难点，在充分调研的基础上，省教育厅会同省人事、编制部门研究制定了《关于推进县域内义务教育学校教师校际交流试点工作的指导意见》（以下简称《指导意见》），明确了试点工作的指导思想、工作原则、重点内容、保障措施和工作要求，着力创新教师管理体制，完善教师交流制度。

（一）创新教师管理机制。《指导意见》明确提出进一步完善义务教育教师“以县为主”的管理体制，将县域内公办学校教师人事关系收归县管，实行“县管校用”的管理方式，将教师由“学校人”变为“区域人”。同时，实行教师管理“六统一”机制：统一县域内义务教育学校教师工资制度和政策、社会保险和住房公积金等待遇，落实农村教师补贴制度；实行城乡学校统一的教师编制标准，县域内教师编制可以互补余缺；实行城乡学校统一的教师岗位结构比例，适当提高农村学校中、高级教师岗位结构比例；全面推行中小学新任教师公开招聘制度，实行“国标、省考、县聘、校用”的统一教师职业准入和管理制度；完善县域内义务教育学校教师考核机制，统一教师考核办法；统一退休教师管理和服务，落实退休教师的政治待遇和生活待遇。逐步缩小县域内城乡之间、学校之间师资配置条件差距，为实施教师校际交流奠定基础。

（二）科学实施教师校际交流。为稳妥地推进试点工作的开展，《指导意见》提出坚持先易后难、分步实施的原则，先实行分片区交流，以县域内优质学校为龙头，联合周边农村学校、薄弱学校，形成若干个片区，在片区内进行教师校际交流。在此基础上，通过完善教师交流机制和条件，逐步扩大教师校际交流范围。同时，采取指导性交流、岗位竞聘交流、校际协作交流、个人申请交流等多种交流形式，重点引导优秀校长、骨干教师向农村学校、薄弱学校流动。

（三）调动教师参与交流的积极性。在推进试点工作中，以教师为本，充分考虑教师的切身利益，通过采取城镇学校教师农村任（支）教服务期制度，加大教师周转房建设力度，将长期在农村任教且有实际困难的教师的住房纳入当地保障性住房建设体系，对积极参与校际交流的教师在评先评优、职称评聘等方面给予倾斜，具备中、高级职称资格教师交流到农村学校、薄弱学校优先聘任中、高级职务，保留交流到异校中、高级岗位的教师在原学校聘任的中、高级职务的细分等级等政策措施，消除教师的后顾之忧，鼓励教师积极参与校际交流。

二、破解“两大难题”

在开展“教师人事关系收归县管，实施教师校际交流工作”中，福建碰到两大难题：一是如何突破体制机制的障碍，变“学校人”为“区域人”，为教师校际交流奠定基础；二是在教师交流过程中如何发挥最大效益，避免“削峰填谷”。省教育厅经过多次调研、多方论证，并多次与编制、人事部门研究，决定县域内教师人事关系收归县管，实施教师校际交流，统一县域内教师工资待遇、编制标准、岗位结构比例、招考聘用、考核办法、退休教师管理和服务，缩小师资配置条件差距，加大县级教育行政部门统筹配置师资。同时，引导地方多形式开展教师校际交流，正确处理教师交流与保持学校办学特色的关系，避免简单将教师资源平均化。各地在省里《指导意见》的基础上，因地制宜，出台了一些创新性的政策措施。

（一）创新教师管理体制机制。各地在探索教师管理体制、统筹配置师资方面创造性地出台了一系列政策措施，扫清制约教师校际交流的障碍。福州市、莆田市所辖各县级教育行政部门将县域内的学校分成若干个片区，片区内的人员编制数、岗位数捆绑使用，每个片区分别设立一套《机构编制核编证》《事业单位岗位设置管理手册》《工资基金册》，由教育行政部门统筹使用、统一管理；鲤城区教育局在编制总量内，根据生源变化，调整各校的教职工编制；荔城区、三元区教师岗位职数可由区教育局统筹安排，这些都有利于教育部门根据学校教育教学需要和师资队伍结构情况，统筹配置师资。

（二）提高教师校际交流的效益。目前，大部分试点县开展分片区教师交流工作，实行片区内师资互派、资源共享、统一教学、捆绑考核，闽侯县实施片区联动，建立小学、初中办学联合体，组织教师带岗交流、竞岗交流、对口协作交流；海沧区小学教师实行全员竞聘上岗，以竞聘促交流；台江区坚持组织选派和教师志愿相结合，人性化、多形式开展交流工作。各地在实施教师校际交流中，注意加强教师的培训工作，充分发挥骨干教师、优秀教师的传、帮、带作用，带动农村学校、薄弱校教师教育教学能力的提升；加强对薄弱校交流到优质校教师的培养培训，提高他们的教育教学能力。同时，还开展广覆盖、多形式、高质量的全员培训，推进教师队伍素质整体提升，最终实现师资配置的高位均衡。

三、坚持“三个到位”

在开展教师校际交流工作中，省里和各地均坚持组织领导、政策保障、宣传培训三到位，促进教师校际交流工作向纵深推进。

（一）加强试点工作组织领导。省政府成立由省委常委、副省长担任组长的教育体制改革领导小组。为加强对义务教育教师校际交流试点工作的日常管理和推进工作，省教育厅还专门成立了由厅领导任组长的中小学教师管理体制改革试点工作小组，并聘请省人事、编制部门有关同志和部分教育教学专家组成咨询指导小组，对各试点县工作进行全面跟踪、调研指导和评估检查。各试点县（市、区）也相应成立工作机构，形成党委、政府统一领导，人事、编制、财政等部门互相协调配合，教育行政部门具体实施的教师管理体制改革工作机制和运行模式。光泽县县委书记李宝银亲自担任领导小组组长；闽侯县委县政府定期召开由县分管领导出席，相关部门负责人参与的联席会议，及时解决试点过程中出现的问题。

（二）落实交流教师的保障政策。解决好交流教师的实际困难，免除交流教师的后顾之忧，是教师积极主动参与交流的保障。各地均采取实际举措，保障交流教师的相关待遇，提高教师参与交流的积极性。闽侯县加大教师周转房建设力度，实行绩效工资农村教师倾斜政策，引导教师向山区、半山区流动；荔城区对交流到农村、山区的教师给予经济补贴；光泽县统一义务教育阶段城乡教师岗位结构比例，成立退休教师协会，统一退休教师管理和服务，切实解决交流教师的后顾之忧。各地还普遍将校长、教师参与校际交流的工作表现作为绩效工资分配、职务晋升、培养培训、表彰奖励的重要依据，并注意解决教师交流中岗位聘任、工资待遇和生活配套等问题，鼓励教师积极参与交流，维护教师队伍稳定。

（三）加大校际交流工作的宣传力度。校际交流工作涉及教师、学生、家长，向社会阐明义务教育均衡发展的重大意义和优化师资配置的政策，深入细致地做好政策宣传、解疑释惑等工作，才能为教师校际交流工作营造良好氛围，推进交流工作向纵深发展。在工作中，各地通过行之有效的宣传教育活动和深入细致的思想政治工作，大力宣传义务教育教师均衡配置的理念、意义和政策措施，使广大教师切实统一思想，提高认识，增强责任感、使命感和紧迫感，积极主动参与交流，使广大家长和社会各界积极支持这一工作。

四、做到“四个确保”

在工作中，始终一以贯之地树立“四个确保”的理念，使教师校际交流工作朝着既定目标推进。

（一）确保教师主体地位不动摇。开展“教师人事关系收归县管，实施教师校际交流”工作的关键在教师，在工作中只有保持以师为本的理念，将对教师的人文关怀贯穿于交流工作中，教师校际交流工作才能变“刚性”为“柔性”，才能得到广大参与主体——教师的理解和支持，呈现出自觉自愿的良好局面。福建省始终坚持人性化地实施教师校际交流工作，各地交流方案在出台前都广泛征求教师和社会各界的意见，保障教师的知情权和参与权，坚持遵循在交流中教师自愿的原则，切实落实交流教师的相关保障措施，教师校际交流基本实现“零投诉”。

（二）确保基层首创精神不改变。教师校际交流工作是一项全新的工作，没有现成的模式可搬，没有成功的经验可学，只能边试点、边总结、边提升。在全省先行选择 11 个试点县开展工作，就是希望试点地区能充分发挥主观能动性，发挥基层的首创精神，改革创新、大胆推进，为全省其他地区推进义务教育师资均衡配置工作提供宝贵的经验。因此，省里明确工作的大原则和方向，具体工作都放手让地方根据当地的实际情况，制定相应的工作方案，希望通过地方的实践，创造鲜活的经验，丰富教师校际交流工作的内容，不断完善工作体制机制，自下而上、由点及面，逐步展开教师校际交流工作。

（三）确保部门协调配合不间断。提出完善教师“以县为主”管理体制，将教师人事关系“收归县管”，变“学校人”为“区域人”，实现“六个统一”等创新性的举措，涉及教师人事制度改革，涉及人事、编制等多个部门，协调难度较大。从一些试点县的成功经验看，试点工作能够推进得比较顺利，关键就是当地人事、编制等部门的理解、支持和配合，放权让教育部门统筹协调教师编制、岗位总量，较好地解决了制约教师交流的体制机制障碍。

（四）确保指导跟踪持续不放松。为确保试点工作落到实处，省教育厅与 11 个试点县（市、区）签订了试点任务书，明确各地 2011 年至 2012 年试点工作的目标、任务。省政府教育督导室将义务教育学校教师均衡配置纳入“对县督导”和“县域内义务教育均衡发展督导评估”的范围，定期对各地的教师校际交流情况进行督导检查。省教育厅领导带队对每个试点县进行检查督办；教师管理体制改革咨询指导小组也赴各地调研指导。省里还不定期召开会议，总结交流各地做法，推进教师校际交流试点工作。2012 年 6 月底，进行试点工作中期评估，在闽侯县召开县域内义务教育学校教师校际交流试点工作现场推进会，总结交流各地推进教师校际交流工作情况，促进各地取长补短。同时，邀请设区市教育局领导出席会议，学习教师校际交流的经验做法，为 2013 年在全省全面推开教师校际交流工作打好基础。

福建省开展“县域内教师人事关系收归县管，实施教师校际交流”工作已三年有余，在试点县示范经验的基础上，将在全省全面推开校际交流工作，力争通过三至五年时间，实现县域内义务教育师资的均衡配置，最终实现义务教育的均衡发展。

（福建省教改办推荐）

健全体制机制　引导教师自愿、合理流动

——湖南长沙芙蓉区推进教育均衡发展的实践

【摘要】芙蓉区是长沙的中心城区，总面积42.8平方公里，常住人口约75万。现有区属义务教育阶段中小学校34所（小学31所，初中3所），在职教职工1 973人，其中农村学校6所，教职工147人。近年来，区委、区政府始终把均衡发展理念作为政府发展义务教育的指导思想，自2006年起，在全面普及、硬件均衡的基础上，进入了软硬件优质均衡、内涵发展的新阶段。2010年12月，根据湖南省教育体制改革的统一部署和安排，芙蓉区启动了“区域内义务教育阶段学校教师均衡配置”项目试点工作，成立专门的工作领导小组，出台了《芙蓉区义务教育阶段学校教师均衡配置工作方案》，配套制定了六个具体实施方案，试点工作取得了一定成效。

坚持“两个统一”，全面夯实教师均衡配置的基础条件

一、学校硬件统一配置

从2002年起，芙蓉区年度教育经费投入增长比例连续九年高于财政经常性收入增长比例2个百分点，其中2011年财政预算教育经费超过5亿元。在强有力的经费保障下，芙蓉区在学校硬件配置上坚持“城乡学

校无差别”，按高于省颁合格学校标准对全区所有学校进行了提质改造和教学设施设备的补充和更新，全区所有中小学的仪器设备均统一按省Ⅰ类标准配备，所有学校全部创建成为市级以上现代教育技术实验学校，所有学校统一安装防盗视频监控系统和防雷系统等，这一系列举措让芙蓉区每一位教师感受到办公环境“没有好坏之分”。

二、教师待遇统一规范

芙蓉区将教师工资及福利待遇等全额纳入区财政预算，按国家、省定项目和标准足额发放，并保持与公务员同步增长。同时，自2005年起全面禁止包括择校费在内的各种学校收费行为。此外，由区教育局统筹管理学校门店经营、校产处置等国有资产收益，全区学校的建设维修、设施设备采购、师资培训、绩效奖励以及学前教育、职业教育、民办教育、社区教育、教育督导、教育科研等专项经费均由政府全额“买单”。为彻底杜绝学校搭车收费现象，区政府采用“以奖代补”的机制，每年安排一定经费，设置“教学质量奖”“学校特色项目奖”“城乡学子共享教育蓝天特别贡献奖”等十余个专项奖励，主要用于学校工作经费补贴和教师绩效奖励，从源头上解决了校际之间教师待遇不均衡的问题。

推行“三个优先”，不断健全教师均衡配置的激励机制

一、以待遇优先激发农村学校和相对薄弱学校教师的工作热情

在保障教师政策性的工资、奖金、福利和各项津贴、补贴的基础上，区财政计划每年安排专项经费154万元，其中用于提高农村教师待遇的经费80万元。为农村教师专门设置了每人每月400～600元的岗位津贴，还对在农村学校和相对薄弱学校全职支教人员给予每人每月200元的远

郊补贴。此外，还设立乡村优秀教师奖，对扎根农村并在农村学校教学、管理等方面有显著成绩和突出贡献的优秀教师给予特殊津贴或重奖。

二、以评聘优先助推城区教师向农村学校和相对薄弱学校合理流动

区委、区政府文件明确规定：农村学校或薄弱学校的教师被评为名师、骨干教师或者晋升高一级职称后，在本校继续服务 2 年以上方可申请调动；城区教师在申报评聘高一级职称、评选特级教师、市级以上（含市级）优秀教师，均必须有在农村学校、区内相对薄弱学校工作或对口支教 1 年以上的经历。同时还规定：在教师评职晋级中，优先满足农村学校和相对薄弱学校教师的要求，且不受比例限制，只要符合相应的条件均予以评聘；在教师评优评先中，相对薄弱学校评优比例是其他学校的 1.5 倍。这些措施的实施，有效地促进了农村学校和相对薄弱学校教师队伍的稳定，全区学校管理实力、教学实力进一步均衡。2011 年参与交流的教师有 84 人，其中骨干教师 4 人，从城区学校到农村学校的 5 人，从城区学校到城郊接合部学校的 29 人，参加城区到农村学校为期一年支教的教师 24 人。

三、以培训优先促进农村学校和相对薄弱学校教师素质的整体提升

区财政落实中小学教师培训经费，确保教师继续教育经常性经费不低于教职工工资总额的 1.5%，且优先保证农村教师培训专项经费。同时，健全农村学校和相对薄弱学校教师入职培训、岗位培训、高级培训、骨干研修等系列化培训模式，实施五年轮训制、分片教研制和定点包干辅导制，优先选送农村学校和相对薄弱学校教师到北京、上海等国内教育发达地区学习或挂职锻炼，要求学科教研员优先指导农村学校和相对薄弱学校教师。目前，芙蓉区六所农村学校的所有教师学历、专业技能等

均达到或超过相应的任职资格标准。

强化“四个引领”，切实保障教师均衡配置的工作实效

一、用激励的方式引领骨干教师率先流动

芙蓉区按照“突出重点，着眼长远”的原则，把骨干教师的合理配置作为实现区域教师均衡配置的核心与关键。为了改变骨干教师主要集中在名校或大校这一分布不均衡的现状，采取以激励为主的方式，科学引导骨干教师向农村学校和条件相对薄弱学校合理流动。一方面，遵循“全体起立、指标到校、重新评选、均衡配置、动态管理”的原则，组织名师、骨干教师的重新评选和认定工作，由各学校按照教师人数的 5% 自主申报，区教育局按照“两统一、两集中”（统一标准、统一程序，集中评审、集中公示）的要求组织评选认定，全区共有 63 名教师被认定为区级骨干教师，学校覆盖率由原来的 47% 上升至 82%，其中新城区学校由原 14 人增加到 29 人，还改写了城郊六所学校没有骨干教师的历史（现有 4 人）。另一方面，为名师设立专门工作室，每年安排 5 万元研究经费，并为名师、骨干教师设置每年 8 000 ~ 10 000 元的岗位津贴，分片负责一定区域学校的教师培训、教学研究的指导工作，充分发挥名师的专业引领和辐射带头作用。

二、以选配的方式引领新进教师定期调整

芙蓉区按照“公开、平等、竞争、择优”的原则，自 2004 年以来连续八年面向社会组织中小学教师公开招聘工作。按照“以人为本，立足实际”的原则，优先保障相对薄弱学校对新教师的需求，明确所有新进教师按照“在区域内工作期间应有 2 ~ 3 所学校任教经历，其中必须有一

所为农村学校或进城务工人员子女比例超过 50% 的学校”的要求，制订个人职业发展规划，区教育局根据个人发展规划及各学校需求进行统一调配。同时，明确规定分配至相对薄弱学校或进城务工人员子女比例超过 50% 的学校的新进教师，在本校工作满三年后才可申请调动到不同类型的学校。反之，分配至其他类型学校的新进教师，在本校工作三年后须调动到相对薄弱学校或进城务工人员子女比例超过 50% 的学校工作至少三年。这些规定从体制上有效保障了相对薄弱学校对新进教师的需求，促进了全区学校师资上的均衡。2011 年，面向全国公开选聘的 152 名优秀毕业生或在职骨干教师中，个人职业发展规划第一、二志愿选择并统筹调配至相对薄弱学校和进城务工人员子女比例超过 50% 的学校的有 89 人，占 59%。

三、以轮岗的方式引领干部队伍融通共享

一方面，建立校长任期和定期轮岗制度，规定在同一所学校担任校长不能超过两届（每届 4 年），书记和副校长参照执行，鼓励优秀校长和有培养潜质的年轻后备干部到农村学校、薄弱学校任职交流。2011 年，对 59 位校级领导干部进行了指令性换岗交流，其中东岸乡学校换岗 11 人，从城区派往东岸乡学校的干部 5 人。另一方面，利用品牌学校的优势管理资源和教师资源，对区属品牌小学实行“二小”模式，至今创建了五所新的优质学校（大同二小、育英二小、育才二小、燕山二小、火星二小）；同时将部分新建学校交由市区品牌学校托管。这两种模式均推行“五统一,一共享”联动机制，即统一办学理念、统一管理模式、统一资源配置、统一研训平台、统一考核评估，共享发展成果，加快提升了新建学校的办学水平和声誉。此外，还全面实行校际合作交流制度，交流模式分为两大类：一类是结对帮扶类，即由大校和小校、城区学校和城郊学校结成一对一伙伴，开展帮扶式交流活动，并实行捆绑考核，被帮扶学校年度考核情况作为帮扶学校年度考核的重要参考依据，切实提

高了帮扶的实际效果；另一类是同伴互助类，即以同类型、基础相当的片区学校结为伙伴开展合作研究，双方协同制定发展规划，协同解决教育教学和学校管理中存在的突出问题。目前，结对帮扶类共6组，同伴互助类共9组，学校参与率100%。

四、以均衡设岗的方式引领区域教师自主流动

芙蓉区严格按照义务教育学校岗位设置管理的政策要求，实行岗位总量、结构比例和最高等级控制，规定城区学校之间、城区学校与城郊同类学校之间的教师高级、中级岗位结构比例应保持相对均衡，保证城郊地区学校不低于城区同类学校标准，现有教师职称结构比例超出核定的岗位比例的学校，其教师不得申报高一级职称，以此引导教师从名校、大校向相对薄弱学校合理流动。

（湖南省教改办推荐）

推进素质教育改革专题

树立“大德育观” 促青少年健康成长

——上海市整体规划大中小学德育体系

【摘要】长期以来，大中小学德育目标和内容存在简单重复、错位和脱节等问题，影响了德育工作的实效。近年来，特别是实施“整体规划大中小学德育课程”国家教育体制改革试点项目以来，上海遵循教育规律和青少年学生成长成才规律，进一步强化德育的系统性和科学性，从顶层设计、内容规划、途径探索、机制保障等方面着力破解这些瓶颈问题，把社会主义核心价值体系有效融入教育全过程，使大中小学德育纵向衔接、横向贯通、螺旋上升，不断提高针对性、实效性和吸引力、感染力，更好地促进青少年学生健康成长。

规划德育“大体系”

一、完善顶层设计

2005年，上海出台学校德育“十一五”规划，首次提出上海学校德育工作目标是：基本形成大中小学各教育阶段纵向衔接、教育内容分层递进，课堂教学与校园文化、课外活动联动，学校教育、家庭教育和社会教育横向贯通的学校德育工作体系，使学校德育工作与社会主义市场经济相适应、与社会主义法律相协调、与中华传统美德相承接。2011年，在全面总结“十一五”期间德育工作的基础上，制定《上海学校德育“十二五”规划》，聚焦于“整体规划大中小学德育课程”，并将之确定为未来五年重点推进的工作项目之首。目前，正在研制《上海市整体规划大中小学德育体系的实施意见》。

二、坚持调研先行

对全市大中小学生的发展状况开展持续调研，每两年推出一本覆盖不同时段的《学生发展报告》，深入分析不同学段学生的行为养成规律和道德认知特点，在此基础上研究不同学段德育工作目标和重点。上海在制定中长期教育改革发展规划纲要时，把这些研究成果转化为制度成果，提出德育的目标是培育学生理想信念、公民素质和健全人格；主要任务是：根据不同阶段学生的认知特点和成长规律，分别突出行为养成、道德认知、情感体验、理想信念的教育重点，形成分层递进、有机衔接的教育序列。

三、寻找有效切入点

在调研基础上，上海根据学生特色和时代要求，找到民族精神教育和生命教育这两个切入点，颁布《上海市学生民族精神教育指导纲要》和《上海市中小学生生命教育指导纲要》（简称“两纲”）。

民族精神教育以国家意识、文化认同、公民人格等内容为重点，细分为小学一二年级、小学三至五年级、初中阶段、高中阶段、大学阶段等不同学段，把教育内容细分到各个学段，一以贯之并有序递进地引导学生从树立远大志向做起，从增强爱国情感做起，从规范行为习惯做起，从提高基本素质做起。

生命教育以“认识生命、珍惜生命、尊重生命、热爱生命”为主线，遵循生命个体成长的内在逻辑规律，以不同年龄段的青少年不同的认知能力和身心特点为依据，构建12年一贯、有机衔接、分层递进和全面系统的生命教育体系。

在小学低年级，以“认识生命”为教育重点，帮助学生初步认识自然界的生命现象，乐于与老师、同学交往，懂得关爱家人。在小学中高年级，以“珍惜生命”为教育重点，帮助学生树立正确的生命意识，养成健康的生活习惯。

在初中阶段，以“尊重生命”为教育重点，引导学生了解青春期生理、心理发展的特点，掌握悦纳自我、接纳他人和自我保护的技能，树立正确的生命意识。

在高中阶段，以“热爱生命”为教育重点，引导学生形成健康的性心理和科学的性道德观念，学会维护自身的合法权益，学习应对精神创伤的危机干预方法等，培养积极的生活态度和人生观。

在大学阶段，注重心理健康教育，提高心理调适与承受能力，有效开发心理潜能，积极进行危机干预。

经过多年的努力，学生们的生命意识不断增强。从 2004 年起，在晋元高级中学每年举行的 18 岁成人仪式上，都会有一大批青年学生志愿加入中华骨髓库，至今已有 1 000 多名高三学生成为中华骨髓库成员。2010 年 9 月，该校学生郑钦文成为第一个造血干细胞配对捐献成功的志愿者。学生们用他们的爱心和责任感，点燃白血病患者的生命之火。同时，学生们所学的生存技能也在危机关头发挥了重要作用。中华路第三小学的学生钱月亮在家中发生火灾时，不但指挥妈妈拨打了 119，还镇定地告诉妈妈在火场里应该怎样进行自我保护，使全家脱险。北郊高级中学的学生刘睿在所住大楼发生火灾时，不仅用科学的方法自救，还成功解救了邻居阿婆。

完善德育“大课程”

一、在中小学，研制贯彻落实“两纲”教学指导意见，践行“学科德育”理念

结合基础教育二期课改，率先提出并实施“学科德育”，根据中小学各门学科的知识特点及其本身所蕴涵的德育资源，编制了涵盖中小学全部21门学科54个学段的学科德育实施意见，促进了知识传授、能力提升和价值观培育三维目标的统一。完善“两纲”，修订《上海市中小学各学科教学进一步贯彻落实“两纲”的实施意见》，为每一学段、每一门课程实施学科德育提供了理论支撑和操作建议，使社会主义核心价值体系教育有机融入各学科教育教学全过程。

二、在高校，研制思政课教师教学指南，树立“衔接意识”

委托复旦大学、华东师范大学等高校组织专家对高校思政课本科生四门必修课与中小学德育课程、历史课程（含人教版、沪教版），本科生与研究生课程，中高职贯通思政课课程的教学内容进行系统梳理，对主要知识点的衔接情况进行比对，重点研究其中存在的重复、错位和脱节等问题。根据不同教育阶段学生身心成长特点和教育教学规律，依据高校思政课国家统编教材，研制了六本教师教学指南（《〈思想道德修养与法律基础〉教学指南》《〈马克思主义基本原理概论〉教学指南》《〈中国近现代史纲要〉教学指南》《〈毛泽东思想与中国特色社会主义理论体系概论〉教学指南》《高校研究生思想政治理论课教学指南》《中高职贯通培养模式下思想政治理论课教学指南》），提出各章节教学目标和要求、内容比对和衔接、教学重点和难点、教学对策和建议等，为教师教学提供参考。为帮助教师树立“衔接意识”，还委托上海师范大学、徐汇区教育局等学校开展大中小学德育教师队伍衔接试点，探索教师队伍有效衔接的模式和途径。

统筹社会资源“大课堂”

一、构建覆盖全市的“德育版图”

从2007年起，上海市从百余所课外活动机构中精选出60家进行重点设计，使原本散落各处的课外活动“点”按不同类型连成“线”，形成爱国主义教育系列、民族文化教育系列、公民教育系列、科普教育系列、健康与生存教育系列、职业教育考察系列、农业生态考察系列、绿化环境系列、艺术教育系列和爱心服务系列十大主题，为学生营造了一种良好的自我体验、朋辈教育的实践环境。

二、使各类社会资源真正成为优质教育的“活资源”

上海学生德育的社会实践活动方案坚持以教育教学需求为导向，要求基地场馆设立专门的“教育部”或“教育专员”，为处于不同年龄阶段和有着不同需求的学生量身定做个性化的活动方案，最终实现优质校内外教育的“精准对接”。目前，在每年编制更新“德育版图”的基础上，正在进行部分场馆学生活动项目的系列化设计，如依托钱学森图书馆，设计适合大中小学不同学段学生参观实践的活动指南，打造校外教育活动的“试点样板”，使校外教育场馆资源利用更加有效，学生社会实践活动更具针对性。

构建网络德育“大平台”

一、扩大“易班”使用范围，打造覆盖全体学生的网络德育平台

为满足大学生的网络生活需求，加强校园网络文化建设，上海开创

性地建设了“易班”（E-Class）大学生网上互动社区，紧密结合校园实际和学生需求，不断推出为高校师生“量身定做”的易班微博、网上学习厅等新功能，建设师生网上精神家园。截至目前，易班共有注册用户45万，日均点击数达90万，成为全国最大的区域性大学生网络互动社区。近两年来，多名中央领导对易班作出重要批示，对易班探索给予充分肯定。在大学生中打响了易班品牌后，易班把发展目光投向了中小学，进一步扩大试点范围，把晋元高级中学、信息技术学校作为中小学易班试点单位，探索中小学生进易班的工作模式和方法，着力打造全市学生共建共享的网络思政教育新阵地。

二、探索“新生进易班”，打通大学与高中衔接的网上通道

从2011年起，探索了“大一新生进易班”。大一新生辅导员在易班上预先开设新生班级，每个新生的录取通知书放入易班邀请函，让同学们收到通知书的那一刻就可以到学校、学院报到，找到自己的学院与专业，与辅导员老师及时沟通联络。辅导员能够了解新生的兴趣爱好，提前熟悉学生。新生则通过老生的介绍，对大学生活有一个更全面的了解。新生形象地称之为“人未相见网上相识，未入学校先进班级”。

建设德育管理服务“大机构”

一、建设“三个中心”

第一个中心是上海市学生德育发展中心，该中心承担着全市学校德育研究与课题管理，全市性德育活动协调指导，大中小学教师有关德育工作培训，大中小学德育工作信息搜集管理和数据库建设等工作，工作领域覆盖大中小学全学段、课内课外全过程。第二个中心是上海市学生心理健康教育发展中心，承担全市大中小学生心理健康教育指导、研究、师资培训等任务。心理中心成立以来，整合了大中小学心理健康教育资源，调整成立了上海学校心理健康教育专家委员会，把原来主要在高校开展的“心理健康教育活动月”拓展到各个学段，推动大中小学心理健康教育整体规划，推动全社会关心、支持学生身心健康发展。第三个中心是上海市易班发展中心，负责易班网站运营、管理和在大中小学生中推广。这三个中心都是实体机构，确保了专门机构、专职人员开展相关管理和服务工作，这样的工作格局更便于全市性大中小学德育工作的整体设计、协调推进。

二、建立一套评价体系

目前，结合义务教育质量评价“绿色指标”建立及大学生思政工作测评体系试点，正在委托市教育评估院开展学生德育工作评估体系研究，探索建立符合各学段特点、体现素质教育导向的德育工作评估办法。

上海在整体规划大中小学德育体系上作了一些探索，也积累了不少经验。2011 年 11 月，教育部社科中心以“十一五”期间上海学校德育工作为范本，就“培养什么人，如何培养人”召开了学术研讨会，并形成了《努力做好“如何培养人”这篇大文章》系列简报，得到中央领导的肯定。但是，随着教育改革发展步伐的不断加快，随着学校德育工作的不断向前推进，上海越来越感到这一问题的重要性和迫切性，已经成为影响德育实效的瓶颈问题；也越来越感到解决这一问题的复杂性和艰巨性，必须集合资源、集聚力量攻坚克难。实施教育体制改革试点项目“整体规划大中小学德育课程”，为推动上海学校德育工作的科学发展增添了新引擎，注入了新动力。

（上海市教改办推荐）

找准学校德育工作的着眼点、切入点、合力点

——山西晋中市构建中小学德育序列化体系

【摘要】青少年的思想道德状况如何，关系到国家的前途命运。近年来，山西省晋中市把未成年人思想道德建设作为一项重大战略，不断创新思路，不断探索实践，把握三个方面，强化四项教育，建立四项机制，构建起了中小学有效衔接的德育序列化体系，进一步增强了学校德育工作的针对性和实效性，将育人为本的理念落到实处。

把握三个方面，找准学校德育工作的着眼点

一、正确把握新时期学校德育工作的新要求

党的十七届六中全会要求“建设社会主义核心价值体系，加强走中国特色社会主义道路和实现中华民族伟大复兴的理想信念教育，构建传承中华传统美德、符合社会主义精神文明要求、适应社会主义市场经济的道德和行为规范”。新世纪全国第一次教育工作会议也明确要求“构建大中小学有效衔接的德育体系”，把“培养什么人，怎样培养人”作为教育工作的核心任务。这就要求学校德育工作必须转到“育人为本、德育先行”的轨道上来。

二、正确把握青少年思想道德建设的薄弱环节

当前，我国青少年的思想道德主流是健康向上的，但由于受西方文化和生活方式的影响，加之互联网消极成分的影响，一些青少年的价值观趋向现实功利化，能力发展出现断腿，心理素质水平偏低，自我中心主义倾向明显，行为失范问题较多，甚至存在孤独倾向、自责倾向和冲动倾向。青少年出现这些问题，社会大环境是一个重要因素，学校德育工作缺乏针对性和实效性也是一个不容忽视的问题。要保障青少年健康成长，急需建立一套符合学生成长规律的德育工作体系。

三、正确把握学校德育改革创新的主攻方向

多年来，晋中认真贯彻落实《中共中央国务院关于进一步加强和改进未成年人思想道德建设的若干意见》，不断加强德育队伍建设，大力推进民族精神教育、安全法制教育、心理健康教育和行为习惯教育，每年召开一次德育工作推进会，每年举行一次大型家长教育报告会，每两年举行一次青年学生辩论赛，每两年举行一次班主任素质技能大赛，培育出教室宿舍“物事承包责任制”、师德考核“三问两查一否决”、德育工作“首遇责任制”等一批先进典型，摸索出了德育“套餐”、德育工作“五十步”等一些典型做法，初步建立起了小学、初中、高中纵向衔接，学校、家庭、社会横向沟通，课堂教育、社会实践、团队建设互为一体的德育工作大格局，为进一步推进中小学德育工作奠定了坚实基础。

强化四项教育，找准学校德育工作的切入点

构建中小学德育序列化体系，就是要在遵循学生成长规律的基础上，在全面实施德育的前提下，根据小学、初中和高中学生不同年龄的特点，

有侧重地开展行为养成教育、心理健康教育、理想信念教育和公民素养教育，进一步增强学校德育工作的针对性和实效性。

一、在小学阶段侧重开展行为习惯养成教育，重点落实“八大习惯”培养

教育和引导学生养成良好的文明礼仪习惯，特别是待人接物的习惯；养成良好的自主学习习惯，特别是预习的习惯；养成良好的阅读习惯，特别是在阅读中思考的习惯；养成良好的写作习惯，特别是坚持每天写日记的习惯；养成良好的健体习惯，特别是每天锻炼一小时的习惯；养成良好的卫生习惯，特别是不随地吐痰、不乱扔废弃物的习惯；养成勤俭朴素的习惯，特别是不穿名牌服装、不吃垃圾食品的习惯；养成热爱劳动的习惯，特别是会做家务的习惯。

二、在初中阶段侧重开展青春期心理健康教育，重点搞好“两项建设”

抓好标准化心理辅导室和心理健康教师队伍建设，关注全体学生，关注个体差异，关注问题学生，不让任何一个学生掉队，让每一个学生都能健康成长。

三、在高中阶段侧重开展理想信念教育，重点加强“四观一规划”教育

培养学生树立正确的世界观、人生观、价值观和审美观；教育和引导学生科学合理地做好生涯规划，学会把自身的发展同服务国家、服务人民的使命结合起来，不断增强社会责任感和使命感。

四、在整个中小学阶段开展公民素养教育，重点处理好“四个关系”

引导学生时刻牢记“八荣八耻”，正确处理人与人、人与自然、人与

社会、民主与法制等关系，提升公民素质，争做现代合格公民。

建立四项机制，找准学校德育工作的合力点

学校德育工作是一个社会系统工程，需要党政重视，部门齐抓，学校推进，家庭配合，社会支持。晋中坚持党政主导，突出部门主抓，注重顶层设计，强化保障措施，建立了德育工作长效机制。

一、建立党政主导和部门齐抓机制

市委、市政府高度重视青少年思想道德建设工作，成立了全市德育工作领导组，市委副书记亲自担任组长，市直21个相关单位负责人为成员，制定出台了《关于进一步加强和改进学校德育工作促进学生健康成长的实施意见》和《关于全市学校德育工作的责任分工》，真正形成了党委政府主导，相关部门、学校和社会齐抓共管的学校德育工作格局。市委、市政府领导多次组织专人深入学校调研，组织召开学校德育工作座谈会，研究部署德育工作，从组织领导上提供了有力保障。在党委、政府的直接推动下，相关部门加大德育经费投入，加强德育队伍建设，集中整治社会文化环境，营造了青少年健康成长的良好环境。

二、建立政策设计和制度保障机制

“注重顶层设计，强化扁平化管理”是晋中多年的一贯做法。坚持“一条龙”推进战略，制定出台了“一意见四方案两通知一体系”，形成了完整的德育工作体系。“一意见”就是《关于整体构建中小学德育序列化体系的意见》；“四方案”分别是《关于进一步推进中小学生“八大习惯”行为养成教育的实施方案》《关于加强中小学心理健康教育工作的实

施方案》《关于在全市中小学开展公民素养教育的实施方案》《关于对高中学生开展理想信念教育的实施方案》；“两通知”就是《关于印发〈晋中市中小学班主任管理办法〉的通知》和《关于开展首届“双十双百”评选活动的通知》；“一体系”就是“全市中小学德育序列化工作考核指标体系”。可以说，中小学德育序列化体系不仅有整体部署，而且有分项实施方案，还有具体考核办法，是一套系统的推进方案，也是一项常抓不懈的系统工程。

三、建立督查指导和考评激励机制

致力于构建符合素质教育要求的学校德育评价考核机制，将学校德育工作作为考核县级教育行政部门年度工作的主要指标，定期督查，表彰先进，批评落后。出台了“双十双百”评选表彰办法，注重基层推荐，突出公平公正，每年开展两项“十佳”和两项“百佳”评选表彰活动，形成激励机制。2011 年，重点评选表彰十佳文明礼仪教师、十佳心理健康教育辅导室、百佳“八大习惯”之星、百佳学生教育（社会实践）案例。还制定了《全市“十二五”班主任培训行动计划》，出台了《中小学班主任管理办法》和《班主任成长计划》，设置了“见习班主任——合格班主任——优秀班主任——模范班主任——首席班主任——功勋班主任”六个成长层次，每五年为一个评选周期，激励班主任队伍不断成长。每年还要召开全市德育工作经验交流会和教师节庆祝表彰大会，大力表彰先进德育工作者和优秀班主任，在全社会营造了尊师重教的浓厚氛围。

四、建立内外衔接和分项实施机制

不断完善学校、家庭、社会三结合网络，收到很好效果。一是坚持校内与校外相结合。为有效推进四项教育，在教育系统内部，突出课堂教学主渠道，开展师德师风测评，建立示范校开放日制度，召开现场推进会议，推广典型经验，带动整体发展；在教育系统外部，积极协调相关部门，主动争取家长支持，广泛开展教育宣传，让学校德育工作走进家庭，走进社区，形成了家庭、学校和社会齐抓共管的工作格局。二是坚持整体部署与分项实施相结合。为更好地体现教育成效，根据不同学段要求，按照“月月有重点、年级有侧重、整体有突破”的思路，把工作任务层层分解到校，逐月考评，季度总结，年度表彰，有效地保证了各项教育目标的落实。

（山西省教改办推荐）

让社会成为中小学生健康成长的大课堂

——北京市中小学生社会大课堂实践与探索

【摘要】近年来，北京市高度重视学校德育工作，紧紧围绕“培养什么人，怎样培养人”这个教育根本问题，以创设“社会大课堂”为抓手，大力开展课程育人、文化育人、实践育人，形成了全过程、全方位、全员育人的工作体系。尤其是在动员社会参与，强化实践环节，增强德育的针对性、实效性方面，开展了积极探索，取得明显成效。社会大课堂实现了各类资源整合利用的突破，实现了学校和社会共同育人机制的突破，是对人才培养模式的有益探索。项目实施四年来，按照“把社会大课堂作为全面推进素质教育、推进首都教育现代化的重要举措抓实抓好”的要求，积极协调有关方面，推进各项建设任务，取得显著成效。

建设工作的总体思路

北京市中小学生社会大课堂由政府统筹、市教委牵头、各部门协调，整合利用首都各行各业丰富的教育资源，与学校教育教学紧密结合，通过提供免费或优惠的场所条件，为中小学生融入社会、开阔视野，提升实践能力和创新精神创造良好社会环境。2007 年下半年，北京市站在大教育的角度，深入思考社会发展、教育改革、人才培养的要求和学生成长的需求，初步提出中小学生社会大课堂的构想。2008 年 9 月 1 日，作为新学年献给全市中小学生的礼物，社会大课堂正式启动。社会大课堂建设是一项系统工程，涉及部门多，协调难度大，同时又是一项具有很强探索性的工作，没有现成可以借鉴的经验。四年来，围绕着“怎么抓，怎么推，怎么用，如何更好发展”等一系列关键问题，北京市进行了积极的探索实践。

一、把握工作起点，服务大局、科学发展的指导思想贯穿始终

四年来，北京紧紧围绕“培养什么人，怎样培养人”的教育核心，深入思考社会发展、教育改革、人才培养的要求和学生成长的需求。坚持服务“三个北京”建设的大局，把社会大课堂与建设充满创新精神和发展活力的学习型城市结合起来。坚持服务人才培养的大局，把社会大课堂与构建课内外、校内外有机结合的育人环境结合起来。坚持育人为本，把服务学生、促进学生的全面发展作为这项工作的出发点和落脚点，着力培养学生的社会责任感、创新精神和实践能力。力图将社会大课堂建设成为惠及百万中小学生的政府实事工程、学校和社会联动的育人系统工程、促进学生学思结合、知行统一的素质教育工程。

二、突破推进难点，有计划、分步骤地推进各项建设任务

三年建设方案，既立足当前又着眼长远，边建设边应用，边实践边研究，整体设计，分步实施，突出重点，着眼实效，为社会大课堂的科学发展规划了蓝图。通过市级整合和区域自主开发相结合，示范引导和因地制宜相结合，突破资源整合利用难点。2008 年，初步建成社会大课堂的框架结构；2009 年，巩固大课堂建设成果，基本形成市、区县及有关部门相对稳定的管理机制；2010 年，形成较为完善的资源信息系统和活动管理系统，实现千余家资源单位服务中小学生实践活动的目标。2011 年，由建设为主转入应用为主阶段，深化资源应用，着手建立资源

联盟。2012 年，推进“学生教育计划书”实施，建立经费常态保障机制。

三、找准建设要点，与学生学习生活紧密结合起来

抓住课程开发和网络服务两项基础建设，通过丰富的课程资源、便捷的服务手段，把社会大课堂与学校教育教学、学生的学习生活紧密结合起来。积极引导区县和学校通过课程结合、校本研发、就近就便、挖掘资源、社区互动、家校结合等多种形式应用社会大课堂。多样化的大课堂活动蓬勃开展，为中小学生开辟了广阔的成长天地，“农村孩子到城市博物馆进行研究性学习，城市孩子到农村感受新农村建设成就”成为现实，让所有沉睡的资源活起来、动起来。

四、彰显区域特点，形成多元多样的建设模式

立足区情，因地制宜，激发多样化的区位优势。西城区盘活区域资源，建成服务学生的“五苑一中心”。东城区通过学校、社区互动，在社区开发助残敬老、法制宣传等 20 多个学生公益活动岗位。海淀区利用大学资源较多的便利条件，建立大中小学资源联盟。通州区深入挖掘有区域特色的运河文化，作为课程资源的重要内容。延庆县和密云县利用建设国家级生态县优势，在“农”字上做文章，开发了野鸭湖湿地、密云水库等一批生态资源。多样化区位优势激活特色资源，初步形成了具有区域特色的社会大课堂建设模式。

三年建设阶段，市、区两级累计投入 8 000 多万元，其中市级引导性投入 4 000 万元。2010 年开始，在密云、延庆、平谷、房山等十个远郊区县和海淀区启动实施“牵手计划”，两年内投入 2 000 万元推动 26 万人次农村学生和打工子弟走进城市社会大课堂。2012 年，又投入 2 亿元用于保障每个学生每学年至少两次走进社会大课堂。全市共协调整合市、区两级资源 1 276 家，其中市级整合 561 家，区域自主开发 715 家。100 家社会大课堂教学实验基地推出内容丰富的社会大课堂课表，依托社会

活动场所开发课例2 000余节，涵盖中小学27个学科。有条件的资源单位安装刷卡机1 500台，覆盖市级资源单位的94%。

已经取得的主要成效

目前，社会大课堂建设已经取得阶段性成果，基本实现三年建设工程预期目标，教育效能和社会影响不断扩大，正在成为一项政府推动、社会认同、学生受益的实事工程。成果主要体现在以下三个方面。

一、就其工作本身来说，顺利完成三年建设的各项目标任务，并把保障机制的建设摆上了重要的议事日程，为今后社会大课堂持续发展奠定了坚实的基础

（一）协调系统内外力量，在统筹学生活动资源上有突破。纳入的资源单位在类别上覆盖广泛，内容丰富，学生选择空间大，一半以上的市级资源实现了免费开放，其余以二至三折的价格优惠服务学生。这些资源既有博物馆、纪念馆等各类教育场馆，又有高等院校、科研机构和校外教育机构；既有现代化的工厂、企业，又有城市街道社区、新农村资源，鸟巢、国家大剧院等现代化文化设施都在其中，充分满足了学生学科拓展、主题教育、社会实践、社区服务等多方面的需求。以比较小的石景山区和地域比较分散的房山区为例，石景山区统筹开发了市、区两级资源单位68家，房山区因地制宜开发市、区两级资源单位57家。

（二）积极推进课程开发，在学生开展社会实践活动形成序列上有突破。16个区县初步形成了各具特色的社会大课堂资源地图和社会大课堂活动体系，资源单位有了各自的社会大课堂课表，中小学校就近就便、因地制宜建立了社会大课堂活动资源群。全市初步形成了爱国主义教育

课程、京味文化课程、博物馆课程等八大课程系列，实现了资源整合，打破了学科壁垒，为国家课程、地方课程和校本课程的实施提供了广阔空间。以海淀为例，全区按照学科学习、活动体验和主题拓展3个学习形态，实验室探究等5种类型基地功能结构，开发10个社会大课堂课程资源包，内含500个课程模块。

（三）完善信息管理平台，在服务学生的信息化手段上有突破。市、区县社会大课堂网站实现并网运行，上千家资源单位信息实时呈现，有条件的市级资源单位全部安装刷卡机，学生卡增设社会大课堂活动专区，网上数字博物馆建设取得成效，实现了学生开展社会大课堂活动的实时记录、动态反馈，为社会大课堂科学管理和学生综合素质评价提供了有力支撑。据平台数据显示，2010年刷卡机投入使用以来，到年底7个多月的时间，大兴区有21 000多人次中小学生通过刷卡走进社会大课堂，北京航天科普教育基地就通过刷卡接待中小学生12 000多人次。

（四）着眼持续长远发展，把保障性机制、制度的建设摆上工作日程。通过列入重大研究项目、鼓励开展区域试点、邀请专家群策群议等方式积极探索社会大课堂建设和运行中的经费投入、激励评价等保障性机制。着力引导区县解决好统筹规划、管理方式、激励机制等重要问题，各区县结合实际进行了有效的探索，如东城、石景山制定了学校、学生走进社会大课堂的评价体系，顺义、延庆明确了学生走进社会大课堂的课时安排，海淀、朝阳探索了学生实践活动经费的投入办法。

二、就其教育效能来说，大力倡导先进的教育理念，积极推动实践育人，为基础教育课程改革乃至整个素质教育的全面实施提供了有力的抓手

（一）社会大课堂建设让实践育人的理念深入到每一所中小学校。许多区县都积极行动起来，把社会大课堂建设作为一项深化基础教育改革、促进教育均衡发展、推进实施素质教育、创新人才培养方式的实事来抓，

在统筹区域资源、构建课程体系、创新组织形式、筹措资金保障等方面进行了积极探索。类型丰富的活动场所为学生开展实践活动提供了广阔平台，多元多样的课程资源为课程改革提供了有效支撑，服务学生的现代化手段更加丰富。东城区推出了小学到高中的162节蓝天博览课，顺义区形成了区级统一组织、学校自主安排、亲子主题活动、学生社团活动相结合的活动组织形式等。各中小学校把社会大课堂用起来了，有的学校把历史、美术、音乐等学科的学习课堂搬进了博物馆、艺术馆、大剧院，有的学校把社区、企业变为学生开展志愿服务、社会实践的广阔天地。

（二）社会大课堂对首都教育改革产生了积极的影响，成为推进素质教育的有力抓手。对此，区县、学校、教师和学生都有深切的体会和思考。一直走在教育改革前沿的海淀区认为，社会大课堂是实施大教育、大课程的一次成功尝试，触动了基础教育的资源构成、课程结构、教学方式和互动共享模式，直接关注到素质教育和创新人才培养等核心问题。而最为偏远的延庆县认为，社会大课堂打破了农村教育的时空和地域界限，使农村教育初步融入了首都教育的大环境，让身处远郊区县的农村学生走进城市各类场馆和基地，享受到同城市学生一样的待遇。作为最直接的组织者和参与者，教师们认为社会大课堂活动提高了教学的实效性，树立了大课堂观。孩子们说，社会大课堂创设了没有围墙的校园，为他们插上了隐形的翅膀。《来自社会大课堂学生的报告》记录和收集了中小学生走进社会大课堂开展实践研究的过程与成果，从中可以欣喜地看到学生在大课堂中的成长。

三、就其社会影响来说，广泛调动起各级政府、社会各方面的积极性，涌现出一批主动服务学生的先进典型，为全社会支持教育、参与教育营造了良好的氛围

（一）社会大课堂建设营造了良好的育人氛围。社会大课堂建设在推进各级政府为学生办实事、促进学校教育和社会教育相结合上起到了积极的影响作用。各区县政府高度重视，主管区县长亲自抓，直接召开会议协调社会各方面力量推进大课堂建设，通过列入政府折子工程、设立专项经费等形式予以保障。许多资源单位将纳入社会大课堂视为承担教育责任、体现社会公益性的表现，纷纷推出特色举措服务中小学生。一大批先进典型涌现出来，如故宫博物院每周二专门增加500个免费接待名额服务农村学生和打工子弟；野鸭湖湿地保护区自筹资金，为学生开展研究性学习设立了科普岛和观鸟台等。学校教育和社会教育找到了结合点，既满足了学校教育对社会活动的资源需求，又发挥了资源单位服务社会的功能。

（二）社会大课堂建设产生良好的社会反响。启动以来，首都这项推进素质教育的新举措得到了上级领导、教育专家、广大家长和新闻媒体等社会各方面的积极肯定和认同。一批教育专家认为，社会大课堂实现了各类资源整合利用的突破，实现了学校和社会共同育人机制的突破，是对人才培养模式的探索。

工作推进的基本经验

三年的时间，社会大课堂各项任务顺利完成，取得阶段性的建设成果，呈现生动活泼的局面。概括起来，有以下几个方面的经验。

一、坚持科学发展观，以先进的理念为指导，社会大课堂建设有了方向指导

从社会大课堂构想提出、正式启动到推进实施，始终坚持以人为本、育人为本，紧紧围绕“人才培养”这个教育的核心问题，把面向学生、

服务学生、惠及学生作为工作的出发点和落脚点，切实让广大中小学校、学生享受到普遍的实惠。

二、适应社会发展趋势，满足社会各方面的需求，社会大课堂建设有了认同基础

社会大课堂建设既体现了实践育人、全面育人的要求，适应当前基础教育课程改革的需要，又反映了社会支持教育、参与教育的呼声，找到了各方面需求的契合点，满足了学生社会实践的需求，满足了学校对社会资源的需求，满足了资源单位发挥教育功能的需求。

三、彰显政府主导作用，形成合力建设的有效方式，社会大课堂建设有了保障力度

在市委市政府的统筹下，社会大课堂建设牵动学校和社会两种力量，12个委办局积极协作，千余家资源单位密切配合，形成“市级统筹、区县管理、学校实施”的建设方式，确保社会大课堂建设落到了实处。

四、充分尊重基层创新，形成百花齐放的发展态势，社会大课堂建设有了生机活力

社会大课堂建设构想来自基层鲜活的经验，在推进工作的过程中又充分发挥基层的自主能动性，市立足于示范指导、支持推动，坚持以点带面不断推出好的经验，指导区县相互借鉴；区县立足于资源应用、创造特色，拥有足够的自主发展空间。

（北京市教改办推荐）

为“满堂灌”做一次“大手术”

——四川华蓥市中小学试行“自学互帮导学法”

【摘要】近年来，四川省华蓥市提出了“德育为先、课堂为主、评价跟进、管理配套”的改革理念，正在进行一场轰轰烈烈的“自学互帮导学法”课堂教学改革，以彻底剔除传统教学中的顽疾沉疴——“满堂灌”，真正实现从“以教为中心”向“以学为中心”的转变。

相关背景

早在2004年秋，四川省华蓥市就启动了基础教育课程改革。一段时间来，教师的教学理念和课堂行为都发生了一些变化。但课堂上是否做到了“以人为本”，是否真正促进了学生的发展呢？2009年3月，华蓥市教育局采取听随堂课、个别访谈等方式，对全市33所中小学的课堂教学情况进行了调研，得出的结论是：“教师讲得过多，学生缺乏学习积极性，课改理念落实不够平衡，教学方法严重滞后，对学生的关注不够。”

针对以上问题，华蓥市进行了深刻的反思和由表及里的认真分析，认识到问题的症结在于：从课堂教学行为看，仍然是以教师为主体，以教为中心，学生被动学习；从组织层面看，缺乏课改推进的强有力的管理评价机制和保障措施；从技术层面看，教师对课改理念没有内化，对课改缺乏理性认识和操作技能。解决问题的出路在于必须找到一个“平台”，作为课程改革国家理念的接地点；彻底更新教师的教育观念，实现“以教为中心”向“以学为中心”的转变。这些工作中的困惑与思考便形成了改革的原动力。为此，华蓥市开展了“自学互帮导学法理论与实践研究”。

“自学互帮导学法”课堂教学改革的主要措施

一、改革课堂教学的行为模式

“自学互帮导学法”就是指教师在课堂上，通过激发与维持学生的学习动机、共商学习目标、指导学习方法、引导独立自学、开展合作互帮、组织汇报解疑、进行达标检测、及时评价总结等一系列“导学”策略，培养学生自主学习、合作学习的意识和能力，从而达到“教是为了不教”的终极目标的课堂教学改革方法。其行为模式如下表所示。

“自学互帮导学法”课堂教学行为模式（“三阶段八环节”）

<table>
<tr><td rowspan="3">学前</td><td>动机激发与维持</td><td rowspan="3">学习准备</td><td>解决“为什么学”的问题</td></tr>
<tr><td>目标协商与设计</td><td>解决“要学什么”的问题</td></tr>
<tr><td>学法选择与指导</td><td>解决“应怎样学”的问题</td></tr>
<tr><td rowspan="3">学中</td><td>独立自学</td><td rowspan="3">学习过程</td><td>第一轮：自主学习</td></tr>
<tr><td>合作互帮</td><td>第二轮：合作学习</td></tr>
<tr><td>集疑解难</td><td>第三轮：解疑学习</td></tr>
<tr><td rowspan="2">学后</td><td>达标检测与补救</td><td rowspan="2">学习结果</td><td>监控“学得怎样”的问题</td></tr>
<tr><td>学习评价与总结</td><td>指向“可持续学习”的问题</td></tr>
</table>

（一）第一阶段：学习准备

1. 动机——“让学生学”也是教师的目标和责任。动机，是一切行为的前提和条件。“自学互帮导学法”的改革利刃，首先指向于学生的学习动机。在激发与维持学生的学习动机上，采取了以下策略。一是设计优先。在教学设计时，把动机的激发和维持放在首位，研究如何让学生对今天的课堂感兴趣，对今天的知识的学习充满期待。二是安排同步。教师在给学生安排学习任务时，要同步调动学习动机，让学生带着动机、情感去学习。三是情境创设。课堂教学激发与维持学生学习动机的基本策略是创设情境。主要方式有音像、故事、游戏、谜语、竞赛、设置悬念等。四是学情分析。学情研究是课堂教学的前提和基础，主要研究三个"点"：研究"动机的基点"，即学生现在对学习的兴趣状态；研究"知识的起点"，找准学生的最近发展区；研究"知识的停靠点"，弄清今天所学知识与以前经验的联系，帮助学生学习新知识。五是课堂评价。课堂评价是维持学习动机的重要手段之一，教师通过评价让学生始终积极参与课堂活动。

2. 目标——决定"学什么"学生也要介入。"自学互帮导学法"课堂教学的目标，是师生协商而定。学生介入目标的确定，可以使目标更加符合学情，学习积极性会高些。

3. 学法——"怎样学"学生自主选择。"自学互帮导学法"倡导在教师的指导下，学生自主选择学习方法。同时，教师在进行学法指导时，要把握好"既重视教师传授学法，也重视学生发明学法；既重视学生间交流学法，也重视学生个体积累学法"的原则，逐步引导、帮助学生学会学习。

（二）第二阶段：学习过程

1. 自学——课堂导学的策略与目标。"自学"指学生在明确了学习目标和方法后的独立学习，是"互帮"的前提和基础。判断"自学"行为发生的标准是"学生经历知识产生的过程"。在自学活动中，教师的主要职责是巡视，以督促学生参与、发现不同观点、推广学习方法、指导困难学生、通报学习进度、监督资料使用、调控学习时间；同时，要防止"四个过早"，即启发过早、抽答过早、讨论过早、裁判过早。

2. 互帮——变一个老师为多个老师。"学然后知不足"。无论是先会者，还是未会者，“自学”后，都会存有一些疑问，如何解决这些疑问？“互帮”——先会帮未会、教师帮学生。“互帮”的形式多种多样：一是二人结对帮扶式，按照成绩好坏搭配，在自愿的基础上教师确认固定；二是小组合作式，以四人左右一组为宜，需要定期重组；三是临时自由组合式，“自学”后，学生自由寻找合作伙伴。

3. 释疑——教师点拨巧无痕。学生经过自主学习、合作学习之后，应该说大部分问题都解决了（如果都没有问题了，这个环节就取消），剩下的就是较难的问题，就需要在老师的亲自主持下，集全班之力来解决。但是，教师此时也不能“轻易出手”，把“立功”的机会留给学生，总会有学生能解决这个问题，教师要有“候答”的意识，“助答”的技术。即使问题太难，学生实在没办法了，教师也只能巧妙点拨、无痕引导。

（三）第三阶段：学习结果

1. 检测——监控课堂效果。可以使用课前准备的检测卷，也可以使用课后练习，还可以采用学生自己命题、相互检测等多种方式进行。检测后，小组内相互立即评判，发现问题，立即补救。然后，教师对相关情况进行统计。这也可以看成是第二次合作学习。包括教师整体监控和学生自我监控。

2. 评价——指向“可持续学习”。评价贯穿于课堂始终。这阶段的评价，主要就整节课，结合下课前的课堂总结，针对学习过程与效果、方法与意志等进行点评，指向于学生“持续学习”的问题。

二、推行改革的三大策略

（一）改变学生——激发改革的内动力

实施“自学互帮导学法”还要引导学生转变观念。如果只是教师一厢情愿地改革，学生不明白教师的意图，观念不转变，行为不跟进，改革必将流产。

1. 加强一种教育——让学生发现未来的自己。教师要培养学生的成就动机，让学生及早树立远大的理想，及早发现未来的自己，使现在行为具有未来意义。

2. 转变一个观念——学习终究是学生自己的事情。“自学”是“自学互帮导学法”的基础，也是根本目的。要让学生转变“上课就是听课，认真听课、听懂老师讲的东西就算完成任务，就是好学生”的传统观念，树立“学习终究是学生自己的事情”的学习观念。

3. 跟进六种行为——实现学生自我提升。

自我认识。自我认识是关于自己的基本情况和学习特点的总体判断，教师要帮助学生正确认识自己，既不能好高骛远，也不能自卑自弃。

自定目标。目标对行为具有巨大的导向作用。只有让目标真正成为学生自己认为是必须达到的目标时，它巨大的导向与激励作用才能发挥出来。

自择方法。教师要有学法指导的意识，既要教给学生方法，更要鼓励学生自创方法。经常组织学习方法交流，促进同学之间互帮互助，合作发展。

自主学习。“自学互帮导学法”大力提倡发现学习，学生在教师的引导下，积极主动地亲历知识产生的过程。

自我监控。自我监控是一个对“我在做什么，做得怎样”等行为适时进行的监督与评价，对自学行为的发生和效果起重要作用。

自我评价。自我评价是对学习过程的一种自我审视的行为。教师要对学生进行评价方面的教育与训练。多用纵向评价，少用横向评价。注重多元评价与过程评价，让评价有利于激励学生后续学习动机，促进学生终身学习。

（二）研培结合——加大改革的执行力

1. 抓观念转变，课改理念深入人心。2009 年 4 月和 9 月，华蓥市分别组织召开了全市“自学互帮导学法”课堂教学改革动员大会和推进会，深入各个学校进行课改宣传，统一思想，明确思路，坚定信心，逐校举办“新时期教育观念专题讲座”，引导全体教师树立正确的教育业绩观、教育观、教学观、质量观、学生观、改革观，使全体教师深刻理解“自学互帮导学法”改革的顶层设计、价值取向、理念实质、理论框架、实施策略、运用方法。

2. 抓试点实验，课改价值得以论证。2009年4月至7月，全市所有义务教育阶段学校在不同年级不同学科选择理念新的老师进行试点示范，初步论证了“自学互帮导学法”课堂教学改革的科学性和可行性，为2009年秋季在全市义务教育阶段学校全面推进课改奠定了基础，提供了借鉴。

3. 抓师资培训，课改基础得到夯实。制定了《“自学互帮导学法”教师培训三年规划》，建立和完善了市、片区、学校三级培训体系。2009年以来，华蓥市先后举办了“自学互帮导学法”宣讲团成员培训、青年教师骨干专题培训和市级学科培训。目前已完成了对全市教师的第一次轮训，全市教师的参培面达100%。同时，积极学习借鉴外地的课改经验，组织全市60名课改骨干赴江苏学习，组织教育管理骨干赴重庆学习课改评价管理办法。通过培训、考察、学习，全市教师的教育观念得到进一步转变，课改意识显著增强，课改能力有效提高。

4. 抓科研攻关，课改瓶颈有效破解。为解决广大教师理论储备不足和缺乏具体操作技术的问题，华蓥市成立了“自学互帮导学法”的理论与实践研究课题组，在大体方向、总体框架之下，创新设计假设，开展实验研究，提炼固化实验成果，总结反思教改经验。目前，该课题已形成了较为系统的理论体系，在“自学互帮导学法”的理念下，一线教师探索出了“问题—发现”“问题—探究”“问题导向式”“互动—合作”“情境—互动”“主体参与”等百花齐放的课堂教学方法，有效推动了教学改革的深入开展。

5. 抓平台搭建，课改活动引导有力。为提高全市教师的课改能力和水平，华蓥市紧紧抓住示范引导的关键，以载体创新为着力点，为教师搭建了广泛的理论研讨和课堂教学实践的平台。在华蓥教育网上开辟了“自学互帮导学法”专栏，《华蓥教研》基本成为“自学互帮导学法”课改专辑，组织开展了以“自学互帮导学法”为主题的教学竞赛、送课下乡、巡回讲学、论文评比、片区联教、教研沙龙、专题研讨、校本教研、开通邀请式绿色听课通道和教研员深入课堂听课“四个一”等活动，着力实施典型带动，以建平台为载体，注重培养、成就名师人才，培养了一批“自学互帮导学法”的研究骨干、导课高手，一人带一校，有力推进了学校课改工作。

（三）评价调控——增强教改的外驱力

为确保“自学互帮导学法”改革的主导地位，华蓥市制定了《“自学互帮导学法”课堂教学改革三年规划》《“自学互帮导学法”课堂教学改革评估细则》《“自学互帮导学法”课堂教学评价量表》，修改完善了《学校绩效考核实施办法》，出台了《教师绩效考核指导意见》，增大了“自学互帮导学法”课改工作在各类考核中的权重。同时，建立健全了各种责任制度。一是校长负责制。校长是学校课改工作的第一责任人。二是听评课制度。学校领导每人每学年深入课堂听课不少于 80 节，每学期上示范课不少于 1 节。三是达标验收制度。教育局对学校的课改工作实行达标验收，学校对教师的课堂教学实行“自学互帮导学法”合格课验收制度。四是督查通报制。教育局加强对课改工作的引领和督察力度，并将每次督察结果通报全市。

“自学互帮导学法”课堂教学改革成效初现

一、课堂旧貌换新颜——师生角色大转换

2009 年 3 月和 2011 年 5 月，华蓥市教育局对课堂教学情况进行了抽样调查。从调查数据统计显示，通过实施“自学互帮导学法”课堂教学改革，教师满堂灌的现象明显减少，教师的教学行为和学生的学习方式

发生了六个方面的转变：全市课堂环境正在从以教师为中心向以学生为中心转变；教师角色正在从知识的传授者向学生发展的促进者转变；学生角色正在从知识的接收者向科学的探索者、知识的组织者转变；学习方式正在从被动、接受、封闭的学习向自主、探究、合作的学习转变；训练方式正在从以单项性的机械练习为主向以综合性的整体训练为主转变；评价方式正在从单一的结果性评价向多元的过程性评价转变。目前，90% 以上的课堂有了明显变化，70% 以上的教师能灵活运用“自学互帮导学法”理念组织教学。

二、芝麻开花节节高——学生素质大提升

“自学互帮导学法”突出了学生的主体地位，学生参与面更广，参与机会更多，探究意识更强，学习积极性、主动性得到最大可能的调动，学生找到了学习的渐进区。在宽松的教学氛围下，学生积极参与，思维活跃，不同的学生获得了不同的发展。学生的自主学习能力、合作学习能力、思维思辨能力、团结协作能力、社会实践能力不断增强，在国家、省、市举办的各类比赛活动中，成绩都有新的突破。2011 年华蓥市运用“自学互帮导学法”进行高三复习教学，成效明显。

三、春色满园关不住——教师成长大提速

“自学互帮导学法”课堂教学改革的实施，对教师提出了更高要求。广大教师结合学科特点不断探索，在探索中不断提高自身驾驭课堂的能力。2009 年秋季至今，全市教师发表的“自学互帮导学法”相关论文 300 多篇，一大批优秀教师脱颖而出。2009 年 10 月，华蓥市教师张群兰用“自学互帮导学法”理念参加四川省小学数学课堂教学竞赛，荣获全省一等奖、全国三等奖。

（四川省教改办推荐）

为了孩子的明天　全社会“齐步走”

——辽宁省严格规范中小学办学行为，减轻学生过重课业负担

【摘要】辽宁省委、省政府在深入调研、精心论证、严格规范基础上，于2012年初大力开展规范中小学办学行为、减轻学生过重课业负担工作。在省直各部门密切配合、共同努力，学校积极主动面对、严格执行有关规定，教师、学生互相支持、配合以及全社会理解、关注下，目前规范中小学办学行为、减轻学生过重课业负担工作全省“齐步走”，给基础教育带来大变化，学生主动学习兴趣更浓了，教师紧张的工作节奏降下来了，学校按照教育规律教学开始成为常态，阶段性成果显著，同时也促进了教育行风建设，维护了教育的良好形象。

充分认识减轻学生过重课业负担的必要性和紧迫性

多年来，社会及各级教育行政部门、学校一直在关注并探讨减轻学生过重课业负担问题，但效果始终不尽如人意。近来，中小学生过重课业负担正演化成为过重的“综合性负担”，其表现为学生家庭过重的经济负担、学生一家人过重的心理负担和学生本人过重的身体负担，这种“综合性负担”最后殃及学校乃至整个社会，很显然，中小学学生课业负

担过重已经成为基础教育的顽症。

减轻学生过重课业负担是全社会的共同责任，政府、学校、家庭、社会必须共同努力，标本兼治，综合治理。把减负落实到中小学教育全过程，促进学生生动活泼学习、健康快乐成长，率先实现小学生减负。在省第十一届人大五次会议上，省长在政府工作报告中就积极发展各项社会事业提出，要严格规范办学行为，努力减轻中小学生过重课业负担。这事关学生健康成长，事关创新型人才培养，事关建设富庶文明幸福新辽宁大局。

造成中小学生课业负担过重的原因极其复杂，既有教育内部因素，又有教育外部因素，尤其是在当下，外部因素在深深地影响着教育内部的运行，主要表现在社会上部分用人单位重学历、轻能力的错误倾向，陈旧的传统人才观没有从根本上改变，某些地方不正确的政绩观不断增加学校、教师的压力，社会对学校、对教育缺乏科学的评价标准，等等。减轻学生过重学业负担需要全社会共同努力，这是一项综合性系统工程，是一项需要长期坚持的治理工作，特别是教育观念的转变将是一个长期的渐进过程。为此，必须增强紧迫感与使命感，从现在做起，坚决克服无所作为的思想倾向，积极寻求解决的办法，实现有效的突破。

采取积极措施，充分发挥全社会的自觉作用

计划用三年时间，规范中小学办学行为，减轻学生过重课业负担，大力推进素质教育。

一、抓制度建设，形成综合治理长效机制

规范办学行为首先从制度建设抓起，政府及相关部门主动自觉承担

规范中小学办学行为、减轻学生过重课业负担的责任，按照当年规范、来年巩固、第三年提升的工作安排，突出重点，协调行动，形成综合治理的合力，努力解决教育的顽疾。2012 年 2 月 29 日，省政府召开规范中小学办学行为、减轻学生过重课业负担工作会议；省委、省政府办公厅联合转发了省教育厅、公安厅、财政厅等 13 个部门《关于进一步规范中小学办学行为减轻学生过重课业负担的意见》；省教育厅、省监察厅、省政府纠风办共同下发了《辽宁省规范中小学办学行为的规定》，围绕 12 个方面作出明确规定，制定 36 条政策措施。此后，省教育厅密集出台文件，建立监督检查、举报处理、各地周报等多项相关制度，政策和制度的建立，成为规范办学的重要抓手。

二、抓教育教学规范，形成良好校园环境

强化中小学校责任主体意识，严格规范日常教育教学活动。规范办学行为、减轻学生过重课业负担最终要落实到每所中小学校，校长是第一责任人。为此，要求学校特别是校长自觉更新教育思想，深化教学改革，严格执行课程方案、课程计划，构建高效课堂，注重学生主体发展，切实保证学生每天一小时校园体育活动，严格控制走读生、寄宿生在校集中学习时间和学生书面家庭作业量，严禁违规补课，不向学生推荐或变相推荐教辅材料，城市义务教育阶段公办学校不得擅自跨学区招生。

三、抓师德建设，提高教师专业素养

提升教师培养学生全面发展的自觉性，实现减负增效。要求教师坚守职业道德，以学生为本，严格执行教学规程，注重提高学生学习能力、实践能力和创新能力，主动为学生健康快乐成长服务，不得对学生进行有偿补课，不得组织学生参加文化补习班。引导广大教师树立终身学习的理念，自觉学习、主动提高，在理性认识和教学实践中丰富自己，提升对职业、对学生、对教学、对自身发展的理念水平，以学习的成功赢得专业的发展，以实施素质教育能力的提升为自我成长注入动力和激情。

四、抓教育共识，营造积极社会氛围

提高全社会对规范中小学办学行为、减轻学生过重课业负担的自觉认识，营造关心、支持教育的社会氛围。规范中小学办学行为、减轻学生过重课业负担是向陈旧的教育思想观念挑战，学生熟记知识点、提高考试技巧不是教育的全部，教育要培养有社会责任感、有爱心、有理想、有志向的人，培养能够回报父母、老师、社会的人，培养爱学习、能学习、善于学习、善于创造的人，而不仅仅是培养几个高分的学生，这一点应成为全社会的共识。全社会都应自觉地关心学生健康成长和快乐学习，共同促进教育公平，让人人都能享有优质教育。

五、从统一部署工作入手，全省整体推进

全省中小学校“齐步走”，统一规范办学行为，集体减轻过重课业负担，是这次规范办学的一个基本原则和主要特点。一方面，坚持各市各地步调一致，不搞区域试点，所有地区必须统一规范办学行为，统一给学生减负；另一方面，坚持从小学到初中、高中的各个阶段、各个年级，严格落实规范办学的规定要求，不论是重点校还是普通校，不论是城市还是农村，不论是公办还是民办，在规范办学上都没有特殊和例外，以避免不同地区、各个学校之间出现攀比竞争的问题，打消学校、教师、家长的顾虑。

六、从扎实推动工作入手，确保落实到位

为保证规范办学各项政策能有效落实，省教育厅召开各层面工作会、座谈会、新闻宣传会、组织各类专题调研、培训班、接受访谈等40余次，统一思想，提高认识。专门成立了由厅长任组长，分管基础教育

和纪检监察工作的厅领导任副组长，相关处室负责同志为成员的规范中小学办学行为减轻学生过重课业负担工作领导小组。设立了14个由厅领导任负责人的督导检查组和4个专项工作组，确定20所省示范性普通高中、20所义务教育阶段学校和20个非学历教育培训机构作为省级重点监督学校，并建立周报制度。将规范中小学办学行为与厅机关创先争优工作结合起来，安排厅机关30个党支部与60所省级重点监督学校结对子，并要求在年底前要经常性深入结对子学校开展督查工作，及时检查纠正省级重点监督学校在规范办学行为方面存在的问题。与全省139所省示范性普通高中签订了“辽宁省示范性普通高中规范办学行为减轻学生过重课业负担”责任状，加强对普通高中炒作高考成绩和高考状元的监管。严格民办学校及非学历教育机构管理，首次开展民办教育行政执法专项培训，提高执法水平，把规范办学行为工作推进纵深。号召省内普通高校对校内相关设施在周末免费面向中小学生开放，丰富中小学生课余生活，全面推进素质教育，省内30余所高校积极响应，首批审核通过20所，其中沈阳7所、大连7所，鞍山、抚顺、本溪、丹东、锦州、阜新各1所。

七、从监督保障工作入手，回应社会关注

在《辽沈晚报》、省教育厅官方网站等媒体发布了各级教育行政和纠风监察部门投诉举报电话和通讯地址。省教育厅开通政务微博，回应社会各界和学生提出的问题。截至目前，共收到群众举报电话622个，信件33封；收到微博投诉2 331条，发布微博87条，答复69条。5月16日，省政府纠风办、省教育厅联合公布了8起典型违规补课案件的查处结果。违规行为的公开处理和曝光，给所有中小学校的领导、教师敲响了警钟，给违规补课的教师以震慑，也让全社会看到了政府抓规范办学工作的决心和力度。

八、从加强宣传工作入手，提高思想认识

召开教育新闻宣传工作座谈会，征求各新闻媒体对教育新闻宣传工作的意见和建议，制定规范中小学办学行为宣传工作方案。省教育厅分管基础教育的厅领导与相关处室同志走进电视直播间、做客民心网，与家长、学生及社会各界人士面对面解答相关问题，在媒体上发表文章等解读宣传相关政策，争取社会各界支持。截至目前，规范中小学办学行为减轻学生过重课业负担工作领导小组办公室已刊发工作简报 27 期，信息宣传简报 74 期。加强舆论宣传，据不完全统计，截至目前，各新闻媒体、网站已刊发、播报辽宁省规范中小学办学行为专题报道 50 篇，人民网、东北新闻网、凤凰网、搜狐网、网易网等通过转载等形式也进行了连续报道。

减轻学生过重课业负担工作取得阶段性成果

按照省委、省政府要求，各有关部门密切配合，全社会形成合力，有序推进规范办学工作，取得明显成效。

一、全省统筹，市级联动

全省“一盘棋”，14 个市均以市政府名义召开了规范中小学办学行为工作会议，并将《关于进一步规范中小学办学行为减轻学生过重课业负担的意见》《辽宁省规范中小学办学行为的规定》等文件精神传达至辖区内教育行政部门、各中小学校和每一位教师、每一位学生家长。各级教育行政部门转变观念，统一认识，相应成立规范中小学办学行为减轻学生过重课业负担工作领导小组，制定规范中小学办学行为工作方案。多数市由主管教育的市领导亲自动员、部署，沈阳、大连市政府工作会议

直接开到基层学校。各市教育行政部门全面落实《辽宁省教育厅规范中小学办学行为减轻学生过重课业负担工作方案》有关要求，全省各市、县（市、区）成立督导检查组95个，专项工作组35个，确定市级重点监督学校（含非学历教育培训机构）876个，并实施周报制度；沈阳、大连、本溪、营口、朝阳五市出台《〈辽宁省规范中小学办学行为的规定〉实施细则》。各市、县（市、区）中小学校纷纷召开教师大会、学生大会、家长会等，积极争取学生、家长的理解、支持并主动参与规范中小学办学行为工作。

二、深入人心，反响良好

半年来，省教育厅接到了来自广大教师、学生和学生家长等多层面的电话反映，对规范办学行为工作给予了充分的肯定和较高的评价。教师普遍认为，省里的举措使他们过上了正常人的生活，增强了幸福指数，有了一些时间和精力开展教学研究，对促进教师专业发展具有推动作用；学生更是欢欣鼓舞，从繁重机械的补课中解脱出来，开展体育锻炼，参加兴趣小组活动，积极投身社会实践，对促进学生的全面发展起到了重要的作用；一些家长非常感谢省委、省政府在规范办学行为工作中所作出的正确决策，他们感到教育走上了健康发展的轨道，孩子变得生动活泼了，家长对教育越来越满意了。

（辽宁省教改办推荐）

把“阳光体育”运动持续开展下去

——甘肃张掖甘州区马神庙街小学探索建立“阳光体育”长效机制

【摘要】甘州区马神庙街小学被批准确定“探索建立阳光体育运动长效机制”试点项目以来，本着“学生健康第一”的理念，积极响应和落实市人民政府教育督导室、市教育局《关于开展“阳光体育活动”和“减轻学生课业负担”专项督导检查的通知》精神，以全面推进素质教育为核心，以完善体育设施、不断加强学校体育工作为重点，以开展丰富多彩的体育活动、增强学生身心健康为目的，以建立和完善考核评价激励机制为手段，认真开展阳光体育运动，努力推进试点工作进程，取得了良好效果。

多重保障，确保“阳光体育”落到实处

一、加强领导，组织保障

学校把“阳光体育”纳入重要工作日程，统筹安排，精心组织。成立以校长为组长，分管副校长为第一副组长，教导处副主任为第二副组长，学校教导处、总务处、教科室、德育处、校办室、少先大队六部门为成员的领导小组，制定了领导小组职责，进行了明确的分工，确定了

任务。全校各班均成立了以班主任为辅导员的“阳光体育”班级组织。为及时了解和掌握“阳光体育”运动动态，加强沟通，扩大宣传，建立了学校和班级信息报送机制，为试点项目的顺利实施提供强有力的组织保障。

二、完善制度，管理保障

为扎实有效可持续地开展阳光体育运动，在广泛调研、明确现状、科学规划的基础上，制定了《马神庙街小学探索建立阳光体育运动长效机制试点项目实施方案》，明确了建立阳光体育运动长效机制的指导思想、目的意义、基本原则、实施内容、保障措施等方面的内容，初步构建了阳光体育运动长效机制建设的基本框架。同时，为做到“阳光体育”运动有章可循，有纪可守，高效运行，先后完善了马神庙街小学“体育工作制度”“体育教学制度”“体育竞赛制度”等六项制度，建立了马神庙街小学“阳光体育领导小组职责”“阳光体育大课间活动制度及评比办法”“阳光体育课外活动制度及评比办法”等六项办法，初步建立了富有马神庙街小学特色的“阳光体育”运动制度体系。

三、培养师资，人员保障

以创新体育教师培养机制为突破口，以提高体育教师师德水平和专业素质为内容，以积极开展校本培训促进专业成长为途径，在体育兼职教师的选拔、培养和提高上下功夫。选拔和培养具备一定专业水平、热爱体育事业的中青年教师兼任体育工作，充实壮大体育师资队伍。坚持“走出去，带进来，带起来”的发展思路，努力促进体育教师的专业化成长。认真落实体育教师各项福利待遇，职称、评优给予一定政策倾斜，场地维护、器材管理、校队训练、比赛等予以适当补助与奖励。做到在物质上保障，精神上鼓励，政治上关心，工作上支持，形成吸引青年教师的激励机制，调动了体育教师工作的积极性和创业精神。

四、加强建设，硬件保障

努力改善学校体育设施设备。克服资金短缺困难，千方百计增加体育经费投入，2011 年以国家“两基”建设验收为契机，添置各类体育器械达 5 万多元，2012 年利用省上阳光体育专项资金新添儿童篮架 2 副，改建 3 副，还对部分体育设施和场地进行了粉刷和修整等。

五、强化宣传，舆论保障

在校园醒目位置设置以“阳光、运动、健康、快乐”为口号的大型宣传标语；在教学楼每层楼道内设置以激励为目的的体育名人、优秀团队的画框和标语；各班黑板报均设有“阳光体育”园地和“阳光少年”评比台；在学校网站开辟“阳光体育”专栏和校园足球专栏，及时宣传“阳光体育”运动各项政策和最新动态；本学期新建教育资源网站“阳光体育”网页，为师生和家长提供了丰富的运动和健康教育资源；班级和学校阳光体育信息报送制度已初步形成，红领巾广播站在全校开展“阳光体育”宣传报道方面发挥了重要的作用。

开发课程，构建“阳光体育”课程体系

一、渗透课改理念，提倡体育教研

充分利用体育教师力量，大力推行体育课程改革，树立“健康第一”的体育课程目标，认真贯彻国家体育与健康课程标准，落实“三开”制度（即开齐课程，开足课时，开实课堂），将体育课、眼保健操、大课间活动和体育活动课纳入教学计划，排入课表，严格实施。以体育课程标准统领体育教学，不断优化体育课堂教学结构，挖掘体育教学资源，丰富教学内容。积极开展体育教育科研活动，课题《篮球游戏校本课程

开发与实践的研究》已申报省级成果鉴定，省“十二五”规划重点课题《乡土体育游戏校本课程开发与实施的研究》进展顺利，阶段性成果显著，拟于2013年初结题、申请省上成果鉴定，有4篇论文在省级刊物发表。

二、立足本土资源，开发校本课程

为适应体育课程改革和阳光体育运动发展的要求，满足学生需求，组织师生挖掘整理了以篮球游戏100多项、张掖地方乡土体育游戏40多项为主的体育课程资源，并编印了《快乐体育》校本教材上、下两册，每周利用体育课1节、课外活动1节和校本体育课1节组织实施教学活动，以课堂教学形式严格管理。教学中创建了“三段三目标”“三课一活动”教学活动模式，体现了“快乐体育、终身体育、健身体育”的现代体育课程理念，努力构建内容丰富、形式活泼、生动有趣的体育课程体系。

开展活动，强化“阳光体育”健身功能

认真贯彻落实《学校体育工作条例》，保证学生每天1小时的活动时间。以快乐体育校本课程内容为主，将快乐运动延伸到学校的每一个角落。改革传统的早操、课间操活动形式，出台《马神庙街小学“纵情欢乐20分”大课间活动实施方案及规程》《马神庙街小学“快乐时光”体育课外活动实施方案》。目前学生人手一只篮球和多种游戏器械，绝大多数学生掌握了两项以上运动技能，并能创造性地开展游戏活动，童年的滚铁环、打沙包、跳皮筋又回到学校的操场上，流传已久的拉爬牛、抓尕拉、打马仗、打牛儿、斗鸡等张掖民间游戏引起了师生极大的兴趣。通过丰富内容，创新形式，形成机制，让学生充分享受到在阳光下运动的快乐。

认真组织学生眼保健操、国颁小学生广播操和自编操，积极开展班级、年级各项小型体育竞赛活动，做到周周有活动，月月有比赛，人人有项目，举办了第四届校园体育节暨篮球游戏运动会，设计了班级篮球展示赛、班级篮球对抗赛、个人篮球挑战赛，为每一个孩子搭建了施展才华、享受成功、体验快乐的平台，保障每一位学生都参与到活动中来。积极开展校园足球活动，在学校网站开辟了校园足球专栏，组织学生认真开展课余训练，积极参加全省校园足球联赛。

体育课组织学生观看体育比赛、交流体会，信息技术课指导学生以篮球知识、球星成长轶事、比赛趣闻为内容的电子板块制作等教学活动，不仅丰富了体育教学内容，丰富了体育课堂形式，增强了学生学习兴趣，而且学生的体育欣赏能力和体育文化的鉴赏能力也有了一定的提升，使学生对体育功能、价值和作用有了初步的认识，从而增强了学生对体育锻炼的认同感。

2010 年以来每届体育节期间开展的“游戏征集大赛”、学生家长征文大赛、学生快乐童年手抄报、绘画大赛和社区游戏活动摄影大赛等系列体育文化活动吸引了广大学生和家长的积极参与，受到了社会和家长的广泛赞誉，有效形成学校、家庭、社会共同关心学生健康、开展阳光体育运动的合力。

（甘肃省教改办推荐）

创新人才培养模式专题

七彩纷呈　成就彩虹

——甘肃省推进特色中小学校发展的探索

【摘要】近年来，甘肃省不断推进中小学校特色发展，取得显著成效。其中，麦积区实验小学以先进文化为导向，以创建良好校园艺术氛围为抓手，积极开展艺术教育工作，培养学生个性，发展特长，陶冶学生艺术情操，促进学生的全面和谐发展；嘉峪关市实验中学自创办以来，牢牢把握时代的脉搏，科学运筹，以“为学生美好人生奠基”为办学理念，以“家校合作”为办学特色，逐步搭建起系统化的家教平台，实现学校教育、家庭教育和社会教育的有机结合，构建学生舒心、家长放心的和谐校园。

响彻艺术旋律——天水市麦积区实验小学

一、更新观念，健全艺术教育管理机制

（一）建立责任机制。学校成立艺术教育领导小组，形成校长亲自挂帅，分管领导具体牵头负责组织，全体艺术教师齐心协力配合开展工作的联动机制，出台《麦积区实验小学艺术教育发展规划》《艺术教师岗位职责》等十余项与艺教工作有关的制度。依靠这些制度，使艺教工作层层有人抓、事事有人管、项项有指标、件件见实效，日常运作进入良性

推进过程。

（二）建立考核机制。学校给每个班建立了艺教工作“百分考核制”。对各班课前一支歌、各班兴趣小组等艺教常规执行情况、各班教室环境的艺术效果、艺术教师执行教学常规、学生艺术素质情况、艺术教师的素质提高情况等方面进行评分，纳入教师月考评分数之中，并与教师的绩效工资“挂钩”。以考核为载体，提高全体教师参与艺教管理的责任感和艺术教师的积极性，从而整体优化艺教工作的“小环境”。

（三）建立保障机制。一是时间保障，在执行艺术学科国家课程计划的基础上，成立了舞蹈、写字、绘画、书法、声乐、合唱等多个艺术兴趣小组，坚持每天培训时间不少于40分钟。二是内容保障，学校自行编印《写字教学》《少儿合唱入门》等校本教材，与国家和地方教材一起，完善艺术学科的内容体系。三是强化任务保障，学校规定全校师生每周完成硬笔、软笔作品各一份，要求每个班级形成一项特色，使学校艺术教学走向多姿多彩、百花齐放的境界。

二、聚焦课程，提高艺术课堂教学效益

（一）加强艺术教师队伍建设。通过教师论坛、教学评比、教学设计、普通话演讲、命题大赛等一系列教师基本功大赛活动引领艺术专业的教师转变观念，提升素质，练好“内功”。积极创造机会，选派优秀教师参加省市骨干教师培训，想方设法为他们提供专业发展的机会，使他们在教学上能尽快成长。组织教师参加省市、国家级艺术教育研讨会、对外展示观摩课，参加省市教学、论文评比，开展送教下乡等一系列活动，锻炼业务能力，展示教学风采。

（二）改革艺术课程结构。一是将音乐课程分为声乐和器乐两类，并具体排到课表上，声乐课按教材进度组织，器乐课则根据学生年龄特征划分，一、二、三年级为竖笛，四、五、六年级为口琴，并统一编印出练习曲目。二是将美术课分解为绘画和手工，绘画按现行教材组织教学，手工则分别为一、二、三年级布贴、剪纸，五、六年级泥塑，通过实践操练的形式提高学生艺术欣赏和艺术创造的能力。三是将写字教学按语文学习的规律和学生的认识水平，分为一、二年级铅笔字，三、四年级钢笔字，五、六年级毛笔字，以实现循序渐进，逐步提高。

（三）加强学科渗透艺术教育。一是在教学内容中渗透。例如教师在教《桂林山水》一课后，让学生根据自己的理解，画出桂林山水的风景画，并涂上颜色，以培养学生的绘画能力。二是在教学环节中渗透。例如，所创设的情境要具有艺术性，教学中所应用的挂图、课件要有艺术性，板书设计要具有艺术性，作业设计要注意艺术素质的培养。三是在教材延伸中渗透。例如一位教师在教学生写信封时，她做了这样的延伸：让学生动手设计信封、制作贺卡，并用最漂亮的字写出自己最想说的一句话，然后再把它送给最想送的人，以培养学生的艺术创造能力和艺术表现能力。四是在教学活动中渗透。学校每年都要组织学生踏青、秋游等活动，不仅布置学生写，还要求学生画、书、唱，使整个活动过程始终响彻艺术旋律。

三、组织活动，搭建艺术素质展示平台

（一）校级大型主题活动与年段小型活动相结合。学校每月都设计艺术教育活动主题，如元月的迎春联欢活动、3 月的给母亲写信活动、4 月的革命歌曲大家唱活动、5 月的励志书画展活动、6 月的校园之星汇报演出活动、9 月的爱国主义诗词诵唱活动、10 月的爱国歌曲大家唱活动、11 月的校园艺术节、12 月的阳光体育活动等。在校级活动的同时，学校还在各年段组织小型多样的活动，如开展低年级铅笔字、中年级钢笔字、高年级毛笔字比赛，低年级布贴画、中年级剪纸、高年级水墨画比赛等。

（二）常规性活动与季节性活动相结合。常规性活动有：每天放学集合整队唱一支歌；每次上课前，全班学生背诵一首诗或唱一首歌；每天早读前，提前上学的学生自行背诵经典诗词等。季节性活动主要是结合

重大节日、纪念日进行，如母亲节、教师节开展“小小礼物献妈妈”“短短信件寄老师”活动，让学生自制贺卡，向妈妈、老师表达感恩之情；国庆节期间开展“国旗国旗我爱您”“国旗国旗我画您”的征文、绘画比赛活动等。

（三）竞赛型活动与推广型活动相结合。坚持每周开展“校园艺术之星擂台赛”（书法之星、绘画之星、舞蹈之星、体育之星、歌唱之星）活动，每周在升旗仪式上评选、表扬一批小明星。每学期初，学校举行手工制作、手抄报展评活动，每学期末，学校都要广泛开展学生书画展活动。此外，还经常组织学生参加全国、省、市、区各种书画竞赛和民乐、声乐比赛活动。

（四）以德辅艺。在争创艺术特色学校的过程中，充分发挥德育推动艺术教育发展的强大驱动作用，通过抓队伍优化、网络建设、制度健全、机制完善、活动开展，彰显学校艺术教育的优势。推出“文明礼仪伴我行”书画、演讲、征文比赛，“让言行文明起来”主题大队会，“诵读经典，感悟人生”经典诗文诵读比赛等多项基础道德教育的活动。坚持以德辅艺，在德育实践中培养学生的艺术素养。教室、板报、橱窗内的宣传报道、板面设计、图案设计等都由学生自行设计，挖掘了学生的艺术潜能，激发了学生艺术创造的积极性，形成了品德教育与艺术教育相结合的良好局面，取得了良好的社会效应。

四、拓宽视野，优化艺术教育环境

（一）营造高雅的艺术氛围。校园实现绿化、美化、净化，做到无土不绿、无处不美。美丽的校园让人心旷神怡。纤尘不染的校园，芬芳四溢的花卉草园，丰富多彩的板报橱窗，优美婉转的歌唱声、琴声、朗朗的诵读声无一不折射出学生的艺术成功与享受，让学生潜移默化地受到艺术的熏陶和教育。

（二）夯实艺术教育的物质基础。注重基础设施建设，努力实施“校园改造”工程，以“硬件”过硬，“配件”到位，“小件”求精，“软件”求新，整体布置艺术化的要求，制订并实施“全方位规划，分阶段实施，严要求验收”的硬件建设战略。学校用于艺教方面的费用逐年增加，保证每年用于艺术展演的经费不少于3万元。

（三）积极开展艺术教育科研。专门制定“麦积区实验小学艺术学科校本教研制度”和“麦积区实验小学艺术学科集体备课制度”。将艺术教育纳入学校教学计划，进行统筹安排，保证协调发展。音、体、美教研组每学期有教研计划和小结，每周开展一次集体备课活动或教研活动，组员轮流主持，着力研讨艺术教学中存在的难点、热点问题。

生机勃勃的家长学校——嘉峪关市实验中学

一、科学规划，严密部署，让家长学校有模有样

（一）领导重视，建立组织保障。由校长任家长学校的校长，副校长主抓，并由家长代表组成家长委员会。每学期一次的家长委员会会议，搭建起家长和学校沟通的桥梁。定期向社会印发《家长意见征询书》，为学校教育营造了良好的外部环境。

（二）建立完善的家长学校学籍档案管理制度。做到“全员建档，全体在册，全面信息，全程管理”，使实验中学的每一个学生背后都有一整套完备的家庭信息，为培训工作打下了良好的基础。

（三）建立家长培训制度。针对本校学生中务工和个体从业者的子女占57%以上、学生家长具有大学以上文化程度的仅占13.7%的情况，学校制订了完善的培训目标、课程标准和教学计划，对家长进行形式多样的培训。每学期聘老师、专家做专题报告，每年进行2～4次的面授，每学期培训时间不少于6个小时。每学期两次集中辅导。开学初举行家长

学校开学典礼，介绍学校的基本概况，公布家长学校的各项制度、教学计划。学期中以本校教师编写的《家长读本》为辅导教材，联系实际开设讲座，布置作业。随着家校合作工作的深入开展，家长学校的工作条件不断优化。专门设有家教咨询服务中心、家长学校培训教室，并配备电脑、多媒体等较先进的教学设备；师资力量保障，每位辅导教师授课时都能理论联系实际，多方位、多视角地为家长学员授课，并从教师中选拔出一名优秀教师任专职教师，专门负责家长学校的工作。

（四）建立灵活多样的工作机制。把学校办成一所“没有围墙的学校”是家长学校的办学宗旨。每学期召开两次以班级为单位的家长座谈会，征求家长在学校办学方向、教育教学等方面的意见，展示学生作业、特长。每学期的“家长开放月”、家长评教活动是学校教育教学工作全方位、多角度向家长开放的窗口，让家长充分了解子女在校的表现，参与对学校教育教学水平的评价。每学期抓住节日、纪念日的庆祝契机，教师与学生同台献艺，邀请优秀家长参加活动，使家长感受教师与学生的新型伙伴关系。每学期开展家长论坛一次，请优秀家长进行经验交流，把教育子女的好方法推荐给大家尝试，同时表彰本学年的年度“优秀家长”。

二、关注热点，解决难点，让家长学校有声有色

帮助家长解决热点、难点问题是家长学校的职责之一。创办家长学校期刊《心桥》，每季一刊，普及和解答家教知识。开通“家教咨询热线”，家长可通过电话咨询疑难问题。在校园网上开通家长论坛、家校合作专栏，家长可在网上提问、发表留言和评论。召开形式多样的家长座谈会，为学校与家长之间、老师与家长之间、家长与家长之间、孩子与家长之间搭建一个交流沟通的平台。

学校还专门聘请知名的教育专家给家长和老师做专题讲座。2009 年 7 月，邀请市一中心理专家对初三年级的学生家长进行成才观的培训；

2008 年 7 月，邀请著名教育专家、“知心姐姐”卢勤对学生家长开展了良好习惯培养、感恩教育的讲座；2009 年 1 月，邀请中国家长教育研究所郑委副所长对学生家长开展了品德教育、理想教育方面的讲座；2009 年 12 月 13 日，邀请中国艺博文化家长教育中心的戴东、王静讲师做如何培养孩子良好学习习惯的讲座；2012 年 4 月组织家长参加新东方学校的家庭教育讲座。累计培训家长 4 000 多人次。

三、家校互动，学习共建，让家长学校有神有采

“创建学习型家庭”的过程，是家庭成员成长的过程，也是亲子交流的过程。首先，培养了一批学习型的教师队伍。学校把读书活动带进校园，让读书成为一种习惯，成为该校“创建学习型校园”的一大亮点。学校积极创设学习环境，大力营造文化氛围，在教师中大兴读书之风。教师书屋环境优雅，图书新颖，吸引教师走进图书馆、阅览室，争分夺秒挤时间学习。一篇篇读书笔记、经验总结、案例分析、教学心得应运而生，为学生的健康成长做了很好的铺垫。

学校还为家长提供学习场所，创设学习条件。与市图书馆联手，利用双休日家长与孩子共同走进图书馆来满足家长与孩子的求知欲望。面向家长，举办“孩子，我想对你说”的征文活动，评选出优秀作品装订成册，作为家长培训的资料。这对家长来说，既是一种学习的过程，又是一种分享和沟通、交流的过程。学校先后被授予“市级文明单位”“省级示范家长学校”“全国示范家长学校”等荣誉称号。家校合作和家长学校的工作，为学校发展掀开了崭新的一页。

（甘肃省教改办推荐）

分层分类走班　让每个学生都能绽放精彩

——山西太原市二十七中努力实现因材施教

【摘要】让每一个学生都能在自己的基础上不断提高，才是真正以人为本的教育。如何在班级授课制的教育背景下有效地解决学生个体差异问题，真正实现因材施教，一直都是普通中学所面临的重要课题。2011年7月，太原二十七中申报山西省教育体制改革试点项目“走班教学模式与管理机制的研究”并获得批准，9月开始在初一年级开展以班级为单位的分层分类走班教育教学的实践与探索。初一教师的教育教学理念不断更新，教育教学质量有了较大的提升，分层走班的尝试初见成效。

借鉴学习，博采众长，制定实施方案

2011年7月，太原二十七中教研室和教务处两个处室组织相关人员大量搜集和阅读资料，参观兄弟学校，在充分论证学校师资、生源、教学条件的基础上，讨论撰写了6 000多字的“分层分类走班”教育实施方案。实施方案主要包括理论依据、教学原则、组织动员、分层操作办法、师资配备、教学要求、班级及学生管理以及可能出现的问题及对策等。

在充分研究本校生源、师资、设施等各方面情况之后，确定在初一年级分两个层次在英语、数学学科进行“捆绑走班”。所谓“捆绑”就是综合学生的英语、数学学习情况，两个班级为一组进行教学班的划分，两个教学班同时交叉授课。这样选择的原因有三。一是物质条件的限制，现阶段校舍和教学设施要求学校只能利用行政班的教室授课。二是师资的限制，无法达到更多层次的走班要求。三是学生的英语和数学学科学习情况有差异，但是根据以往的调查结果，这样的学生不超过5%，并且学校可以灵活对待这样的学生，充分尊重学生和家长的意愿。

2011年秋季开学一报到，学校就专门组织初一年级教师开会，传达课改精神，人人做到熟知分层分类走班教育实施方案。通过学习，大家认识到，如何使每一位学生都能找到适合自己发展的空间，让他们得到充分发展，是分层走班努力想要解决的问题。实施分层走班教学的总原则是从差异出发，为了差异发展，开展有差异的教学，就是承认学生之间的差异，并且直面差异，尊重学生的个性和发展需要，根据学生存在的差异开展分层教学，使每个学生都能够在原有的基础上得到最大的发展，实现“人人发展、个个成功”的培养目标。

开学前后，学校通过家长会、专题讲座等形式向家长宣传学校的办学理念和分层走班的做法，争取家长的理解和支持。90%以上的家长都表示，同意学校根据情况分类施教并将给予积极配合。

分选并重，指导分班，建立走班模式

一、分层走班授课

开学初按照教育局要求，本着均衡、互补的原则，将学生分成四个行政班，每两个班一组，将四个行政班分成两组。开学两周内的主要任务是，快速熟悉了解学生情况，对学生进行学习风格、多元智能、学习态度、自主性、性格、气质等方面的测评，通过数学和英语测验来掌握学生的学习差异；通过与家长和科任老师沟通，增加对学生的了解；开学两周内全体任课教师深入到学生中，力争在短时间内做到熟悉和熟知每一名学生的情况；对于异常学生，做到全面关注和正确评价。

开学两周后，参照每个学生的数学或英语学习情况、学习潜力和学习态度，通过教师建议、学生和家长的意愿来重组数学和英语教学班级。采取"学科教师年级捆绑组合教，学生班级两两组合走班学"的原则。

走班不打乱原来的行政班，只有在上数学、英语课时按照 A、B 两个层次组合的教学班走班上课。教学班由两个行政班的学生组合而成。这两个行政班可以是相邻的两个班，也可以是间隔组合。

每两个行政班按数学和英语分别组成基础强化班（A 班）和拓展提高班（B 班）两个层次的新教学班，这样初一年级四个行政班就重新组合成四个新教学班。其中数学和英语各有两个基础强化班和两个拓展提高班，两个层次的学生采取走班形式分别在两个教室，由数学和英语老师同时上课。除数学和英语两门学科外，其余教育教学活动仍在原行政班进行。

分层走班教学实施的关键，是要发挥学生的主动性和积极性，让每一位学生找准自己的长处和短处，明确自己优势智能所在，这是学生选好学习层次的前提。帮助学生调整好心态，摆正位置，找准层次，消除从众心理，避免"主观向好愿望"，才能消除分层次教学所带来的某些学科处于低层次的心理障碍。在走班前把每个层次水平的目标、教学内容、教学方式、对学生的要求等告知学生，让他们结合自己的情况作自我评判、自我选择。

二、单元走班授课

每周一次，按照学科特点，分单元在不同教室同时由不同教师进行拓展，比如语文，按照现代文阅读、古诗文阅读、写作、基础夯实等单元来拓展。依据教师指导学生选择的原则，学生年级打乱，根据自身情况选择。

三、学科捆绑拓展走班

政治、历史、地理与生物、物理、化学分别捆绑实施学科拓展走班，每周或隔周一次。学生两两班级组合走班学习，教师轮换走班授课，进行学科拓展走班。

四、兴趣特长走班

每周一次，年级学生打乱，根据学生兴趣特长开设相关课程或课外活动组，发展学生的兴趣特长。现在已开设素描动漫课、音乐小组等。

制定教学措施，提高教学质效

一、分层分类制定相应教学措施

力求准确界定基础强化班和拓展提高班，以期提供适合的教学。拓展提高班的学生特点为：基础知识扎实，接受能力强，学习自觉，方法正确，成绩优秀；家长对子女有着良好期望；学生自我抱负水平比较高。拓展提高班应提供的教学策略为：教师指导、学生自主学习，在掌握基础知识和基本技能的前提下，适当拓展。

基础强化班的学生特点为：基础知识一般，接受能力较弱，学习比较自觉或自觉性不高，成绩有待于提高；家长对子女的学习期望一般；学生自我抱负水平一般。对基础强化班应提供的教学策略为：教师加强学法指导，重视学习习惯和学习态度的培养；在掌握基础知识和基本技能的前提下，适当巩固；根据需要适当补习以往的知识缺漏；有针对性地个别辅导。

二、明确分层分类要求，创建优质高效课堂

教务处指导学科备课组开展教研教学，调节教学各个环节，全面提高教学的针对性和有效性。

首先，明确对教师的分层教学要求。分层走班要求任课教师努力做到备课分层、上课分层、作业分层、辅导分层、评价分层，为不同层次的学生提供最适合的教学，促使学生在原有的基础上得到最大程度的提高，得到更快的进步。

其次，通过学科统整来促进教学目标和教学内容的分层。组织骨干教师进行学科统整，研究课标，通读教材和教参，结合实情对初中教材进行系统整合，确定各年级各单元的教学目标、教学重难点以及教学处理的策略。通过学科统整，教师的能力提高了，研究了课标，吃透了教材；教师的眼界变宽了，心中有教材，眼中有学生；教师的目标意识增强了，关注的不仅是一节课，还有学生在整个学段的学科发展。

再次，倡导教师创建优质课堂，设计精品作业。在认真研究学情的基础上，教师根据不同层次学生的学习基础和学习能力，分别设计教案，实行同课异构，分类施教。教师讲学生不懂的重要之处，讲有价值的规律之处，讲“牵一发而动全身”的精华之处，让所有的学生都学会他们能学会的知识。

三、学法渗透，让学生学会学习

“学会”不仅是学会知识，更是学会学习。会学涉及的因素很多，诸如思维品质、习惯养成等等都能促进学生学习能力的提高，从而达到教是为了不教的理想境界。对初一学生，入学前进行系统性学法训练，让学生掌握必备的预习、听课、笔记、作业、拓展、复习六种学习技能，促使他们尽快适应初中学习生活，并将学法训练贯穿整个学习过程，尤其注重开学初、期中和期末三个阶段的学法指导。分层教学重视学法的研究和指导，合理选择讲述、讨论与独立学习等不同形式，培养学生

“自主、合作、探究”的学习方式。

四、定期微调，双向合理流动

初一上学期进行两次流动，初一期末进行一次流动，均以微调为主，每次调整每组教学班不超过五人。在第一次微调之后，有三位学生由于进步显著由基础强化班调整到拓展提高班上课，感到不太适应，申请回原层次教学班学习，学校也在深入了解情况后，尊重学生自己的选择，让他们回到了最适合自己的班级上课。

首先让全体家长了解学生流动的原则和方法。讨论制定了学生流动建议，列出流动原则和依据，从班主任、任课教师、学生个人评价三个方面制定详细的依据。班主任在家长会上给家长详细讲解流动建议，并引导家长认识到最好的班级是最适合的班级，评价自己的孩子要纵向而不要横向比较。在提出流动建议的时候，本着尊重家长意见的原则，让家长全面了解学生的各方面发展情况，最后作出合理选择。

其次通过主题班会和个别心理辅导结合的方法，让学生明白最适合的就是最好的，要看个人发展，不要横向比较，营造人人求进步、进步最光荣的氛围。教会学生正确认识和评价自己，正确对待学习中的进步与挫折。对建议流动的学生，班主任事先要做耐心细致的思想工作，详细了解学生的心理状态，在流动前后做好及时的心理疏导工作。从目前来看，学生的情绪都比较稳定，而且大部分学生在原有的基础上保持了进步的态势。

明确职责，提高差异管理水平

重新界定行政班和教学班班主任（数学、英语任课教师）的职责，明确分工，协作管理，由政教处和教务处分别会同年级组进行管理与评价。

一、行政班班主任协作进行班级管理

安排班主任时两个班级一组，考虑了新老搭配，也就是保证每一组有一位经验丰富的老班主任担任行政班班主任。老班主任不仅要管理自己的行政班，因为两个班级是“同损同荣”，所以也会主动承担起带动年轻教师进步的责任，使两个行政班的管理都得到了提高。班主任管理行政班要关注更多细节，比如走班时课间十分钟的管理，不管是不是自己班的学生，只要在自己班级上课，班主任就负责管理。

二、行政班和教学班班主任协作管理

教学班的教师要当好教学班的班主任。英语和数学教学班的教师当然也会体会到压力，他们也比以往要付出更多。首先是管理，课间要早到教室组织学生走班，安排座位，管理纪律，收发作业也比原来费劲，因为自己教的学生分在两个班级。慢慢地大家也摸索出一些经验，比如安排座位原则上在自己班级的学生不动，来自另一个班级的学生找座位。多和行政班的班主任加强沟通，探讨怎样发挥班级干部和课代表的作用，更好地管理班级等。

三、全面建设有效的班级学习集体，学生分组协管

分层走班尝试以来，班主任以极大的耐心和责任心投入到工作中，利用校讯通积极与家长取得联系，及时协调各任课教师调整教学内容、教学方法，改进师生关系，坚持对学生进行耐心细致的思想工作，组织各种有益的集体活动和小型竞赛，增强班级凝聚力。

对教师的管理采取数学英语任课教师交叉分层任教的原则，即每一个任课教师既要担任自主学习班的教学，又要担任强化提高班的教学，目的是合理利用教师资源，有效地消除所谓的“好老师教好学生”的误会，同

时通过强化团队整体评价、弱化个体评价等措施，调动教师的教学积极性。

学业进步，差异教育初见成效

分层走班教学实施一个学期以来，学生更喜欢学校了，关系更融洽了，互帮互学风气更浓了。从初一测试来看，各学科的学习成绩整体保持了上升的态势，课堂教学效益得到了提高，学生的兴趣和特长也得到了一定程度的发展。更重要的是，分层走班教学得到了教师、家长和学生的认可。一位家长说，在哪个班并不重要，关键是老师能因材施教。教师从一开始对分层走班知之不多到有了较为深入的认识，教育教学理念得到提升。他们认识到，本届初一的学生在不同方面有不同程度的分化，比如在学习能力、学习习惯、学习态度、意志品质等方面都存在差异。进行分层走班教学，教师能更好地针对学生的情况备课分层、上课分层、作业分层、辅导分层和评价分层，学生更容易获得成功的体验，进步的幅度也更大了。

分层分类走班的尝试刚刚起步，也还存在着一些问题：在数学和英语学科分层走班方面，不同自主学习班和强化提高班之间仍存在着差异，教师如何更好地把握不同层次教学班的教学策略；对学生的评价如何体现全面；班级管理如何更细致；怎样在原有经验的基础上，探索适合不同层次学生的课堂教学模式；如何在备课、上课、辅导以及作业、评价等方面进行经验的提升，等等。今后，学校会一直走下去，通过所作出的努力与尝试，为深化教育改革、探索人才培养模式作出积极贡献，让每一个进入二十七中学习的孩子，都能绽放出自己的精彩。

（山西省教改办推荐）

让每个孩子都能全面而富有个性地发展

——北京十一学校基础教育课程改革纪实

【摘要】普通中小学如何构建创新型、个性化人才培养的课程体系，已经成为教育教学改革深水区最艰难也是最迫切的问题之一。作为国家教育体制改革试点项目“深化基础教育学校办学体制改革试验”的实施学校，近年来，北京十一学校以课程建设为龙头推动机制变革，通过构建使学生全面而有个性发展的课程体系，推进教学教育组织形式变革，构建让每位学生为自己成长负责任的教育机制等途径，调动了学生自我发展的主动性，激发了学生的个性潜能，学校的教育教学质量稳居全市前列，课程改革取得了积极成效。

顶层设计，文化引领

一、确立学校核心价值观

制定《北京十一学校行动纲要》，确定学校的培养目标：“学校致力于培养志远意诚、思方行圆，即志存高远、诚信笃志、思想活跃、言行规范的社会栋梁和民族脊梁。”并从学校战略、培养目标、组织结构、教师、学生、师生关系、课程、教育教学、教育科研、决策、管理、评价、资源、家校协作与社会责任等方面确立了学校的核心价值观体系。

二、确立课堂教学与课程改革指导方针

2008 年启动的“课堂成长年”提出：（1）调整教学关系；（2）再造教学流程与删除无效教学环节；（3）课程开发、教材整合与学生认知规律；（4）将落实进行到底；（5）师生关系是有效课堂的基础。

2010 年的“课程成长年”倡导：（1）树立处处是课程、时时有课程的意识。学校所有的教育教学活动和管理工作都要作为课程进行系统设计、深度开发。（2）确立系统的课程观。课堂教学只是教学工作的环节之一，课程的实施应该通过明确教学目标，选择适切的教与学方式，组织丰富多样的学习资源并实现学科教室资源标准化，落实过程评价和终结性诊断，提高教学效益。（3）指导学生学会管理自己的学习。帮助学生进行人生规划，理清职业目标和学习目标，启动学生内在动力；通过分类型、分层次的选择性课程实现因材施教和个别化教育；构建每一位学生为自己负责的教育机制。（4）多元化、个性化的课程实施策略。反对一刀切的教学模式，通过形成十一学校的教学方法体系，帮助学生建构学习方法体系。课堂是课程实施的主阵地，要不断优化课堂教学，立足课堂解决问题。

以课程建设为龙头推动机制变革

一、构建一套使学生全面而有个性发展的课程体系

根据《国家中长期教育改革和发展规划纲要（2010—2020 年）》提出的“深入推进课程改革”“为学生提供更多选择，促进学生全面而有个性的发展”精神，基于学生学习基础、学习方式、成长需求和发展方向的不同，实施各学科分级分类课程，让每位学生获得适合自己的课程（参见下表）。

十一学校分级分类课程设置

分类课程	分级课程	综合课程	新增领域课程
语文 英语 少数民族语言课程（维语、藏语） 小语种（法语、德语、日语、西班牙语、俄语、阿拉伯语）	数学 物理 化学 生物 思想政治 历史 地理	技术 艺术 体育 综合实践活动	商学 经济学 大学先修课程

根据各个学科特点和学生学习的实际需求，语文和英语等语言学科进行了分类课程设计，设置基础课程和自选课程两大部分，基础课程为所有学生的必选课程，依据国家语文课程标准设置；自选课程分补弱类和兴趣提升类两大类，以学生学习语言学科的词汇、阅读、写作等不同内容设置。

按照学生将来发展方向的不同，数学、物理、化学、生物等理科课程分三级设计，史地政分两级设计。数学Ⅰ级主要满足文科高考的要求；理化生和史地政的Ⅰ级主要满足学生高中毕业的会考要求。理化生的Ⅱ级主要满足工程与经济方向学生的理科高考要求；史地政的Ⅱ级主要满足人文与社会方向学生的文科高考要求。理化生的Ⅲ级在满足数理倾向学生的理科高考要求的基础上，在高中课程体系的基础上进行一定的加深，注重学生自主学习能力的培养。

为满足个别学有余力、提前进入大学相关领域学生的学习需求，学校还开设了4门大学先修课程。为开阔学生的视野，将现在的学习与将来的职业倾向结合起来，设置机械技术、机器人技术、影视技术、汽车造型设计等19个模块的分类技术课程；为满足学生的兴趣、特长，培养学生的合作、交往、妥协等能力，设置戏剧课、专业美术、专业音乐等课程。围绕运动项目，设置包括击剑、马术、龙舟、滑雪及特种体育在内的18类体育课程模块，最大程度满足学生的运动兴趣和身体锻炼的需要。

学校课程研究院的调查显示，60.9% 的学生感觉到选课让自己对自己和未来都考虑得更多一些，91% 的学生认为目前的课程能够满足或非常满足自己的学习需要，58.4% 的学生感受到了“较大的自主选择的空间”。调查还显示，通过技术课的学习，63.82% 的同学感受到“开阔了视野，了解了自己以前不知道的专业”，75.38% 的同学“获得了动手操作的机会，学到了一定的专业技能”。52.26% 的同学对技术课感受最深的是“专业能力与专业素养的要求”，68.84% 的同学感受最深的是“动手制作与完成作品”。

高一三班的尹芳妍同学在她的艺术课总结中这样写道：“我不善于表现，更从没试过表演，可是我最终还是在几百人的注视下大方地站在了舞台上。我从没有过为一件事专注地连续耗上 6 个小时，但为它，我做到了。尽管我的表演仍显生硬和稚嫩，尽管我还有这样那样的失误和遗憾，但这个音乐剧仍可以被称为我的成长中一次重要的蜕变。”

二、推进教育教学组织形式变革

分类分层的课程体系使学科教室建设加强并实施走班选课，每个学科都按照学科特点和学生学习需求为其学科教室配备相应的教学资源，实现资源和教学的无缝对接，每个学生都有一张个性化的课表，根据课表到不同的学科教室上课，原有的行政班级管理模式被打破。

学校让每位老师都承担起管理者的责任，并实施以学生的职业引导、心理疏导、学业指导为职责的“导师制”，逐步淡化行政班管理。这些管理举措，解决了长期困扰基础教育领域的管理过度、教育不足的问题，让老师从“警察”队伍中退出来，去除功利色彩，使教育变得更加纯粹，教育的力量更加集中。

学生段亚飞评价说，同学们对导师制十分青睐。他们认为由于人数相对较少，学生个人更容易得到关注；导师的工作重在倾听和引导，尤其是在职业和学业发展上导师给予的建议更加到位。个人存在的问题更能被及时发现，因此批评与建议也容易被接受。导师对学生了解得更充分，包括他们的兴趣爱好和特长。师生之间更容易打开心扉，这不仅有利于人与人之间的交流，还有利于学生的身心发展。李艳琴老师说，在与学生交流当中确实能够感受到学生一步步与老师拉近了距离，慢慢愿意与老师分享一些内心的困惑或秘密，比单纯的任课老师更多了一份责任。

三、构建让每位学生为自己成长负责任的教育机制

着眼于学生的未来发展设计课程，不仅仅是满足学生的兴趣和需要，而且是引领学生的发展，使教育为学生的未来做准备。通过选课，学生不得不把当前的课程学习与自己的兴趣、爱好以及将来的职业联系起来，在选择中学会为自己负责。在学科课程之外，学校开设名家大师进校园、职业考察等课程，通过学分管理鼓励学生创办、参与社团，把运动会、开学典礼、狂欢节、校园舞会等活动的策划、组织交给学生，让学生在不同的活动中找到自我，提高自己的适应能力，激发自己的潜能。

根据《十一学校学分管理办法》，学生在校期间必须参加社团活动。主持一个社团，一学年 2 学分；参加一个社团，一学年 1 学分。要求每学期参加社团活动不少于 10 个小时，活动满 10 个小时计 0.5 学分，三年 2 学分。目前，学校每学期注册学生社团 200 余个，分为竞技体育类、文化艺术类、趣味学科类、科技创新类、思想政治类、社会公益类等，各有特色，相互辉映。学生社团工作在校社团联合会根据《十一学校学生社团章程》统一协调管理下开展。每个学生社团的成立都必须得到社团联合会的批准，在社团联合会注册，其活动、组织章程、规章制度、民主换届等都要得到社团联合会的审核批准，接受社团联合会的监督。一大批有声有色的社团已成为十一学校一道亮丽的风景。如 HCC（热点电脑俱乐部）社团所创网站曾获团中央嘉奖；青年志愿者协会，曾多次获得区级志愿服务先进集体称号和海淀区志愿服务集体标兵称号；海洋星空基金会，是国内首个由中学生发起的关注自闭症儿童的公益社团。

学校在每个学期中间实施为期两周的小学期段，期间不实施统一的课程，由学生进行自主规划和自主学习。在对小学期段学习的调查中，89.9% 的学生选择“有明确而符合自己需要的学习规划”。在时间安排上，87.2% 的学生选择“基本上能够按照学习规划自主安排”，并有 79.0% 的学生认为“基本上达到了预想的目的”。

在初三年级，根据学生的不同特点，在数学学科开设了自主研修班，在化学学科使用自编教材，各学科设置援助课程等。自主研修班的学生中考成绩优异。学校还将原来行政班级的常规管理事务划分为不同的岗位，设置管理与服务岗位课程，由学生自主申报，统一纳入学校学分管理。

改革成果初显，有担当、有个性的学生不断涌现

以上措施充分调动了学生自我发展的主动性，激发了学生的个性潜能，涌现出一大批有担当、有创意、有特长的学生，学校的教育教学质量稳居全市前列。以鼓励学生有社会责任感、有领导艺术和创意为目的的校长奖学金如今已颁奖五届，表彰学生近 200 人。2012 年两会期间，学校“人大代表助理团”的同学在平时搜集舆情民意和调研的基础上形成了八份提案，通过全国人大代表提交到了两会。八条建议关注的层面大到传统文化的传承、改进铁道部工作，小到公共自行车管理、三环路出入口布局，也有涉及自身实际的中学生社会体验、校外食品安全管理等多方面的建议，受到新华社、《北京日报》、北京卫视等多家媒体的关注和肯定。

2011 年 12 月，曾文远同学在第四届“丘成桐中学数学奖”总决赛中表现出色，获得全球第三名。2012 年全国中学生生物学联赛中学校共有 39 人获奖，其中 7 人获北京市一等奖，列北京市第一名。有 6 名同学进入北京市前十名，肖扬波同学名列北京市第一名。2012 年第 25 届全国高

中学生化学竞赛，闫梦晨同学和张佳文同学获得金牌，许宽达同学和黄禹铖同学获得银牌（北京队共获三金五银一铜）。同时，闫梦晨同学入选国家集训队。

2012年4月，学校机器人学生团队在参加2012FLL（First LEGO League第一乐高联盟）机器人世锦赛中国公开赛中，在2011年获得一等奖的基础上更进一步，勇获“最佳团队合作奖”。2012年6月，他们代表中国参加在德国曼海姆举行的2012FLL机器人世锦赛暨欧洲冠军赛（OEC），获得了最佳机器人设计及编程大奖。2012年，在国际马联场地障碍赛（中国赛区挑战赛）中，13岁的苏宇梵同学作为青少年组年龄最小的选手，获得了第四名的好成绩。

十一学校的改革让每一位学生都收获了成长的快乐。以下为2012届高三毕业生在调查问卷中“对母校最想说的话”。

杨愚东：高中在十一度过，是一件幸福、幸运的事，希望我的母校将大气、自由、活泼而不失严谨的校园文化进行到底，相信以后我回首，母校一定是青春年华中洋溢着快乐与希望的圣地，爱你，十一，再会，十一。

江露阳：感谢十一繁多的机会不会让人迷失，而能让人知道真正想要的是什么，作为十一人我骄傲。

晋思琦：在这里，我明白了人生的意义，不仅仅是高考，我庆幸人生宝贵的六年，不用像有的学校的同学们一样在压力与题海中熬过。十一学校是真正懂得“先立人再立学”的学校。

梁清馨：您改变了我对这个世界的认识，让我知道小人物也可以有大梦想，真心感谢您！

……

（北京市教改办推荐）

让高中课程更有生命力

——浙江省深化实施普通高中课程改革

【摘要】近年来，按照“调结构、减总量、优方法、改评价、创条件”的总体思路，浙江制定了深化普通高中课程改革实施方案。重点是加强选修课程建设，转变育人模式，把更多的课程选择权交给学生，把更多的课程开发权交给教师，把更多的课程设置权交给学校，适当减少必修，切实增加选修，实行选课走班和弹性学制，完善综合素质评价等制度，实现学生在共同基础上有个性的发展。

深化普通高中课程改革的背景与意义

浙江于2006年秋启动高中新课程实验，经过几年努力，新课程实验取得了一定成效。课程改革已成为传播先进教育理念、全面推进素质教育、加快教育内涵发展的重要抓手。学校的课程意识大大增强，教师教学与学生学习方式正在发生改变，关注全体学生全面发展的评价体系正在形成。但调研结果显示，高中课程依然还存在诸多问题：新课程理念尚未成为自觉行动，学生个性发展仍未得到应有关注，育人模式转型效果不佳，过度应试的局面尚未明显改变，学生负担仍未减轻，新课程推进与改革目标要求还存在较大差距。

2010年7月颁布的《国家中长期教育改革和发展规划纲要（2010—2020年）》指出，要“推动普通高中多样化发展”“全面提高普通高中学生综合素质”。为此，浙江着手研究深化课程改革工作，提出了“调结构、减总量、优方法、改评价、创条件”的深化课改总体思路。2010年10月，浙江深化普通高中课程改革试点正式列入国家教育体制改革试点。

通过深化普通高中课程改革，一是进一步巩固前一阶段课程改革成果，把新课程改革的理念贯彻到底。新课程实验虽取得了一些成效，但确实遇到了不少问题和难题。普通高中教育越来越应试化，学生的课业负担越来越重，升学竞争越来越激烈。如果不进一步深化课程改革，不仅已有的课改成果不能巩固，甚至改革还会出现倒退现象。二是满足社会对多样化人才的需要。在工业化、信息化、城镇化、市场化、国际化深入推进的时代背景下，经济社会发展对教育提出了越来越高的要求，要求教育培养大量符合经济社会发展需要的各类人才，而现行普通高中教育课程单一、“千校一面”的现状，无法满足经济社会多样化对人才的需要。三是转变育人模式，促进学生全面且有个性地发展。随着人民生活水平的提高，人的全面而有个性的发展显得越来越重要，而现有高中统一的课程、统一的评价，显然不能适应人的全面而有个性的发展培养的需求。必须转变育人模式，优化课程结构，构建富有时代精神、体现多元开放、充满生机活力、多层次、可选择的学校课程体系，引导学生自主选择、自主学习、自主发展。四是加快实现浙江教育现代化。教育现代化要求体现先进教育理念的课程体系建设必须先行，而普通高中课程体系在整个教育体系中处于承上启下的地位，十分关键。

深化普通高中课程改革的主要内容

一、深化普通高中课程改革的指导思想

按照“调结构、减总量、优方法、改评价、创条件”的总体思路，坚持有利于培育普通高中的学校特色、有利于促进学生的个性发展、有利于为国家培养各级各类合格人才的原则，加快选修课程建设，转变育人模式，把更多的课程选择权交给学生，把更多的课程开发权交给教师，把更多的课程设置权交给学校，促进高中多样化、特色化。

二、深化普通高中课程改革的重点

（一）调结构，适当减少必修，切实增加选修。针对普通高中原有课程结构不尽合理，学生自主学习、学校特色发展空间时间不足的问题，减少面向全体学生的统一设置、统一修习的必修课程，增加适合学生发展需要、供学生自主选择的选修课程。大幅度提高选修课程的比例，选修课程占总学分的比例由原来的 19.4% 提高到 33.3%，这不仅扩大了学生选择学习的空间和时间，也为普通高中学校形成办学特色提供了可能。

把选修课程分为知识拓展类、职业技术类、兴趣特长类、社会实践类四类，分类建设选修课程。本次深化课改，进一步明确必修课程面向全体学生，保证学生的基本、基础性学习需要，选修课程着眼于满足不同学生的选择性学习需求，二者相互衔接，既为全体学生打下良好的学习基础，又为学生按兴趣、按潜质发展提供了空间，更好地调动学生学习积极性，进一步提高学生的综合素质和专业素养。

（二）减总量，为选修课程腾出时间和空间。针对当前学生课业负担依然过重、应试倾向依然明显的问题，在确保普通高中必修课程基本、基础性知识要求的前提下，修订教学指导意见，减少面向全体学生的必学内容及学习总量，梳理与整合各个学科的必修与选修内容，明晰不同

学科不同层级的教学模块、教学要求、教学评价，形成各个学科结构合理、层次递进的课程格局，以满足不同兴趣、不同水平学生的学习需求，让学生可以在高中三年宝贵的时间里学习自己喜欢学的、学得会的、符合生涯规划的选修课程，让教育在过程中显示最大的公平性。

（三）优方法，扩大学校课程自主权，实行选课走班和弹性学制。长期以来，普通高中“考什么教什么”，应试过度，课改理论与教学现实极其相悖的状况，制约着素质教育的推进，影响着新课改实验的预期成果。这次深化普通高中课程改革“把课程设置权交给学校”，各个学校在符合课程开设规定动作的情况下，可以根据本校实际和办学特色，自行设计课程规划，自主构建课程体系，根据学生学习实际安排课表，实行选课走班组织教学。普通高中学校在立足自主开发选修课程的基础上，可以充分利用中等职业学校、社会机构等各种教育资源，开发丰富多样的选修课程，为学生选课创造条件。学生在学校的指导下，加强人生规划，制定个人修习计划、自主选择课程学习。选课走班不只是校内走班，还可以走校、走向社会学习；不只是学生走班，还可以教师走教；不只是选修课程走班，必修课程也可以走班。实行弹性学制是加强选修课程建设、实现学生选择性学习的必然要求，也是深化普通高中课程改革的突破点。学生完成各项学业任务后可以提前毕业，这为一些具有特殊才能的拔尖学生实现自主学习、超常学习、创新学习、提前进入大学创造了很好的条件。

（四）改评价，建立学业水平考试和完善综合素质评价等制度。建立普通高中学业水平考试制度，考试科目为语文、数学、外语等 11 门必修课程，各科目每年开考一次，分别在 1 月和 6 月施考。学生可以根据自己的课程修习计划，自主选择参加考试的时间和科目，参加同一科目学业水平考试次数可达两次，以最好成绩记入档案。

进一步完善学生成长记录和综合素质评价制度。学生综合素质评价重在过程，重在导向，坚持过程性评价与终结性评价相结合的原则。全面准确地将课程修习情况、个性特长发展情况记入学生成长记录档案。坚持进一步公开、公平、公正的原则，确保评价结果全面、客观、科学，真实反映学生的学习成果和发展状况。改进综合素质评价标准与程序，提高信息化程度，力求简洁、可操作。

（五）创条件，整合各种有利于推进深化课改的资源。组织各级行政部门做好教育资源的统筹工作，各个学校在充分利用现有办学条件的基础上，积极开发和利用社会课程资源。区域增量教育资源重点向课程改革倾斜，向薄弱学校特别是农村普通高中学校倾斜，加强选课走班设施与设备等方面的硬件保障，重视教师培训，提升教师专业素养，逐步提高教师配备与培训、选课走班设施与设备等方面的课程支撑能力。

逐步实行普通高中学分制收费。以不增加学生经济负担为前提，将学费分为注册学费和学分学费两部分，实行学分制收费。在2012—2013学年选择若干普通高中进行试点。2014年秋季入学，在全省全面执行普通高中学分制收费制度。

深化普通高中课程改革的保障措施与初步成效

一、不断调研和广泛征求意见，统一思想认识

在《浙江省深化普通高中课程改革方案》研制过程中，省教育厅做了大量的前期调研论证和征求意见工作。从2009年开始，多次组织相关人员对全省普通高中实施新课程实验进行全面调研，并与国内外普通高中课程设置进行比较研究。2011年10月，第一次将深化普通高中课程改革方案印发至全省各级教育行政部门、教研室和普通高中学校征求意见。11月起，省教育厅赴设区市先后召开座谈会34次，与会人员738人，充分听取各级教育行政部门、教研室和各个普通高中学校意见。2011年12

月，教育厅召开省内课程专家座谈会，听取对深化普通高中课程改革方案的意见。2012 年 2 月，教育部基教二司在北京召集专家研讨会，听取浙江深化普通高中课程改革方案。2012 年 3 月，教育厅在上海向国家教育咨询委员会专家汇报了深化普通高中课程改革方案。2012 年 4 月，第二次向全省各级教育行政部门和普通高中学校征求课改深化方案意见，要求各学校同时帮助征求学生及家长意见，并在省教育厅门户网站上向社会公布方案征求意见稿。

历经两年多时间的广泛调研与征求意见，通过多角度的调研比较研究，多层面的面对面征求意见，不仅向各级教育行政部门和校长、教师宣传了浙江深化普通高中课程改革的理念，统一了思想认识，不断坚定了深化普通高中课程改革的信心，同时也让浙江深化普通高中课程改革的方案更趋科学、完善、可行。

二、启动选修课程建设试点工作，示范引领实践

2011 年 4 月，省教育厅启动“普通高中多样化发展选修课程建设试点”工作，组织试点学校申报与评审。7 月，在全省范围内确定 30 所试点学校，成立了“浙江省普通高中选修课程建设指导小组”，明确各个试点的任务，研制各类选修课程实施方案。30 所试点学校积极行动，率先制定学校选修课程建设规划，开发选修课程，建立和实行选课走班制度，省教育厅通过召开现场会等形式，指导推动试点工作，为 2012 秋季在全省普通高中全面实施深化课程改革起到很好的引领示范作用。

三、建立浙江省基础教育课程改革专业指导委员会，加强专业指导

2011 年 11 月，为加强课程改革的专业指导，研究课程标准与教材，研制学科教学指导意见与学业质量标准，指导学科课程实施与评价（尤其是选修课程的实施），研究解决课程教学的重点和难点问题，浙江省基础教育课程改革专业指导委员会成立。专业指导委员会下设 30 个专业

组，有 264 名学科专家（高中 11 个组）。基础教育课程改革专业指导委员会成立以来，由大学教授、特级教师、教研员组成的高中学科专家组直接参与了《浙江省普通高中必修课程调整方案》《浙江省普通高中选修课程实施指导意见》《浙江省普通高中学业水平考试实施方案》等方案的起草工作，研究制定了《浙江省普通高中学科教学指导意见》《浙江省普通高中知识拓展类选修课程实施方案》等，梳理与整合学科知识体系，明确必修课程基本、基础性知识要求，明确选修课程如何与必修课程构成层次递进、密不可分的有机整体。

四、建设普通高中选修课程资源库，统筹课程资源

针对农村普通高中学校及城镇薄弱学校开发选修课程的资源和条件相对不足的问题，省教育厅各相关单位正在通过各种途径面向高校、普通高中、中等职业学校和社会机构征集课程资源。在征集基础上，组织课程评审，开发网络课程和电子学习平台，建立选修课程资源库，实现优质资源共享，免费为普通高中选用。目前，共收到选修课程 400 多门，经过专家审议后，将把精品选修课程推荐至浙江教育资源网。浙江计划在 2012 年至少开发 100 门网络课程，供全省普通高中选用。

五、落实课程改革各项培训，提升课程领导力

为配合深化普通高中课程改革，省教育厅从 2011 年 9 月开始，全面部署深化课程改革的培训工作。2011 年 9 月开始，对全省 569 所普通高中校长分六期组织深化普通高中课程改革培训。全省教育行政、教研人员、校长、骨干教师分别参加了省级层面组织的各项培训，培训内容突出学校课程规划、选修课程开发与管理等。通过行政与校长培训，切实转变教育理念，统一思想认识，提升了课程领导能力；通过教研员与教师培训，明确改革重点，把握课程标准，提高选修课程开发开设能力。

六、构建普通高中特色示范学校评估体系，加强考核督查

2011年11月，为推动浙江普通高中多样化、特色化发展，省教育厅印发《浙江省普通高中特色示范学校建设标准（试行）》，决定以创建课程特色为主要内容，开展省普通高中特色示范学校建设评估工作。2012年9月，省教育厅将正式启动普通高中特色示范学校申报工作。同时，省教育厅把深化普通高中课程改革情况纳入对地方政府教育现代化的达标评估，纳入对教育局的教育科学和谐发展体系的强化考核督查，促进各地积极推进深化普通高中课程改革。

深化普通高中课程改革的各方评价

浙江省深化普通高中课程改革方案开始制定到实施，受到各方广泛关注。

2012年6月18日，省教育厅召开全省深化普通高中课程改革视频会议以后，许多媒体纷纷对浙江深化普通高中课程改革情况进行了报道。各媒体报道以后，不少网民也在论坛与微博发表评论："这样的课改从孩子兴趣出发，让更多的高中生从进入高中那刻起，思索自己的兴趣所在，初步规划自己的人生轨迹。""这样的课改，让高中的小孩有了更多发现和培养兴趣爱好的机会。"

部分选修课程建设试点学校的学生先行尝试自主选择知识拓展、职业技能、兴趣特长、社会实践四类选修课程，面对几十门选修课程的菜单，学生对这样的学习方式表现出极大的兴趣。他们认为，拥有了更多的课程自主选择权，就是拥有了更多的自主学习、自主发展的时空，他们高中三年的学习生活一定会更丰富、更有收获。

高中校长认为：深化普通高中课程改革，直面了学生的共同基础——

人之为人的现代公民素养；直面了学生的差异发展——顺应学生的选择；直面了学生成长的质量——基于每个人的幸福成长。

（浙江省教改办推荐）

在“深水区”探索　在攻坚中突破

——广东深圳市基础教育课程改革试点工作及其经验

【摘要】近年来，深圳市在课程资源、考试评价改革、管理制度配套等难题上攻关，以培养创新人才为目标，以“巩固、提高、突破”为主题，“重视顶层设计，强化制度引领”，“分类集团推进，尖兵局部突破”，“推进基层创新，促进百花齐放”，坚定不移地推动基础教育课程改革向纵深发展，形成了尖兵学校引领、学校集团跟进、上下联动、共同发展的课改新格局。

背景介绍

2001年，深圳被教育部确定为首批国家级义务教育课程改革实验区。2010年，深圳又被确定为国家教育体制改革试点项目“深化基础教育课程、教材和教学方法改革”的试点城市。如何巩固十年课改在理念、制度、课程、教材、教学等方面的优秀成果，促进课改成果系统化制度化？如何在课改“深水区”中突破人才培养模式、课堂教学方式和综合素质评价的瓶颈，为全国深化基础教育课程改革创造新鲜经验？这是时代赋予深圳先行先试的历史使命。

自2001年启动新课程改革以来，深圳课程改革取得了显著成效，新课程理念得到广泛传播和普遍认同，课堂教学发生了多方面的深刻变化，学校课程有了很大丰富，教师队伍专业水平得到很大提高，涌现出一批课程改革先进学校，为深化课程改革积累了比较丰富的经验。但推进课程改革试点工作仍然面临一系列困难与挑战，比如校长队伍对课程改革的领导力还不够强，教师队伍投身课程改革的内在动力和新课程实施能力还不足，教研科研对课程改革的专业指导和服务还缺乏有效性，三级课程体系还不太协调，课程和教材的多样化和选择性还不适应学生个性需求，很多制度和政策也还不配套。

全面推进课程改革试点工作，没有成熟的经验和模式，面临一系列深层次观念障碍、体制矛盾和难点问题，需要创新体制机制，充分激发学校课改内动力，大力推进基层创新，率先在局部突破，不断积累经验，逐步走向全面深化。

基本思路与推进策略

基于课程改革的现有基础和面临的困难，深圳市推进课程改革试点工作的基本思路是：以科学发展观为指导，以培养创新人才为目标，以巩固、提高、突破为主题，创新机制，分类推进，强化特色，共同发展。巩固 12 年课改在理念、制度、课程、教材、教学等方面的优秀成果，促进多年课改成果系统化制度化；提高课程建设、学校特色、教师专业发展水平；突破人才培养模式、课堂教学方式和综合素质评价，切实减轻过重课业负担，努力培养具有社会责任感、创新精神、实践能力和健全人格的新型人才，引导中小学均衡发展、内涵发展、优质发展。

深圳市课程改革试点工作的推进策略如下。

重视顶层设计、强化制度引领。根据国家教育体制改革的总体要求，深刻把握课程改革的阶段特点，明确课程改革试点的目标、方向、原则，通过一系列的制度设计，强化政策支持和资源保障，激发学校课改积极性，引领各类学校全面参与课改。

分类集团推进、尖兵局部突破。按照课程、教材和教法三个方面的主要环节对课程改革项目进行分类，由学校结合校情，因地制宜，扬长避短，自主选择课改试点项目，每一类项目都有一批学校形成集团共同试点，在试点中培育课改尖兵学校，谋求局部突破，形成以点带面的态势。

推进基层创新，促进百花齐放。把课改重心落到基层，以学校为主阵地，鼓励和支持学校解放思想、大胆创新、观摩借鉴、特色发展，形成相互激励、共同进步、百花齐放的改革局面。

主要举措与阶段成效

一、以制度建设为突破口，激发学校创新活力，形成分类集团推进、百花齐放的课改新局面

在课程改革试点中，深圳市围绕课程改革试点的方向引领、实施路径和质量保障等关键环节，着力推进以下各项制度建设。

（一）素质教育特色学校创建制度。深圳市着力推进德育、体育、艺术教育、科技教育、校园文化、课程改革六大门类素质教育特色学校创建工作，2011 年首批 61 所学校获特色学校创建资格，财政每年给予中学 30 万元、小学 20 万元经费资助，鼓励和支持学校强化特色项目，开发特色课程，推进学校特色发展。到 2015 年，力争建成 100 所素质教育特色学校。

（二）基层创新现场会制度。为激励学校课改积极性，推动广大学校投身课改，深圳市建立了基层创新现场会制度。现场会不定期举办，以区为单位，各区自定主题，多所学校同时展示，全市共同观摩、交流创

新举措和特色成果。目前已有福田、南山、宝安、盐田等区和深圳中学等学校，先后举办了六场“深圳市中小学课程改革基层教育创新现场交流会”，全市形成了“比、学、赶、帮、超”的课改工作新局面。

（三）行政、科研、学校“三结合”制度。为提升课改专业指导的针对性和实效性，深圳市建立由教育行政部门、科研教研机构和学校“三结合”的课改指导专家团队，挂点联系学校，深入课堂，深入学科，帮助学校总结、提升和推广原创经验。目前，已组建了覆盖中小学全部学科的课改指导团队。

（四）“百校扶百校”制度。为帮助薄弱学校深化课程改革，深圳市建立了“百校扶百校”制度，在全市范围选择101所发展水平比较高、课改能力比较强的学校与101所课改相对薄弱的学校结对子，通过结对帮扶，增强薄弱学校课改能力，促进内涵发展，共同进步。

（五）编制学校改革和发展行动计划制度。深圳市、区教育局要求每所学校制定5～10年改革和发展行动计划，把课改作为学校改革发展的核心工作，厘清思路，明确目标、任务、措施，把课改内化为学校长期的任务和行动。

为保障各项制度顺利实施，市、区两级教育部门努力做到课程改革试点工作的“六个落实”，即领导落实、经费落实、规划落实、组织落实、政策落实、督导落实。经过一年多的试点，全市形成了一批课程改革特色项目，每个特色项目都有一批学校同时在试验，每个特色项目都产生了领军学校，形成了尖兵学校引领、学校集团跟进、上下联动、共同发展的课改新格局。

二、以转变教学方式为重点，积极创新教学方法，努力构建多样化课堂教学模式

转变教学方式，一直是中小学课程改革的重点与难点。深圳市采取课题引领、教研推动、基层创新的方式，推动课堂教学方式变革。在

创新教学方法、优化教学行为、构建课堂教学模式等方面，规划了一批“草根”课题，引导广大教师在岗位中研究，在实践中深化，着力培养学生的学习能力，促进学生团队合作、自主学习、快乐学习。目前，深圳市课堂教学改革已进入创新教学方法、建构课堂教学模式的新阶段，形成了自主探索、百花齐放、个性发展的良好态势，一批学校在分类集团推进中脱颖而出，成为课程改革领军校。

案例 1：

“我的课堂我做主”——福田、宝安、南山三个区大力推进学生自主学习。颠覆传统课堂“教与学”的模式，老师“隐身”，“让学生当老师”，由学生来唱主角，先学后教。学生根据老师确定的探究目标，自主完成课前准备、课堂交流、小组合作学习成果展示。自主学习极大激发了学生的学习兴趣和参与热情，培养了学生的学习能力和协作精神，让学生在快乐学习中幸福成长。目前，全市超过 10 万名学生开展自主学习，一批原本默默无闻的学校成为学生自主学习的示范校，教育教学质量得到显著提升。

案例 2：

“八岁能读会写”——南山实验学校语文教学新方式。南山实验学校在语文教学中，抓住儿童由口语向书面语言发展的敏感期（6 至 8 岁），借助信息技术，整合识字、阅读、写作和语文综合性学习，在不增加语文课时和学生负担的前提下，实现 8 岁能读会写，学生的情感、个性、认知、语言得到协同发展。目前，全国有 10 多个省市的 46 所小学主动申请加入“八岁能读会写”实验，1 000 多名教师定期赴深圳南山实验学校培训，使用该校实验课程及实验教材。

案例 3：

“自然分材 · 四环节”——宝安区文汇中学分层教学新模式。文汇中学瞄准课堂教学改革，实施“自学”“互帮”“点拨”“测评”四个彼此联系的环节，让课堂教学随学生的学习差异自然分化，指导学生研究解决学习中存在的问题，通过一系列辅助策略，让学生“顺势而学”。新的课堂教学模式营造了以幸福指数、感情调节和师生合作为标志的和谐教育环境，实现了弱生上进、优生更优、全体学生齐发展的目标。

三、以精品校本课程开发为着力点，全面落实国家课程，不断优化具有地方特色的课程体系

提高课程建设水平，完善三级课程体系，是深圳市课改试点的重头戏。深圳市的做法是：国家课程开齐开足，重点开发国家选修课程，努力扩大国家课程选择性，满足学生多样化需求，促进学生个性成长；地方课程建设稳步推进；学校课程建设内容广泛、形式活泼、类型多样、特点鲜明，在德育、科技、法制、艺术、安全、环保等方面开发了一批精品课程，有力促进了学生个性发展和学校特色发展。

案例 4：

深圳中学选修课程。学校按照学生个性发展需要，开设常规课程、自主课程、国际课程和荣誉课程四大课程体系，覆盖 8 个学习领域和 17 个科目，共 100 多个模块，形成了完整的选修课程体系，确保每个年级 1 000 多名学生能够面对总数近 400 种的个性化课程选择，在全国课改中被誉为“深中模式”。与比亚迪公司、腾讯公司、深圳华大基因研究院、深圳光启研究院等深圳知名企业和研究机构合作，建立体验中心和人才培养基地，让前沿科学实验在学校落户。

2011 年，深圳市教育局推进六类素质教育特色学校创建后，各区也陆续开展素质教育特色学校创建工作。目前，全市中小学培育了很多办学特色项目，每一类特色项目都有一大批学校同时在创建，都产生了一

批领军学校，形成了中小学办学特色的百花园。南山区育才中学因“课程超市”闻名遐迩，成为广东省“普通高中课程实验样本校”。宝安中学编写出版国内首部中小学生生存教育读本《学会生存在中国》、国内首部应急避险教育读本《应急求生教程》。宝安区开发的地方课程“京剧进校园”，已经成为全国瞩目的文化现象。

四、以改进和发展为导向，创新义务教育学校办学水平评估，基本形成发展性学校评价体系

随着学校进入内涵发展的新阶段，如何评价学校发展水平，是当前课程改革的新问题。2008 年深圳市就着手研究制定以学校内涵发展为重点的学校评价体系；2011 年义务教育学校办学水平评估全面推行，目前正式参评的义务教育学校已有 100 多所。各区各学校对评估标准和做法充分肯定，评估效果明显。办学水平评估已经成为深圳市激发学校自主发展积极性，引导学校走向内涵发展，增强学校课程改革自觉性的有效途径和重要抓手。

深圳义务教育学校办学水平评估体系是集中全市最优秀的教育专家团队，在充分借鉴当前国内外最先进的教育评估理论和评估经验基础上集体研究出来的成果。评估体系包括领导与管理、课程与教学、学生发展、教师发展、学校发展五类一级指标，涵盖学校内涵发展的各个方面，采取学校自评与外部督评相结合的方式，强化对学校的导向、诊断、调控、改进与激励功能，引导和帮助学校提高自主办学能力，积极推进课程改革，争创办学特色。义务教育学校办学水平评估具有强制性，每四年为一周期。

五、以促进师生发展为根本，创新师生评价办法，基本形成多样化的评价格局

深圳市研究制定教师专业发展评价办法，采取分层评价方式分别对教师进行专业发展评价。构建了学生发展性评价体系，完善了学生综合

素质评价办法和学分制管理办法，改变了用单一成绩评价教师和学生的做法。罗芳中学打破传统的应试教育评价观念，以学分衡量学生学业和德育表现，培养学生综合素质，促进学生全面发展。布吉高中、滨河中学、六约小学等学校探索建立了“星级教师”评价机制。

深圳市还改变对学生课业成绩的单一评价标准，特别重视减轻中小学生过重课业负担。研究制定《关于进一步规范办学行为切实减轻中小学生课业负担的若干意见》，规范编班管理、作业管理、考试管理、竞赛管理、校外活动管理、学生在校学习时间，禁止违规补课，建立学生课业负担督查和责任追究制度，努力构建政府、学校、家庭、社会共同减负的机制。中小学生的过重课业负担已经得到一定程度的减轻。

六、以搭建专业发展高端平台为抓手，创新继续教育模式，提升教师实施新课程能力

名师名家是深化课改的领军力量。深圳市以“名师工程”为平台，建立名师名家工作室，举办“深圳教育论坛”，开展“教师海外培训”，多途径培养名师名家队伍。2011 年建立了 10 个名校长工作室、28 个中小学名师工作室、19 个教育科研专家工作室，每个工作室都有 1 位名师或名家主持，带领 7～15 位骨干成员，以 3 年为周期，财政每年为每个工作室资助 20 万元经费，支持开展课题研究，培养骨干队伍。至今已举办 18 期“深圳教育论坛”，接受海外培训的骨干教师已达 3 000 多名，已形成以名师名家为引领的课改梯形团队。

加强区域培训和校本研修，形成适应教师专业发展不同阶段的培训体系，也是深圳市教师继续教育的一大亮点。针对新教师设计了岗前拓展体验式和参与式培训；针对刚入职教师提出了“明师工作坊”，培养新教师常规教育教学能力；针对成长教师开发了“五段互动式”培训，通过专家讲座、新秀授课、现场点评、同行辩课、研修反思五个阶段，着力提升教师教学能力；针对骨干教师，建设“名师工作室”、开展海外培

训。由于培训方式强调学以致用，得到广大教师的认可和欢迎。如深圳市宝安区的“五段互动式”培训，被各方面充分肯定。

深圳市课程改革试点的经验表明，课程改革是一项影响深远的系统工程，对全面贯彻实施《国家中长期教育改革和发展规划纲要（2010—2020年）》，加快建设教育强国，都有重要意义。必须以实事求是的态度指引和推进课程改革；必须以渐进式的改革策略推行课程改革；必须以整体性和全局性的战略眼光推行课程改革；必须以学校为主阵地、以教师为根本，尊重广大学校和教师的首创精神。

（广东省深圳市教改办推荐）

农科教结合　普职成融合
培养新型农村普通高中学生

——重庆市推动农村普通高中特色多样发展

【摘要】近年来，重庆市江津第五中学（以下简称江津五中）深入开展农村普通高中文化教育与职业教育相结合的办学模式，确立“3211”培养目标体系，着力推进普通高中课程设置、课堂教学、管理模式等改革，建立学生劳动技能实习实作基地，开展普职融合教育教学模式探索，让学生掌握一技之长，创新农村普通高中人才培养模式，既优化了学生的知识结构，又提升了学生的学习能力、适应环境能力、实践创新能力和可持续发展能力，有利于为“三农”建设提供合格人力资源，有利于促进城乡统筹与发展，走出了一条农村普通高中课程改革的新路子。

主要措施和做法

传统教育过多的规范化、标准化拘囿了学校个性的张扬，造成了中小学教育发展的同质化现象，甚至出现“千校一面”的状况，学校、教师、学生缺乏个性与活力，三者发展的空间狭窄、资源稀少、路径单一、模式雷同。针对这一现象，江津五中整合区位优势和资源优势，深入开展“农村普通高中文化教育与职业教育相结合的办学模式研究”，确立

“3211”培养目标体系（学生在高中三年中，学习两项实用技术，获得一个普高毕业证和至少一个劳动技能证书），增设实用技术管理及考核处，配备干部和工作人员5名，利用现有的700余亩土地资源建立学生劳动技能实习实作基地，全面开展普职融合教育模式改革试验。

一、科学规划，找准目标

科学规划劳动实作基地的发展方向：180余亩的水域面积主要发展锦鲤、锦鲫、金鱼等生态观赏鱼；500余亩土地分别栽种柑橘、柠檬、枇杷、花椒40 000余株，打造科技示范园；修建3 000平方米符合生产标准的猪舍、兔舍。设置园艺工、果树技术员、家禽饲养工、家畜饲养工等种植、养殖专业课程，目标是让学生在高中阶段学好文化知识的同时，掌握一至两门农业实用技术，成为“升学有基础，创业有技术”的新型农村普通高中毕业生。

二、争取支持，改善条件

构建普职融合教育工作得到江津区委、区政府的高度重视和区级相关部门的大力支持。区教委每年拨付专项资金50万元用于基地建设；区农业综合开发办公室拨付专项资金170万元用于基地蓄水池灌溉、输水管安装、排洪沟改造；区编办为学校安排专业课教师编制；区人力资源和社会保障局每年到学校对学生进行免费技能考核；区科委每学期派专人到学校宣传科普知识；区农委定期派技术员到学校指导种植、养殖技术。

三、校本研究，博采众长

组织农技专家和专业教师深入开展农技学科校本教材研究活动。大胆汲取农科院校教材科学性、技术性强等优点，增加符合中学生特点和便于实际操作的知识内容，重点强化在本地区经济发展中需求旺盛的柑橘、花椒、生猪饲养等方面的知识。在教材体系编排和写作上，遵循循序渐进、重点突出的原则，综合采用插图、农谚、口诀等形式，增强了趣味性。编写《农技教材使用说明》，对教师教学行为和学生学习方式提出详细要求，强调在教学过程中加强师生双向式互动，让学生不仅懂基本原理，而且会亲手操作和管理。

四、改革课程，普职融合

把规定课时分成文化课和实用技术课，通过调整课时计划，降低文化课难度，落实专业课教材，选调专业课教师，确保实用技术课落实。为激发学习兴趣，针对学生特长及实用技术特点采取农技课“选课制”，即按学生意愿自主选择学习科目。高一年级每周开设2节基础理论课，主要学习基础理论，掌握养猪、养鱼等动物饲养基础知识，初步了解植物生长规律以及果树栽种和管理的有关知识。高二年级每周开设4节实习实作课，主要根据学生自选课程，分科、分组、分项进行实作培训，让学生基本达到劳动部门的考核标准。高三年级每周开设2节农户经营与管理课，主要巩固提高实作技能，学习农产品加工、经营与管理、商品推介等知识。

为增加实习实作机会，学校把学生和教职员工一并纳入基地建设管理体系，实行“分片包干、全员参与”，划分责任区域，按照《基地日常管理守则》相关要求对责任区进行管护。同时，定期开展劳动技能竞赛、成果大比拼、“环保我最大”等活动，提高学生种植、养殖技能。学生成绩考核分为文化考试和技能考核。文化考试中，语文、数学、英语、微机科目参加市教委组织的毕业会考；其余学科由区教委会同学校进行。技能考核，分为阶段考核和达标考核，有笔试和现场操作两种形式。学校实用技术管理及考核处会同当地农业部门每学期实行阶段考核；高中毕业后，由区人力资源和社会保障局按标准进行达标考核。

五、引进资源，校企合作

充分利用在渝高校的科研资源和人力资源，经常邀请西南大学的专家现场指导，专门从该校选调和聘请八名专业技术教师，并定期将本校教师送到西南大学参加技术培训，弥补了自身教学资源不足的短板。2008年，学校引进西南大学的研究成果——晚熟柑橘越冬保果技术和花椒高产优质栽培技术，获得收益近30万元，成为西南大学的学生实习基地。澳门恒河果业重庆有限公司帮助基地引进国内缺乏的诺娃、清见、阿芙洛、天草等晚熟柑橘品种和意大利优质柠檬品种尤力克，定期到学校免费进行观察、扩繁、培苗等管理方面的技术培训。四川绿果林公司常年为基地提供优质果品套袋。重庆锦程实业有限公司与学校在果品销售和苗木生产上也建立了密切合作。

主要成效

一、全员齐参与，基地大丰收

经过师生共同努力，基地建设六年来，共出栏商品猪3 000头以上、商品兔20 000只左右、观赏鱼30万尾，共采摘110万斤柑橘、20万斤花椒，经济总收入达1 200万元以上。

二、学生强素质，发展有后劲

目前，学校无一人辍学，教育教学质量明显提高。2010年至今，全校高中毕业会考一次性合格率为95%以上；4 200名高中毕业生中，共有2 940人获得区级劳动部门颁发的技能等级证书，约占毕业生总数的70%。2006级学生熊利高中毕业后，利用在基地学到的技术协助父母在江津区石门镇金龙村建晚熟柑橘园1 000余亩，年收入在150万元以上。

三、学校增效益，学生得实惠

养猪场每年出栏商品猪 500 头以上，全校师生员工食用的猪肉完全由基地供给，每年为师生节省近 10 万元。师生日常生活所需的柑橘、柠檬、枇杷等基本达到自给自足，学校成为远近闻名的生态循环校园。每年 12 月，学校举行柑橘节、柠檬节，开展摘果、套袋、装箱竞赛，吸引众多客商前来洽谈果品收购业务，2011 年仅晚熟柑橘园就为学校创收 30 万元。所有项目加起来，学校平均每年收益约 180 万元。学校利用此项资金修建了一个功能完善的乒乓球馆，并重点投入到学生“奖优扶贫”工作，每年资助 500 名学生，人均 1 500 元，共有 3 500 名学生得到约 525 万元的资助，顺利完成了学业。

四、辐射作用强，群众齐致富

会同当地农技部门定期组织“基地农民班”集中教授农技，并提供场地实习。离学校较近的李家村、永安村模仿五中种植 3 000 多亩晚熟柑橘，年产量高达 60 万斤，经济效益为 500 多万元，成为江津区有名的晚熟柑橘带。基地农民班 2007 届学员苏慧，在江津区石门镇白坪村承包 600 亩土地，综合种植枇杷、柑橘、龙眼、花椒，年收益在 80 万元以上，成了当地的“致富明星”。

今后，该校将努力促进农科教紧密结合、普职成有机融合，通过送教下乡、技术培训等方式推广农业新技术，使学校成为农业科技推广服务的“中心”、农村高素质人才成长的“摇篮”、区域小康社会建设的“助推器”。

（重庆市教改办推荐）

使每个残疾学生的身心都得到全面发展

——上海市积极实施特殊教育医教结合发展模式

【摘要】近年来，上海市积极实施特殊教育医教结合发展模式，采用教育、医学、心理等多学科合作的方式，根据残疾儿童身心发展规律和实际需求，对残疾儿童实施有针对性的教育、康复与保健，开发其潜能，力争使每个残疾学生的身心都得到全面发展。其重点在于为残疾儿童提供多学科结合的全方位服务，通过建设教育、卫生、民政、残联等相关部门合作的管理机制，制定相关人员配备、经费投入、资源配置等政策，从制度上保证了医教结合的顺利实施。

实施背景

特殊教育事业是残疾人教育事业的重要组成部分，《国家中长期教育改革和发展规划纲要（2010—2020年）》和《上海市中长期教育改革和发展规划纲要（2010—2020年）》的颁布，提出了新时期特殊教育事业发展的任务，引领特殊教育事业向更高的目标迈进。特殊教育的根本目的是促进残疾学生身心全面发展，使之融入主流社会，适应社会生活。盲、聋、弱智、脑瘫、自闭症等残疾儿童，其残疾类型、残疾程度和年龄阶段不同，教育与康复需求也各不相同，单一的教育手段和医学手段虽有效果，但都只能局限于某些特定领域，只有当这两种手段有机结合才能达到优势互补，实现效益的最大化。因此，实施医教结合能满足残疾儿童的发展需求，也是国际特殊教育发展的趋势。

特殊教育实施医教结合，旨在采用教育、医学、心理等多学科合作的方式，根据残疾儿童身心发展规律和实际需求，对残疾儿童实施有针对性的教育、康复与保健，开发其潜能，使每个残疾学生的身心都得到全面发展。推进特殊教育医教结合不仅是落实“以人为本”理念，实现特殊教育内涵发展的必然要求，也是特殊教育现代化和国际化的必由之路，更是上海特殊教育转型发展的现实要求。

长期以来，上海已基本形成以特殊教育学校为骨干，特殊教育班和随班就读为主体，送教上门、社区教育为补充的从学前教育到高等教育互相衔接、普特融合的特殊教育体系。对特教学校学生实施免费义务教育，积极开展帮困助学工作，保障残疾学生的受教育权，并且加大特教经费投入力度，引进现代信息、康复等先进的设施设备与技术，改善了特殊教育的办学条件。积极开展特教课程改革，编制了辅读学校、聋高中、盲高中课程方案和学科课程标准，改进教育教学方法，特殊教育质量有较大提高。加强特殊教育师资队伍建设，特教师资队伍向年轻化、专业化发展，全市专任教师中，40 岁以下青年教师占 71%，具有大专及以上学历的教师占 94%，特教教师的专业素养有大幅度提高。

当前，上海的特殊教育发展正处在从关注量的扩展转向注重量质并举、从关注基础建设转向注重内涵发展的重要阶段，上海市副市长在市特教工作会议上指出：“上海要成为国内特殊教育最发达的城市，上海的特殊教育要最先达到国际先进水平，上海最好的学校应该是特殊教育学校，特殊教育应该成为上海教育的名片。”明确了新形势下上海特殊教育发展的目标，为特殊教育转型发展指明了方向。推进医教结合，正是创新教育机制、深化特教改革、实现内涵发展的最好载体。

实施过程与主要成效

为加强对医教结合的研究，上海建立了“推进医教结合，提高特殊教育水平”项目，组建了由教育、卫生、民政、残联以及教育科研、教研、教育技术装备、远程教育、特教资源中心等各方面成员组成的研究团队，确定十个区县作为试点区县，参与项目研究。项目确定“以实施‘医教结合、按需施教、开发潜能、人人有所发展’为目标，提高特殊教育的科学性、针对性和有效性，构建满足残疾学生身心全面发展需求、医教有机整合的特殊教育支持保障体系，全面提高特殊教育发展水平”，从上海特殊教育事业发展的实际出发，采取“围绕核心目标，市区联动，各有侧重，整体推进，凸显特色”的研究策略，从市级和区县级两个不同层面开展相关研究，成效显著。

一、提供多学科结合的全方位服务

医教结合的理念在上海特教界具有广泛的认同感，并且在实践层面开展相应的研究。上世纪 90 年代，随着助听器技术在聋儿中的运用，聋校、学前聋教育点开始对聋儿进行听力言语训练。近年来，随着脑瘫、自闭症儿童进入学校，特教学校的教师越来越认识到医教结合对于残疾儿童发展的重要意义，因此，一些特教学校自发地邀请一些专科医生参与脑瘫、自闭症等儿童的康复，开展医教结合实践探索。为使学校的自发行为转变成自觉的行为，进而成为推动特殊教育改革和发展的动力，上海从残疾儿童发展的实际需要出发，整体设计多学科合作的特殊教育医教结合的实现路径，为残疾儿童提供全方位的医教结合服务。

（一）拓展服务领域。特殊教育医教结合必须符合特殊教育发展规律，立足于残疾儿童的发展需求，上海在“以人为本”的理念指导下，把着眼点放在满足残疾儿童的需求，根据盲、聋、弱智、脑瘫、自闭症等残疾儿童实际需求，将特殊教育的服务领域拓展到教育、康复和保健。为每个残疾儿童建立个别化的教育、康复计划和个人健康档案，实施从学前教育到高中阶段教育全程、全方位服务。

（二）开展医学与教育评估。评估是对残疾儿童实施有针对性服务的起始环节，通过开展对残疾儿童评估的研究，对每个残疾儿童进行教育评估和医学评估，全面了解孩子的服务需求。上海进行了评估内容与评估工具的开发，编制了残疾儿童健康检查项目，开发了感知能力、认知能力、运动能力、言语能力、社会适应能力等残疾儿童身心发展五大领域和小学语文、数学评估工具。设计了评估制度，为每个残疾儿童进行入学前的残疾诊断和健康检查，组建由医学专家、心理专家、特殊教育专家组成的评估小组，依据检查结果对每一个残疾儿童开展评估，提出入学安置建议和教育、康复、保健建议，为学校开展个性化服务提供依据。入学后，继续定期开展医学检测与评估，并且根据教育康复、保健的进展情况开展过程性评估，增强了特殊教育的科学性和有效性。

（三）加强医教结合课程建设。组织专家编制各类康复课程指导纲要和教师用书，完善从学前教育到义务教育阶段康复课程体系建设。改革课程实施模式，探索将日常教学工作与相关康复、保健工作相整合的课程实施方案，注重个别化教育，整合教育、医学等多学科资源有效实施课程。

二、建设多部门合作的管理机制

医教结合是一项跨学科、跨领域的工作，需要各方面的共同参与。上海注重加强多部门合作的管理机制建设，发挥各部门的专业优势，建立工作制度，共同开展医教结合工作。

（一）加强政府相关职能部门的合作。在市、区县政府的领导下，教育、卫生、民政、残联等部门加强合作，明确各部门的工作职责，各司其职，分工合作。通过建立联席会议制度、建立专家咨询委员会等方式，定期不定期地研究医教结合工作，解决工作中的难点问题，共同协商，推进医教结合工作。

（二）加强学校与医院合作。在市、区县教育、卫生部门的共同努力下，根据区域特点和残疾儿童的实际情况，开展学校与医院结对、指派医生定点到校服务等方式，加强学校与医院的合作。

（三）加强教师与医生合作。根据医教结合的需要，加强了特教学校专职康复教师队伍和区县指导医生队伍建设，每个特教学校须根据本单位残疾儿童的情况设置专职康复教师，市、区县卫生部门须建立一支由运动康复、行为心理、保健听力言语、视力等方面专家组成的指导医生队伍，进入学校为残疾儿童开展医学评估，指导教师开展康复训练，为家长、教师提供咨询服务。

三、构建多层次互动的服务体系

医教结合的实施面向所有残疾儿童，不仅要为特教学校的学生服务，还要为面广量大的随班就读和送教上门学生服务。为此，根据上海的地域特点，建设多层次互动的医教结合服务体系，实现医教结合服务全覆盖。

（一）强化区县特殊教育指导中心的作用。区县特殊教育指导中心担负着随班就读、送教上门工作的业务管理、专业指导和服务工作。根据医教结合工作的要求，中心要指导各校开展对随班就读、送教上门学生的评估和个别化教育、康复、保健计划的制定与实施，还要负责与医疗机构的联络，指派相关医生前往学校开展医学服务与指导，并且要提供康复辅助器具的出借、管理、使用指导等服务。

（二）建立盲、聋教育康复指导中心。上海视力、听力残疾学生相对较少，中重度的残疾学生集中在一所盲校和四所聋校就读，轻度残疾学生在普通学校随班就读。为充分发挥盲校和聋校在视障教育和听障教育方面的优势，依托这五所学校成立视障、听障教育指导中心，由中心与相关医疗机构合作，为全市所有视力残疾、听力残疾随班就读学生提供视障、听障医教结合专业服务。同时，建立视障、听障教育指导中心与区县特殊教育康复指导中心的合作机制，明确各自的工作职责和任务，分工合作，共同为服务区域内各类有视力、听力残疾的儿童提供教育、康复与保健服务，为其家长、教师提供相关的咨询、指导服务，形成市、区县、学校三级服务网络。

四、建立多领域联动的支持系统

医教结合是一项系统工程，需要建设一个强有力的支持系统，确保各项工作的有序进行。上海从人员配备、经费投入、办学条件改善、网络平台建设、资源开发等多个领域开展研究，为医教结合的推行建立保障。

（一）建立有利于推进医教结合的政策保障。在 2012 年召开的市特教工作会议上，市政府推出的“关于本市特殊教育师资与生均公用经费配备标准”，对特殊教育学校的教师编制标准、随班就读学校配备专职特教教师、巡回指导教师编制都进行了明确的规定，并确定特教学校要设立医务室，配备校医和专职康复教师。将生均公用经费标准提高到 7 800 元，并且明确要求各区县要将医教结合经费纳入年度预算，从人力、财力两方面保障医教结合工作的有力推进。

（二）优化特殊教育设施设备配备。组织力量研究和编制普通学校资源教室、学前特殊教育点的教学与康复设施设备配备指南，指导学校科学合理配备特教资源，并且加大经费投入，优化配置教育资源，为学校配置大量教育教学与康复设施设备。

（三）建设特殊教育信息通报系统。进行特殊教育信息通报系统软件与网络平台开发，整合卫生、残联、教育的信息，实现残疾儿童从发现、诊断、随访、安置、就读直至毕业全员、全程跟踪服务，为每个学生建立个人成长档案，记录整个发展过程。为学校掌握残疾学生的基础信息，制定个别化的教育计划提供服务，并为特教事业发展决策提供依据。

（四）建设特殊教育资源库。根据医教结合工作的要求，通过文字、图片、多媒体等技术，展示课程与教学、康复与干预课程实施的经验，介绍教具、学具和康复辅助器具的功能及使用方法，为特教工作者提供丰富的、满足医教结合工作需要的资源。

特殊教育实施医教结合是一项开创性的工作，也是一项长期的任务，目前的研究刚刚开始，还有许多问题需要作深入的研究，上海将加强对医教结合的理性思考，进一步开展实践探索，建设符合上海特点的特殊教育医教结合公共服务体系。

（上海市教改办推荐）

办学体制改革专题

建立中小学校务委员会制度
形成“一主两翼”构架

——江苏南京市推动中小学校现代学校管理体制改革创新

【摘要】为完善中小学“校长负责制”，南京在全国率先进行校务委员会制度建设的实践探索，并以此构建起具有南京特色的“一主两翼”（以校长负责制为主，以教职工代表大会、校务委员会为翼）现代学校管理制度体系。经过十年探索，这项制度不仅在理论研究层面取得重大进展，也在实践层面取得明显成效，为中小学校现代学校制度改革创新提供了有益的样本和示范。

改革背景

南京在对校长负责制实施情况进行调研后发现：第一，法规政策对于校长负责制的应有内涵、运行程序、监督机制等缺乏明确规范，实践运行中校长“对谁负责、负什么责、怎样负责”的解读还不够清晰；第二，学生作为教育法律关系的重要主体，其合法权益的保护还缺乏应有的重视，缺少必要的机制和制度；家庭、社会与学校发展利益上高度关联，但是信息交流极不对等，三方之间缺少稳定的沟通渠道；第三，教育关注热度、开放程度、影响广度的提高，导致教育管理中边缘性、交叉性的问题不断增多，这些问题往往超出学校内部关系的范围，难以妥善处理。

针对学校管理的“缺位”和“真空”，需要建立协调学校外部关系的新体制和新制度，对现行管理体制进行必要的补充，在坚持校长负责制的同时进一步完善校长负责制。为此，南京从2002年开始，通过追溯我国学校管理体制历史演变、把握现代学校制度建设内在要求、借鉴吸收国外先进管理经验、立足我国学校管理实际，逐步探索出有利于学生发展、符合教育发展趋势的现代学校管理制度——校务委员会制度。

南京在中小学建立校务委员会制度的核心是打破教育自身相对封闭的状态，将家长、社区、社会的力量引进学校管理体制，保障公众对学校管理的知情权、参与权、决策权、监督权，加强和扩大与社会各方面的沟通与协调，推进学校管理决策的科学化、民主化，共同解决教育的热点、难点问题，为学生的发展和学校的发展营造更加和谐的发展环境。

主要做法

“十一五”期间，南京开展校务委员会建设的实验学校有80多所，覆盖全市所有城区，其中鼓楼区所有公办中小学、幼儿园全面试点该项制度。“十二五”初期，校务委员会制度已经在全市13个区县所有公办中小学全面推广，主要举措和做法如下。

一、基本设计

（一）校务委员会的定位。校务委员会是校长负责制的补充和完善，侧重于协调学校、家庭、社区（社会）之间的关系、维护学生权益、营造有利于教育发展的良好环境。校长负责制、校务委员会、教职工代表大会一起构成南京中小学“一主两翼”现代学校管理体制，即校长负责制为主，教职工代表大会、校务委员会为翼，教代会侧重于协调学校内部关系，校务委员会侧重于协调学校外部关系，两者构成校长负责制的辅助决策系统。对涉及教职工和学生管理、发展的相关事项，必须经过辅助系统的前置性审议，才能转化为学校或者校长的决定，并通过学校其他执行系统得以落实。

（二）校务委员会的职能。一是宣传协调。宣传学校的发展规划和重大决策，协调社会各方面的关系，调动各方面的积极性，为学校发展和学生培养创造良好的外部环境。二是咨询建议。提供社会对教育的需求信息，提出完善学校管理和学生教育的建设性意见，反映学校服务对象的意见和建议。三是审议决定。对学校或者校务委员会委员代表提交的有关学生管理、学生发展和涉及家长切身利益的重大事项进行审议并做出相应决定。四是评议监督。对学校贯彻党的教育方针、执行教育法律法规、深入实施素质教育、规范办学和教育收费行为等工作进行评议和监督。

（三）校务委员会的工作原则。一是法治原则。凡是国家法律法规有明确规定的，坚决依法决策、依法管理。二是民主原则。校务委员会在开展工作中要充分发扬民主，审议决定其自主范围内的有关事项时，要广泛听取委员的意见和建议。三是多元利益原则。在把握促进教育改革和发展的大方向的同时，要尊重并充分考虑学校、家长、学生等多方主体的利益。四是协调原则。校务委员会要充分发挥委员的优势和特点，加强与各方面的沟通和协调，积极争取社会对教育的支持，共同研究解决教育热点难点问题。

二、机构组成

（一）校务委员会委员由学校领导、教师、家长和社区代表、政府部门人员、法律工作者、专家学者、社会知名人士等人员担任，高中、中等专业学校可以有学生代表。

（二）委员的选择做到四性：一是委员分布要有广泛性，二是委员产生要体现民主性，三是委员与学校发展要有利益相关性，四是委员对参与民主管理要有积极性。家长和社会方面的代表人数占委员会总数的三分之二以上，主任委员一般由校长兼任，副主任委员至少有一名是来自校外的委员。

（三）委员产生方式采取推荐、选举和聘任相结合的方法，校长、书记一般作为当然成员，教师代表可以直接由工会主席担任，也可以通过教职工代表大会选举或者推举，学生代表可以直接从学生会、学校大队委组成人员中产生，也可以通过一定的民主渠道产生。社会委员由学校根据自己的需要选择确定，很多实验学校采取的是“海选”等民主的形式。

（四）学校对聘任的校务委员给予一定的经济补贴，每年度对委员工作情况进行一定的评议，对长期不履行职责的委员可以解聘，对为学校发展作出积极贡献的委员给予表彰和奖励。校务委员会内部可以设秘书处以及其他职能部门，统筹协调开展工作。

三、实践操作

（一）市教育局制定《校务委员会工作规程》，作为该项实验研究的纲领性文件。各实验学校根据实际，在《校务委员会工作规程》指导下开展实验研究。

（二）学校修改学校章程，在学校管理体制中确立校务委员会制度，并报上级教育行政部门核准，以保证校务委员会活动的合法性和权威性。

（三）学校制定校务委员会章程，明确校务委员会的定位、职能、工作原则、活动方式等内容，并完善各项工作制度和议事规则。

（四）遴选聘任校务委员会委员，组成工作机构，制定校务委员会工作计划。校长代表学校向校务委员会委员颁发聘书，明确聘期及委员的基本权利和义务。工作计划应当明确学年度和各学期主要活动内容，一般每学期集中开会两到三次。

（五）采取多种形式开展活动。会议期间针对特定的议题，通过委员会决议形式，对学生管理、学生发展和涉及家长切身利益的重大事项进行审议决定。校务委员会讨论的议题，可以由学校领导提交，也可以由委员代表提交。非会议期间校务委员负责集中反映家长、社会的有关意见和建议，协调家庭、社会和学校的各方面关系。

（六）及时总结经验，定期汇报工作。校务委员会本着“一事一议”的原则对平时工作、特别是开会进行决议的过程和决议执行情况及时予以总结。建立完善具有学校特色的相关工作制度，如《义工制度》《学生申诉制度》《奖学金管理和使用办法》等。建立工作汇报机制，在每学年结束时校务委员会主任向学校、家长和社会汇报校务委员会工作。

（七）市教育局每年召开全市校务委员会试点工作会议，总结工作进展和成效，对下一阶段工作进行部署；加强试点学校分片调研和指导，针对各学校在试点工作上的困惑，深入研究校务委员会理论和实践中的问题；召开校务委员会制度研讨会，交流研讨对中小学校“一主两翼”管理体制的有关认识、校务委员会功能拓展、常态化工作机制的建设等问题，进一步细化理论研究和实践探索的目标。

（八）市教育局邀请南京师范大学教科院、南京晓庄学院、南京教科所等高校和教育科研单位的专家参加实验研究，为校务委员会建设的实践和探索夯实理论基础。

主要成效

除了在理论层面对校务委员会建设的社会背景、本体特性、理论依据、中外比较、发展前景等有了进一步认识之外，实践层面的主要成效包括以下十个方面。

一、借助丰富的“外脑”资源，促进了学校决策的科学性和可行性

校务委员会成员中有三分之二来自于校外，不同层面的委员具有不同的知识结构和社会阅历，可以帮助学校在重大事项的决策上提高科学性和可行性。如南京鼓楼区丁家桥小学在向校务委员们介绍学校60周年校庆实施方案并听取意见时，一位校务委员拿出的真凭实据，使学校校史向前“推进”40年，学校成为名副其实的百年老校。

二、利用委员们独特的身份，增进了家校之间的沟通和理解

校务委员作为学校、学生及其家长之外的“第三方”，他们的话语更具有客观性、公正性，可以成为学校与家长、学校与社会沟通的桥梁和纽带。通过校务委员会的平台，不仅使得学校的决策及时得到传递，家长与社会的反馈也及时得到回应，增进了双方情感的沟通和交流，密切了学校和家长、社会的联系，一些原本比较棘手、敏感的问题得到妥善解决。例如，南京二十九中新校区搬迁过程中，个别家长不理解，甚至冒用“初二年级家委会”名义给区教育局写信公开表示反对，经校务委员出面做工作，讲清情况，取得了家长的支持，搬迁工作得以顺利进行。

三、完善了重大事项决策程序，学生和家长的权益得到保护

家长是未成年学生的监护人，把涉及学生切身利益的事项交由校务委员会审议通过，可以直接听到来自家长的心声，及时调整和修正工作方案，出台的政策或决定可以被最广大的学生和家长接受。例如，南京长江路小学把学生校服的选择权交给校务委员会，校务委员会通过发布公告、公开竞标、家长集体投票、反馈修改等程序，最终定制的新校服没有受到任何非议，学生天天穿着校服上学，自信和自豪溢于言表。

四、弥补了政策造成的“缺位”，解决了一些热点难点问题

为进一步规范学校办学行为，各级政府和教育主管部门出台了许多政策和规定，一些政策允许、家长有要求、学校有意愿的事项，通过校务委员会的平台，得到了妥善解决。例如，南京第一中学地处市中心，校园面积不大，以往学生的自行车一直在校外存放并请专人看管。南京规范教育收费，取消“自行车费”以后，学生的自行车存放成了突出问题。学校将该问题提交校务委员会，校委会讨论后决定，由学生会从社会上请专人看车，学生自愿支付合理费用，不仅避免了学校乱收费，解决了学生实际困难，而且培养和锻炼了学生的能力。

五、发挥社会委员的优势，营造学校良好的发展环境

校务委员会的委员们通常知识背景广泛、社会阅历丰富、信息来源充足，往往在分析问题、解决问题上有独到的视角和见解，在沟通处理学校以外的关系和问题上也有独特的优势。充分发挥他们的积极作用，有利于及时消除分歧、化解矛盾，为学校营造和谐的外部发展环境，树立学校的良好形象。如南京江宁桃红中学实行校内人事管理制度改革，遇到十分棘手的问题。学校拟解聘的六名自用人员中有两位是镇内企业领导的家属，抵触情绪很大。校务委员积极与镇政府主要领导协调沟通，得到镇政府极大的支持，由政府出面向自用人员推荐就业岗位，最终使学校规范用工的问题迎刃而解。

六、调动了家长参与学校管理的积极性，家校关系更加融洽

家长最关心学校的发展，充分发挥好家长的作用，利用好他们的资源，可以使他们成为学校教育和管理的一支重要力量。例如，南京赤壁路小学校门口道路不宽，每逢上、放学高峰期，交通成为难题，严重危及学生安全。另外学校在举办各种校外活动时，学生安全始终成为学校的重大顾虑。经校务委员会研究实施了“赤壁路小学家长义工制度”。家

长志愿者头戴黄帽，身披红色绶带，站立在路口引导交通时，使得平日的拥挤现象得到有效控制。一些重大活动也因家长志愿者的鼎力支持而圆满举行。

七、学校管理理念发生变化，学校管理效能得到提高

校务委员会建设的实践给学校管理者的理念带来了新变化。例如，南京第十三中学面对教育发展新形势，认为要培养创新型人才，就要使学生从被管理向参与管理和自主管理转变。家长作为学生的法定监护人，学校应当充分尊重他们的主体地位，扩大他们参与管理的范围，不断提高管理效能。学校分别成立了学校管理委员会（校务委员会）、年级管理委员会和班级管理委员会，从根本上改变了学校“封闭型、独立式”的管理状况，为学校管理与社会要求、民众愿望、学生意志取得高度和谐一致找到了有效的桥梁和途径。

八、学校与社会深度对接，学校在构建和谐社会方面发挥积极作用

通过校务委员会，学校与社区（社会）的关系也在逐步发生变化。学校成为社区精神文明建设的积极参与者，社区也成为学校建设和发展的支持者。例如，南京鼓楼中专校为适应职业教育发展新要求，召开校务委员会会议，专门研究校企合作办学问题。委员们对学校提出的成立鼓楼“微软 IT 学院”、实施校企国际合作办学新项目的意向，提出许多有益的信息和建议，实施以后取得较大成效。

九、吸引社会资金支持学校发展，学校办学困难得到解决

校务委员会成员有广泛的社会背景和社会资源，其中也不乏一些有实力的企业家。通过校务委员会，他们对学校办学困难更为清楚，更愿意为学校发展尽责任。例如，南京仙林小学校务委员会成员之一是南京东部路桥总公司的办公室主任，在他的帮助下总公司决定在学校设立

“东部路桥奖学金”，每年出资 3 万元奖励师生，并承诺每 3 年递增 50%。2009 年 8 月，在仙林小学评选工作小组的领导下，首次对学校 5 名优秀教师，28 名品学兼优、表现突出的学生进行表彰奖励，此举对学校良好学风和教风的形成起到了积极的促进作用。

十、拓展了校务公开范围，教育满意度不断提高

学校一切工作都是为了学生的全面发展，学校实施素质教育、执行教育政策、规范办学行为等工作也应当接受群众的评议和监督，校务委员会是对学校工作进行评议和监督的最佳人选。在历年南京教育行风评议中，各实验学校校务委员对学校的发展提出了中肯的建议，群众满意度逐年提高。

经过十年的努力探索，南京中小学校务委员会制度在理论探索和实践层面都有较大突破。一些专家认为这是近年来我国教育科研的优秀成果之一，也是我国基础教育制度创新的重大成果之一。

（江苏省教改办推荐）

学校与家庭“同向” 教师和家长“同心”

——山东省积极推进中小学家长委员会建设

【摘要】家长委员会制度是现代学校制度的重要内容。山东省率先在全国以省为单位开展中小学家长委员会工作，将家长委员会定位为代表全体家长参与学校工作、责权统一的群众性自治组织，是学校联系广大家长的桥梁和纽带。全省全面加强家长委员会的组织建设和制度建设，探索建立科研引领、典型培育、点面结合、全面推进的工作机制，丰富和创新家长委员会参与学校管理、教育教学、民主监督和家长教育的工作形式，建立家长委员会工作督导评估制度。通过赋予家长委员会在加强中小学民主管理、完善现代学校制度方面的基本职责，对家长参与学校工作赋予了新的内涵，取得了显著成效。截至 2011 年 7 月，全省幼儿园、小学、初中和普通高中建立家长委员会的园（校）比例分别为园（校）总数的 53.2%、86.6%、95.4% 和 94%。

提高认识，科学定位中小学家长委员会

一、将家长委员会定位为责权统一的群众性自治组织

规定由全体学生家长选举产生家长代表大会，家长代表大会自主推选产生家长委员会，家长委员会是代表全体家长参与学校民主管理、支

持和监督学校做好教育教学工作的群众性自治组织。家长委员会是在学校的帮助下成立和开展工作的，学校和家长委员会在教育目标上具有一致性，地位上具有平等性，工作上具有互助性，家长委员会不是学校的下属或“附庸”，是相对独立于学校的教育力量，是学校教育的同盟军。为家长委员会规定了八项职责、三项权利和三项义务，责权统一，义务明确，让家长委员会有事可做，有权可用，有责必担，见错必纠，由此保证家长委员会支持学校符合教育规律和政策方针的教育管理活动，全力维护学生的合法权益，坚决反对和抵制学校的违法违规行为。

二、将家长委员会定位为家长参与学校工作的基本平台

家长是学生合法权益最直接的捍卫者，是学校教育的第一利益攸关方。确定家长委员会的宗旨是：坚持家校沟通与合作，让家长充分参与学校管理，有效体现家长对学校教育教学工作的知情权、评议权、参与权和监督权；完善学校、家庭、社会三位一体的教育体系，营造良好的教育环境；深入推进素质教育，促进中小学生的全面发展。每一位家长，当他参加了学校家长委员会，就意味着从为学校输送学生的家长，变成了学校教育的同路人；意味着从站在学校大门之外的“教育看客”，变成了学校教育的“当事人”，家校成为教育同盟。在家长由“被动”到“主动”、由“辅助”到“同盟”的角色转化中，激发家长对学校教育参与的积极性。由此，在家长与学校、家长与家长的互动交流中，不断增强家长参与学校教育教学工作和对学校的民主监督意识，不断提高家长的家庭教育水平，不断推动学校完善现代学校制度，进而促进学校教育和家庭教育的有机融合。

三、赋予家长委员会三项基本职能

赋予家长委员会的工作职责，概括起来有三项基本职能，即参与教育教学、提升家长家庭教育水平以及参与学校民主管理和监督。这三项基本职能有力地推动家长正确理解和认识教育工作，提高家庭教育水平；

推动家长有效参与学校管理，充分体现家长对学校工作的知情权、评议权、参与权和监督权，培育家长民主意识和志愿精神；推动改善家校关系，促进家校和谐与社会和谐，进而推动学校建设、家庭建设和社会建设，具有重要意义。

创新机制，构建完善的家长委员会制度体系

一、加强家长委员会制度体系建设

省里统一确定了家长委员会的宗旨、职责、权利和义务以及工作原则，要求家长委员会在学校的配合帮助下，建立健全包括组织章程、工作规程、民主选举、会议、活动、财务等各项工作制度，探索建立以志愿参与为核心的家长志愿者制度，建立家长委员会驻校值班常态化制度，逐步构建科学规范、有效参与、有序开展、富有成效的工作格局和运行机制，以制度建设保障和推进家长委员会工作的深入持久开展。

其中，家长委员会的工作原则明确规定，要坚持正确的政治方向，遵循党和国家的教育方针，符合素质教育要求。坚持多维互动原则，促进家长、学生和学校之间的理解和支持。坚持服务性原则，为全体家长服务，为学生成长服务，为学校发展服务。坚持规范性原则，家长委员会不得违背教育方针政策，学校不得通过家长委员会进行乱收费、摊派、集资等违规活动。例如，济南一中家长委员会制订的《济南一中家长委员会“一二三四工作法”》，很好地体现了家长委员会的定位和工作原则，内容如下。一个方向要把握：一切为了孩子的健康成长。两个误区要避免：一是和学校对立，二是成为学校的工具。三个关系要和谐：与家长的关系，掌握自愿参与原则，既充分发挥绝大多数家长的积极性，又要避免群龙无首、议而不决；与学校的关系，掌握对立统一原则，既检查

监督又要支持帮助；与学生的关系，掌握全面发展原则，既关注学习成绩更要关注身心健康。四项工作要落实：监督学校建设，参与学校管理，解决学校难题，发挥家长特长。

二、建立科研引领、典型培育、点面结合推进机制

教育厅成立省中小学家长委员会建设管理研究项目组，开展典型培育、骨干培训、工作评估标准研制和工作手册编制等工作。全省每个地级市确定一个县（市、区），所有县（市、区）确定小学、初中和高中各一所作为家长委员会建设培育项目，在全省形成了培育典型、以点带面、全面推进的工作格局。

三、丰富和创新家长委员会工作形式

创新参与学校教育教学工作形式，组织家长参与课程建设与实施，参与学生综合社会实践活动，参与对教育教学工作的评价。创新参与学校管理和民主监督形式，列席校务会议，规范办学行为，协助组织家长会，参与师生评价考核，组织学校图书设备、学生寝具校服等采购，监督食堂餐厅服务等工作。创新参与家长教育形式，由家长委员会举办家长学校，在学校配合下对家长进行培训，定期组织家长育子经验交流活动或各种联谊活动。创新小学、初中、高中不同学段家长委员会工作，增强家长委员会工作的针对性，提高实效性。

注重实效，扎实有序推进家长委员会工作

一、全面开展组织建设

省里规定，所有中小学均应设置学校家长委员会，并制订家长委员

会组织建设工作规划，指导中小学校科学规范地开展家长委员会建设工作。2010年上半年，各市有50%以上的学校成立家长委员会；2010年底以前，全省绝大部分中小学成立了家长委员会。截至2011年7月，全省幼儿园、小学、初中和普通高中建立家长委员会的园（校）比例分别为园（校）总数的53.2%、86.6%、95.4%和94%。

二、家长委员会积极参与学校工作

广大中小学家长委员会在完善组织和体系建设的同时，积极融入学校管理和教育教学工作中，献计献策共谋学校发展，拓宽渠道参与学校管理和民主监督，开办家长学校提升家庭教育水平，开发教育资源服务学校发展等，为学校科学发展和学生健康成长做了大量卓有成效的工作。

（一）为学生成长和学校发展创造良好环境。济南舜耕小学的舜友联合会（家委会）、东阿县实验小学家委会组织“家长护卫队”，为上学、放学的孩子安全义务执勤。临朐县辛寨镇张龙初中依靠家长委员会做工作顺利实现学校二次搬迁。莱芜市钢城区黄庄镇丈八丘联小通过家委会协调，顺利解决学校因修建厕所与村民产生的矛盾。很多农村学校家委会积极与村镇联系协调，为学校修缮和设备添置提供经费。

（二）积极参与教育教学和学生活动。组织家长协助学校开发课程资源、建立综合实践课程基地，深入课堂承担教学工作，协助组织春秋游、运动会等丰富多彩的实践活动等。枣庄十五中家委会组织具备专业技术特长或人生阅历丰富的家长担任“家长教师”；济南市新苑小学的“爸爸妈妈大讲堂”，让家长走进课堂；山大附中编写《家长手册》、举办专家讲座、开办家长沙龙和家长论坛，在互动中实现教师与家长共成长；青岛二中依靠家长力量，为学生搭建创新实践的平台，使家长成为教育的支持者和服务者；博兴县吕艺一中家长委员会协助学校开发建设“吕剧”“剪纸”等学校课程，改进学校图书馆使用管理；威海市皇冠小学家长和孩子共同成立了“小不点大脚印”亲子社团，组织亲子越野赛，利用主题活动日和节假日开展丰富多彩的综合实践活动；青岛平安路第二小学在家委会的积极组织下，有上百名优秀家长成为学校兼职图书管理员。齐鲁大地数以万计的家长在家委会组织下，为学校担任各种工作和活动的志愿者，为教育教学工作付出了辛勤的劳动。

（三）提升家长的家庭教育水平。学校家委会举办家长学校，在学校配合下开展对家长的教育培训，实现家长组织家长、家长教育家长、家长自我提升。这样做不仅把学校解脱出来，实现学校根本职责的回归，也使家长消除了对“学校也是家长教育者”的抵触情绪，从而更好地配合学校，共同做好孩子的教育工作。家长委员会协助组织家长会，使家长会成为家长和教师畅谈教育、共话育子、互通有无的座谈会、恳谈会。济南纬二路小学家委会组建“幸福妈妈俱乐部”，把妈妈们组织起来，交流育儿经验，协调解决妈妈们自身遇到的问题，提升妈妈们的教子水平和幸福指数；文登市中小学校创新家长会模式，家长和教师、学生互动，把家长会开成成果汇报会、经验交流会和学习研讨会，效果显著。

（四）参与学校的民主管理和监督。中小学校广泛充分地让家长委员会参与学校管理，有效体现家长对学校教育教学工作的知情权、评议权、参与权和监督权。潍坊广文中学邀请家委会对学校中考招生进行全程监督；博兴县吕艺一中通过家委会的参与和监督，圆满解决学生午餐问题；济南一中由学校家委会出面组织学生食堂承包经营和学生公寓床上用品招标；青岛二中向学校家长委员会通报学校三年发展规划，家长委员会成员代表参与北京大学、清华大学校长实名推荐选拔测试过程；济南燕山学校家委会参与学校校服招标和小饭桌管理；博兴县搭建起了五个平台，让家长委员会参与名师评选，参与优秀学生评选，参与优秀家长评选，参与评价学校，建立了家校信息互动平台。在参与学校民主管理的同时，家委会也在加强自身民主管理，枣庄十五中通过公开竞选家委会主任，提高了家长对参与家委会工作的积极性。

三、学校、家庭和社会有机结合的教育体系逐渐形成

家委会工作使家长和学校的联系进一步密切，在搭建学校与社会沟通渠道上也发挥了重要作用。博兴县中小学实行“家长委员会办公室”驻校值班办公制度，安排了值班工作日程，将学校教育对家长全部开放；在加强学校家委会工作的同时，博兴县中小学还成立社区家长委员会，优化社会教育环境。济南舜耕小学的舜友联合会（家委会），走出了一条“家校融合、共为主体、互为补充、人人皆师”的家校合作新路子，形成特色鲜明的家校一体化教育。文登市、青岛市四方区和淄博市临淄区教育局等完善机制、搭建平台、活动引领、凝聚合力，促进家委会工作在区域内得到健康发展。

加强领导，为家长委员会工作提供坚实保障

一、加强组织领导

各级教育行政部门成立中小学家长委员会工作领导（指导）小组，印发家长委员会工作指导意见和管理办法，统筹管理指导中小学家长委员会工作。全省统一组织对中小学校长、骨干教师和家长委员会主任的培训，目前已对中小学校长轮训一遍。建立家长委员会工作条件保障机制，家长委员会办公场所与设施，原则上由学校提供；建立规范的财务管理制度，经费收支公开、透明。为搭建全省中小学家长委员会提高能力、加强研究和交流协作的平台，省教育厅正按照有关程序协调指导成立山东省中小学家长委员会协会。

二、建立督导评估机制

把中小学家长委员会工作的开展情况纳入对各级教育行政部门的督

导评估体系，列入学校办学水平的考核评价体系。建立评估奖励机制，印发《山东省中小学校家长委员会工作评估标准（试行）》，适时开展山东省中小学家长委员会工作评估。建立优秀家长委员会评选制度，对家长委员会工作成绩突出的集体和个人给予表彰奖励。

三、加强协作

各级教育行政部门积极协调妇联、团委、社区等有关方面和媒体，大力宣传家长委员会工作，联合组织“家庭教育公益讲座”等活动，引导全社会和家长关注、支持和积极参与中小学家长委员会工作，凝聚强大育人合力，共同促进中小学生全面健康成长。

中小学家长委员会搭建了家校联络平台，畅通了沟通渠道，密切了家校关系，提高了家教水平，增强了学校管理的民主程度，逐步完善了现代学校制度。学校教育与家庭教育“同向”、教师和家长“同心”、学校与社区“同力”，学校教育、家庭教育和社会教育“三位一体”的良性互动局面正在形成，也为教育的发展创造了良好氛围，注入了强大动力。下一步，山东将进一步凝聚全体家长的智慧，提升学校家长委员会的整体水平，不断完善家校联合育人机制，加强现代学校制度建设，切实推动学校、家庭和社会“三位一体”教育体系的有机结合，为全省基础教育的全面健康发展作出新的贡献。

（山东省教改办推荐）

建民办教育的“小岗村”

——浙江温州市大力推进民办教育“1 + 9”综合改革

【摘要】浙江是全国唯一承担国家民办教育综合改革试点任务的省份。全国教育工作会议后，浙江选择温州等基础较好的两市两县三校为试点单位先行试点。其中，温州改革力度较大、推进快、成效好，率先出台《关于实施国家民办教育综合改革试点加快民办教育发展的若干意见》及9个配套文件（简称“1+9”文件），形成民办教育新政策体系，大力推进实施，在社会上产生较大反响。

立足实际先行先试

温州位于浙江东南部，全市常住人口912.21万，居浙江省各市第一位。现有中小学、幼儿园在校生150多万人，是浙江省的教育大市。温州的民办教育起步早、总量多，改革开放初期，温州率先提出发展民办教育的“六个允许”政策，即允许自聘教师、允许自定工资、允许自主招生、允许自主办学、允许自主收费、允许自定回报等，给民办教育发展开拓了广阔的空间，形成了民办教育的温州模式。在普及十五年教育过程中，民办教育提供了强有力的支撑。温州现有民办学校1 748所，在校生41.3万人，平均每4个孩子就有1个在民办学校就读。

但是，温州民办教育同全国、全省其他地区一样，也存在着民办学校法人属性不够清晰、教师身份和待遇不够落实、公共财税制度不够健全、办学自主权不够充分、投融资渠道不够通畅等一些共性的问题，亟待通过改革来加以解决和完善。特别是近年来，随着教育形势的不断变化，民办教育发展进入了“瓶颈期”。浙江省省委常委、市委书记作出“温州作为民营经济优势地区，民办教育理应走在前列”的批示，亲任改革试点工作领导小组组长，全力推进改革。组织教育、政研、发改、财政、国资、人事、金融、社保等部门牵头开展课题研究，赴上海等地考察民办教育，形成《突破与创新：民办教育的新使命——温州市实施民办教育综合改革试点课题调研总报告》。在深入调研的基础上，最终确立以分类管理改革为核心的综合改革思路，并出台“1＋9”文件，即《关于实施国家民办教育综合改革试点加快教育改革与发展的若干意见》和《关于民办学校分类登记管理的实施办法（试行）》《关于进一步加强民办学校教师队伍建设的实施办法（试行）》《关于完善民办教育社会保险制度的实施办法（试行）》《关于公共财政补助民办教育的实施办法（试行）》《关于非营利性民办学校财务管理的实施办法（试行）》《关于明确非营利性民办学校法人财产权的实施办法（试行）》《关于落实民办学校优惠政策的实施办法（试行）》《关于加强民办学校现代学校制度建设的实施办法（试行）》《关于民办学校办学水平评估的实施办法（试行）》等9个配套办法。

力排阻碍重点突破

当前，民办教育综合改革已步入“深水区”，矛盾错综复杂，涉及面广，政策性强。在这种状况下，温州深刻领会《国家中长期教育改革和发展规划纲要（2010—2020年）》精神，锐意改革，大胆突破，按照顶层设计、整体推进的思路，选择有效路径，从制约民办教育发展的关键环节重点突破，推出“1 + 9”文件新政。

一、创新分类管理机制，着力解决困扰民办教育发展的源头性问题

按照营利性、非营利性对民办学校进行分类登记管理。其中，非营利性的全日制民办学校按照民办事业单位法人进行登记管理，营利性的全日制民办学校按照企业法人进行登记管理。非全日制的民办学校确属非营利性的，也可登记为民办事业单位法人。民办事业单位法人由民政部门登记管理，企业法人由工商部门登记管理。这一分类办法突破了有关学校分类的传统框架，为后续改革按类制定配套政策奠定了坚实基础。

二、加大公共财政投入力度

从2011学年起，温州市财政每年安排3 000万元作为民办教育专项奖补资金，从民办学校升等创优、年检优秀单位、优秀举办者及校长和教师奖励、教师培训培养补助、市本级民办学校教师人事代理经费、建设项目贷款贴息补助、民办高职学校毕业生培养奖励七个方面对民办学校进行资金扶持。根据市场原则建立政府购买教育服务机制，对登记为民办事业单位法人的民办学校，以落实教师社会保障政策、足额缴纳教师社会保险费的单位应缴部分，以及落实当地民办学校教师最低工资制度和相应会计制度为前置条件，根据民办学校在校生人数，按当地上年度生均教育事业费（包括预算内外）的一定标准进行补助，补助标准分别为：义务教育阶段30%至50%，学前教育、高中段教育20%至30%。要求各县（市、区）在三年内按比例执行到位，市本级2011学年执行到位。

三、给予土地、税费等优惠政策

按照民办事业单位法人登记管理的，可以行政划拨方式提供土地使

用权；按照企业法人登记管理的，原则上以有偿出让方式供地。同时鼓励民办学校在规划许可的前提下，通过土地置换新建、迁建、扩建学校，做强做大优质资源。登记为民办事业单位法人的民办学校，各项建设规费减免与公办学校享有同等待遇。税收方面，登记为民办事业单位法人的，依法享有公办学校同等的税费优惠政策；登记为企业法人的，其中提供学历教育劳务所得的收入免征营业税，企业所得税则由税务部门先征缴、后予返还地方所得的部分。收费方面，实行备案制，民办学校收费标准按照自主确定的原则，报价格主管部门备案并向社会公示后执行。登记为民办事业单位法人的，由学校按不高于当地上年度生均教育事业费 3 倍的标准确定，特别优秀的，经批准可放宽至 5 倍；按照企业法人登记管理的民办学校，收费项目及标准由学校自主定价。

四、完善教师社会保障机制

将教师剥离出来，打破二元结构，使所有符合规定的民办学校教师与公办教师一样，按事业单位标准参加社会保险，享受与公办学校教师同等的退休费。要求各地以同类公办学校教师绩效工资的 70% 为标准，制定民办学校教师工资指导线（最低标准），确保改善工资待遇。此外，要求民办学校按照当年生均公用经费的 10% 和教职工工资总额的 3% 足额提取经费，用于教师培训。

五、支持民办学校教师队伍建设

促进全日制的公办、民办学校教师合理流通。鼓励支教，公办学校教师到民办事业单位法人的民办学校支教，其原有的身份、档案、工资等均保持不变，同时享受民办学校应有的待遇，支教期满，回原单位任教；到企业法人的民办学校支教，除工资由民办学校负责外，其他待遇均与公办学校教师相同。鼓励公办学校教师到民办学校应聘任教，建立民办学校教师到公办学校的有序流动机制。

六、建立合理回报制度

按照民办事业单位法人登记管理的民办学校，在扣除办学成本、预留发展基金以及提取其他有关费用后，在办学有结余的前提下，经学校决策机构研究决定，并报教育行政部门批准，可从办学结余中提取一定比例的经费用于奖励出资人。年奖励金额按不超过出资人累积出资额为基数的银行一年期贷款基准利率的2倍计算。按照企业法人登记管理的民办学校按企业机制获取利润。

七、明晰学校产权属性

明确各类民办学校在财产的归属、使用、收益、处分等方面的权利、义务和责任，提出出资人股权、产权转让，继承、赠与方面的具体要求。对登记为民办事业单位法人和企业法人的民办学校实行不同的会计制度，加强学校财务规范化建设。

八、推进投融资体制改革

根据相关法律规定，校产不能作抵押、担保，因此民办学校融资比较困难。为此，一方面完善投融资平台，建立温州教育发展投资集团有限公司，将教育的非教学资产转化为经营性资产，弥补财政经费不足。集团首期已注资6亿元，总注册资金将达到30亿元。另一方面探索成立国资引导、民资参与的民办教育担保公司，为民办学校提供贷款担保等服务。

抓好落实稳步推进

好的制度还需要好的落实。温州市委、市政府充分认识到这一点，将推进“1 + 9”文件政策在县（市、区）层面全面贯彻落实，上升到“一把手工程”和“全员工程”，作为重中之重工作来抓，倒排时间，强化督查，改革试点向着既定目标稳步推进。

一、抓好部门、区县配套推进

印发《2012 年实施国家民办教育综合改革试点工作要点的通知》，确定 2012 年民办教育综合改革试点的中心任务是贯彻落实“1 + 9”文件。市教育局多次对县（市、区）教育局进行部署，要求主动与有关部门对接，及时向当地党委、政府领导汇报改革要求和进展情况。对全市 11 个县（市、区）的教育、财政、发改、人社、民政、工商、金融、税务等十个部门的分管领导、职能处室负责人以及民办学校的董事长或校长进行政策培训和宣讲，取得了良好的成效。下一步还将分五期对所有举办者和校长及财务人员、人事干部等进行专题培训。建立民办教育综合改革联席会议制度和领导协调机制，将民办教育综合改革纳入重点工作考核，建立条块结合的考核机制，一年两次发布督查公报。

二、开展民办学校分类登记

排定民办学校分类管理改革推进时间表，分三批推进，根据学校的自愿申报，确定了 100 所上等级、上规模的学校作为首批推进学校，按新的分类管理办法实施重新登记，其中 84 所自愿选择民办事业单位法人，16 所自愿申报企业法人，目前登记工作已经基本完成。

三、落实财政专项资金

对现有的资金扶持政策从专项补助和政府购买服务两方面进行扩容提升。市民办教育专项奖补资金由 500 万元增至 3 000 万元。在对全市民办教育规模进行测算的基础上，安排政府购买教育服务资金预算，拟每年安排资金 7 亿元，其中市本级需 7 000 万元，购买经费不包括在专项资金内。

四、建立新社保制度

落实“民办学校教师与公办教师享受同等退休待遇”政策，实施新的社保政策，提高在职工作期间单位应缴部分的资金额度。建立人才服务教育分中心开展教师人事代理、社保等工作。

五、出台贷款优惠实施办法

着力解决民办学校发展融资难问题，由金融部门牵头，与有关银行协商出台贷款优惠实施办法。同时，着手组建成立担保公司，帮助民办学校解决贷款困难。

六、修订完善配套办法

与人社、发改、财政等部门就民办学校收费补充规定、民办事业单位会计核算办法等政策进行协商，目前已完成论证，即将出台。在“1 + 9”文件框架和原则内，结合实际对部分政策进行微调。将推进办法由“整体推进”调整为“分批推进”，将购买服务补助由原定“按比例三年分步到位”，调整为“分三批一步到位”。考虑到民办学校实际教师资格证的持证率低，无法按事业人员进行保险，将作为政府购买服务资金补助四项前提之一的“学校 85% 以上的教师落实社会保障政策（事业单位人员社保政策）并足额缴纳社会保险费的单位应缴部分”，调整为“学校持有教师资格证和还没有教师资格证的教师，均要按各 85% 的比例分别参加事业单位人员和企业人员的社会保险政策，并足额缴纳社会保险费的单位应缴部分”。过渡期至 2013 年，使民办学校更容易得到政府的购买服务资金。考虑到温州各地公办学校教师工资水平不一，如果刚性执行“民办学校教师最低工资要不低于当地同级同类公办学校教师最低工资的 70%”这一规定，会使部分民办学校办学成本大幅增加，资金缺口无法弥补，为此，该政策调整为“全市统一最低工资指导线由各县制定，可以分年提高，在‘十二五’期间达到相应标准”。

勇于创新广受认可

温州民办教育综合改革试点从区域实际出发，不拘泥于传统理论框限，进行了全方位的探索，创立了具有鲜明区域特色的民办教育改革发展新模式。有些同志认为，温州回答了民办教育20年发展中存在的问题，是民办教育改革的“小岗村”。

“1+9”文件政策的出台得到温州民办学校举办者、校长、教师的广泛认可，举办者认为学校法人分类登记使民办学校身份不再尴尬，校长认为现代学校制度建设使民办学校办学更加自主，广大教师认为社保、培训、评优、人事代理等政策使他们消除了近忧远虑。民办学校教师应聘的人次增多、层次更高，教师流失率明显下降。

温州民办教育综合改革试点激发了教育引资引智的热情。试点政策出台后，温籍在外投资办学的教育集团返乡办学热情高涨，一些项目正在商洽之中。江苏、山东、上海等地优质教育资源纷纷表示了到温州办学的意向，首批就吸引了10个、总投资额达30多亿的教育引资项目，部分工程已经启动。

（浙江省教改办推荐）

让民办学校为“大教育”添彩

——江西万年县着力推动民办教育改革发展

【摘要】近年来，万年县采取一系列有力举措促进民办教育改革发展，取得了积极成效。一是通过突出组织引领、政策引领和宣传引领营造良好氛围；二是落实学校、教师和学生三个同等对待，并全力扶持；三是严格审批、年检等管理制度，规范管理；四是引导民办学校走特色发展之路，科学发展。取得的主要成效在于破解了“五大难题”，即破解了群众被动接受教育、政府办学资金不足、留守学生教育管理、本地高校毕业生就业和教育事业活力不足等难题。万年县认为，成效的取得和举措的有力，根本在于党政领导重视，前提在于有序规范公办民办教育竞争，保障在于加强民办教育队伍建设，关键在于“以质量求生存，以特色求发展”，彰显特色。

基本情况

自2002年创办第一所民办学校以来，万年县的民办学校从无到有、从少到多，发展步伐不断加快。万年教育三分天下民办教育有其一。万年的民办教育具有以下四个方面的特点。一是有传统。万年教育文化源远流长，早在宋代至清代就有南溪、石洞等24所具有较强影响力的书院，教育氛围一直比较浓厚。自2002年颁布《中华人民共和国民办教育促进法》及实施条例以来，万年民办学校犹如雨后春笋般创建与成长。值得一提的是，民办学校无论是投资者还是管理者都是万年人，他们中有教授，有原副县级干部，有企业家，大多数都是原公办学校的校长。二是有规模。全县9.2万中小学幼儿园在校生，有近三分之一的学生在民办学校；全县4 056名中小学教职工，也有近三分之一的教职工在民办学校。8所民办学校，总投资已经超过3亿元；108所民办幼儿园，总投资达到3.62亿元。三是有特色。例如，博仁中学实施菜单式管理，做到因材施教；星苑学校分“部”管理，幼儿、小学、初中各成体系。有的学校则采取联合办学的方式提升自身竞争力。华杰学校与浙江书生教育集团联合办学，华兴学校加入江西师大“1 + 100”协作学校，并建立上海同济大学生源输送基地。四是有影响。通过几年的发展，万年民办教育经历了争论期、摸索期，再到现在的稳步成长期，走出了一条相对成熟的发展之路，也得到了各方面的广泛关注。

主要做法

一、突出“三个引领”，造好氛围

（一）组织引领。成立了以十个部门为成员单位的民办教育联席会议，统筹解决民办教育在发展中遇到的各类难题，让民办教育事有人管、难有人帮、困有人解。仅2011年，全县就召开了民办教育联席会议三次，为学校解决水电安装、校园周边环境整治等九个难题。同时，还成立了万年县民办学校协会，制定了管理协议，聘请了法律顾问，进一步规范了民办学校的办学行为。目前，由协会牵头投资2 000余万元的民办教育中心大楼正在筹建之中。

（二）政策引领。在用足、用活国家一系列法律法规的同时，结合实际，先后制定印发《关于进一步加强和规范民办教育管理的意见》《关于加强教育管理规范办学行为的实施意见》《关于进一步促进民办教育发展的决定》等一系列文件，为民办教育最大限度地拓展政策空间创造最优的发展环境。

（三）宣传引领。在加大报纸、广播、电视、网络等新闻媒体宣传力度的同时，通过召开民办教育现场会、先进民办学校观摩会、民办学校经验交流会、民办学校教育教学成果展览会等活动，宣传和表彰民办教育中涌现出来的先进单位和先进个人。通过一系列的舆论宣传活动，形成有利于民办教育发展的良好外部环境。

二、落实“三个同等”，全力扶持

借鉴招商引资的办法，制定了一系列优惠政策，从组织管理、招生计划、项目安排上，将民办学校与公办学校同等管理、同步发展。

（一）学校同等对待。在用地方面，把民办学校所需用地纳入城镇建设规划。在县城区异地新建的第五小学，就是由现在的民办学校蓓蕾小学所投资的。在招生方面，严禁以不正当手段“挖”“抢”生源，义务教育阶段学校不得以考试的方式择优选拔新生，确保招生工作公平、公正、公开；并对民办学校在招生计划、注册学籍、办理转学手续上实行“三优先”。

（二）教师同等对待。在不影响公办学校正常教学的前提下，允许公办学校教师到民办学校任教，对同意进入民办学校工作的公办教师实行“三不变、一安排”的政策，八年期满后确属需要的可以延长三年任教时间，实现教师人才资源共享。自民办学校创办以来，共有 295 名公办教师受聘于民办学校任教，占全县教师总数 10.1%。目前有 102 名公办教师在民办学校任教。

（三）学生同等对待。规定民办学校学生在学籍管理、奖励、升学等方面与公办学校学生实行同等对待，并享受国家义务教育的免费政策。学校还设立困难学生救助资金，帮助经济困难家庭的学生完成学业。仅华兴学校在短短的9年内，就已经拿出600余万元的救助金，资助贫困生6 500余人次。

三、执行“四个严格”，规范管理

（一）严格审批程序。建立健全民办学校的设立、变更、终止、申报管理服务等相关制度，切实做到学校审批程序有章可循、有法可依。坚持“谁审批，谁管理，谁负责”的原则，对办学投资管理人进行全方位的考察，严格把好办学准入关。

（二）严格管理规范。坚持将民办学校纳入全县中小学教育教学质量评价体系。制定专门政策措施，对学校乱办班、乱补课、乱招生、乱收费、乱宣传等行为进行规范管理，督促民办学校不断提高教育教学质量，提升办学水平。

（三）严格年检制度。建立民办中小学年检制度，对民办学校的各方面内容每年进行一次全方位的检查评估，确定“优秀、合格、待合格”三个等级，并将年检结果在系统内通报，向社会公示。2011年，全县依法取缔了非法小学1所，非法幼儿园18所。

（四）严格广告审批。出台《万年县教育机构招生简章和广告备案审查管理办法（试行）》，进一步引导民办学校诚信宣传、诚信招生、诚信办学。

四、凸显“一个特色”，科学发展

引导民办学校“有所为，有所不为”，从自己的特色与个性出发，制订切实可行的战略规划，明确适合自己实际的发展定位，走特色发展之路。如华兴学校在教育教研上独辟蹊径，采用跨学科、师生互动教研方法，有效地解决了新教材在内容交叉方面的不足，获得全国教育教研先进单位称号；华才学校坚持“以人为本，和谐育人”的办学理念，以培养学生的自主生存能力为出发点，做到自己的事自己做，人人是自我命运的主宰者，张扬个性，自主成长。

主要成效

一、破解了群众被动接受教育难题

民办中小学的发展，使广大群众对学校的办学条件、就读形式、教育特色有了更大的选择空间，较好地解决了流动人口子女入学难的问题，缓解了城镇中小学班额过大的压力，加快了普及九年义务教育和城镇化建设的步伐。

二、破解了政府办学资金不足难题

民办教育广泛吸纳了各方资源，弥补了政府经费不足，缓解了财政压力。仅民办中小学教师工资一项每年就为县财政减轻 1 000 多万元的压力。民办学校也使原来闲置的校舍等国有资产得到了进一步盘活。比如，华茂学校是在原马家中小学创办的，华才学校是在原大黄中学创办的。这些学校的兴办，不仅节省了政府财力，也增添了教育服务的活力。

三、破解了留守学生教育管理难题

随着农村外出务工人员增加，留守学生成为一种普遍的社会现象。民办学校普遍实行寄宿制封闭管理，推行吃、住、行一条龙服务，并且大多数民办学校针对留守学生配备了专业的生活老师，建立了专业的心理咨询室。民办学校成为广大留守儿童的首选。据统计，全县民办学校 95% 以上的学生在校寄宿，75% 以上是留守儿童。

四、破解了本地高校毕业生就业难题

民办教育的发展为广大高校毕业生，特别是本地高校毕业生提供了一大批就业岗位。在全县民办中小学1 151名教职工中，大中专毕业生和下岗人员比例达92.8%，为解决本地高校毕业生就业问题开辟了新的渠道，发挥了积极作用。

五、破解了教育事业活力不足难题

良好的公办教育基础，促进了民办教育迎头追赶。如华茂学校、华杰学校、华兴学校等民办学校的办学水平受到了各方肯定。

几点体会

一、党政重视是根本

“老大难老大难，老大出马就不难。”实践证明，任何一项事业的发展，关键在于党政主要领导高度重视。万年民办教育的发展，最大的根本就是县委、县政府高度重视，像抓经济工作一样抓民办教育。县委、县政府主要领导经常深入民办学校调查研究，现场办公，解决具体问题，为民办教育的发展培植了沃土。

二、有序竞争是前提

竞争也是生产力，但是不讲规矩、不讲原则的竞争就会倒退。面对公办教育和民办教育百花齐放、百家争鸣的现状，只有本着“优势互补、公平竞争、共同发展”的理念，通过建章立制来规范引导，通过强化管理来规范操作，通过完善机制来规范办学，有效遏制各类学校互挖生源、互挖教师、互相诋毁等恶性竞争现象，走有序竞争、良性循环之路，才

能促进区域教育均衡、持续、协调、健康发展。

三、队伍建设是保障

一支稳定的、能战斗的队伍是取得胜利的根本保证。纵观全县民办学校，大都是能人办学，他们当中有教授，有原副县级干部，有企业家；行家治校，华杰学校的校长是首届“全国优秀民办中小学校长”陶仙法，华茂学校创办之初时的校长，就是原马家中小学的校长汪世样，目前该县民办学校中的校领导有 13 名是原公办学校的校领导；名师执教，全县共有 120 多名学科带头人、骨干教师在民办学校任教。

四、特色彰显是关键

民办学校早期的创业者提出“以质量求生存，以特色求发展”，民办学校要扬长避短，办社会之所需，补国家办学之缺，就必须根据自己的优势，在办学定位上找准特色，在管理中强化特色、提升特色，走出与公办学校不同的发展之路。

（江西省教改办推荐）

优化发展环境　促进健康发展

——宁夏石嘴山市优化民办教育发展环境的实践

【摘要】近年来，宁夏石嘴山市加大扶持，提升民办教育办学档次；依法管理，规范民办教育办学行为；加强培训，强化民办教育管理质量，不断改善民办教育发展环境。经过努力，石嘴山市基本形成了积极支持、鼓励民办教育健康发展、择优发展的共识，民办教育发展环境得到明显改善，实现了“四个提高”：一是政府对民办教育的重视度明显提高，政策环境越来越优越；二是全社会对民办教育关注度明显提高，支持力度越来越大；三是民办教育机构规范化程度明显提高，综合管理水平越来越高；四是民办教育机构的办学质量明显提升，群众满意度越来越高。

改革实施背景

石嘴山市民办教育起步于上世纪 80 年代初，发展于 90 年代以后。截至 2011 年底，全市共注册各类民办教育机构 106 家，其中学前教育机构 64 所，普通完中 3 所，高校 1 所（隶属教育厅管理），业余培训机构 38 所。各类民办教育机构在一定程度上满足了人民群众对教育形式多样化的需求，弥补了国家教育投入的不足，为当地经济及社会发展作出了积极的贡献。但随着社会的发展，人民群众对教育的关注度、质量的要求越来越高。“先发展后规范”的思路所带来的弊端也日渐凸显，如政策环境不够通畅、经费投入不足、办学质量不高、规范化程度低、安全问题突出等。因此，进一步优化民办教育发展环境，促进民办教育健康发展，成为亟待解决的问题。

主要措施

一、高度重视，优化民办教育发展环境

一是将民办教育发展合理纳入当地教育事业发展规划中，制定促进民办教育发展的相关制度和办法。二是 2007 年制定了《石嘴山市发展民办教育若干规定》，对民办教育机构在校舍用地、缴纳费用、设立民办教育专项经费、教师待遇等方面建立起优惠政策。三是市人民政府专门成立了由相关部门组成的教育体制改革工作领导小组，进一步加强组织建设，制定了《石嘴山市改善民办教育发展环境改革试点实施方案》，计划在五年时间内完成试点任务。四是 2011 年制定了《市人民政府关于印发石嘴山市鼓励发展大型商场大型物流星级酒店职业教育及校办工厂和学前教育的暂行办法的通知》，重点对民办学前、职业教育在水电气暖、用地、行政性收费等费用缴纳方面给予优惠和减免。五是为更好地促进民办教育健康发展，2012 年出台了《石嘴山市委市人民政府关于进一步深化教育改革和发展的意见》，进一步明确扶持发展以学前教育和职业教育为重点的民办教育。建立民办教育发展专项资金，市、县区财政每年分别安排 200 万元、100 万元，并逐年增长；在教育用地划拨、金融机构信贷、民办师生权益等方面提出明确规定；对创建自治区示范园、一类幼儿园的民办幼儿园，县区政府分别按照教师规范编制的 50%、30% 的比例划拨人员经费；并对民办高校——宁夏理工学院每年拨付 1 000 万元用

于重点学科、重点专业的建设和师资培养培训。六是制定了《石嘴山市民办教育管理规定（试行）》。

二、加大扶持，提升民办教育办学档次

为了提升民办教育机构的办学档次和规模，缩小与公办学校间的差距，近年来，在相关优惠政策的指导下，石嘴山市对各级各类民办教育予以各种形式的扶持。一是坚持政府主导、社会参与、公办民办并举，积极扶持发展民办幼儿园，要求在人口规模达到2 000人左右的城镇小区配套建设幼儿园，满足人民群众对学前教育就近入园的需求。二是鼓励优质幼儿园举办分园或合作办园，扩大优质学前教育资源。市幼儿园接收了九〇五厂企业幼儿园建成市幼分园，托管了新建民办嘉禾幼儿园，委派副园长全面指导日常管理；平罗二幼接管了民办星海花园幼儿园，充分发挥示范园辐射带动作用。三是组织开展幼儿园结对帮扶活动。采取听课、参观、经验交流、“名师送课”活动等方式，引导并支持公办、民办幼儿园开展多种形式的对口支援活动，促进各级各类园所整体提升。四是在开展教师、学生的评先评优活动中，给予民办教育机构师生一定比例。五是与市财政局联合下发了《石嘴山市普通高中国家助学金管理实施细则》，对具备办学资质的民办学校普通高中学生提供普通高中助学金，仅2011年就有73名学生受惠，总额达10.95万元。

三、依法管理，规范民办教育办学行为

确保民办教育机构的健康、规范发展，依照法规加强管理。一是依法建立民办教育机构的审批制度，明确民办教育机构的审批流程和准入条件。二是认真落实民办教育机构年检制度。组成年检工作小组，深入学校踏踏实实开展年检，对民办学校的办学条件、质量管理等作出客观公正评价，限期整改，将年检结果向社会公示。召开民办机构年度总结会议，表彰先进，鞭策不足，取缔存在严重问题的教育机构。三是建立

督查评价机制。出台了《石嘴山市民办中小学、幼儿园督查评估细则》，市政府教育督导室每年对各类民办机构开展全面督查，督促其加强管理，规范行为，提升质量。四是加大对无证黑园、黑校治理力度。会同公安、工商、消防、卫生等多部门联合执行检查，依法责令黑园黑校停办，切实保障依法办学教育机构和广大家长及学生的合法权益。五是重点加强安全管理。组织开展校园安全管理培训，不定期开展安全工作专项检查，及时整改安全隐患，在部分民办教育机构安装电子监控设备，配备保安人员。《自治区教育厅关于进一步加快民办中小学校舍改造工程的紧急通知》规定，督促民办中小学利用暑假对校舍逐栋进行排查鉴定，根据排查鉴定结论，制定改造方案。对拒不组织排查鉴定的民办中小学依法取消其办学资格，停止办学；对存在安全隐患且拒不实施改造的民办学校，依法取消其办学资格，停止办学；对新申请举办但校舍达不到安全标准的，坚决不予审批。六是依法加强财务监管。要求民办教育机构配备专业财务人员，建立财务和资产管理及收退费制度，依法办理收费许可证，严格收费。建立办学风险保证金制度，预防学校因各种原因不再办学的善后处置。七是依法加强教材、招生等工作的管理。为治理学前教育小学化倾向，要求各民办幼儿园依规办园，纠正办学偏差，不得统一组织征订教材。将民办学校招生纳入全市统一招生管理中，保证民办学校生源质量。

四、加强培训，强化民办教育管理质量

教育教学质量和管理是民办教育机构的生存之本。为加强民办教育机构管理，提升教育教学质量，一是定期对民办教育机构负责人进行政策法规和管理知识培训，端正办学思想，规范办学行为。二是多次举办民办幼儿园园长专题培训班，选送民办园园长到西安、深圳等地培训，提升校园长管理水平。三是加强教师培训，邀请国内知名专家对幼儿园教师开展专题培训，经常性组织教研员重点深入各民办幼儿园实地听课

指导，多场次组织学前教育专业主题讲座、观摩学习和教师技能大赛，有效促进教师专业化发展。

主要成效

一、主要变化

经过近两年的积极努力，石嘴山市基本形成了积极支持、鼓励民办教育健康发展、择优发展的共识，民办教育发展环境得到明显改善，实现了“四个提高”：一是政府对民办教育的重视度明显提高，政策环境越来越优越；二是全社会对民办教育关注度明显提高，支持力度越来越大；三是民办教育机构规范化程度明显提高，综合管理水平越来越高；四是民办教育机构的办学质量明显提升，群众满意度越来越高。

二、解决的主要问题

实现了“四个有效解决”。一是政府过去投入明显不足得到有效解决。市、县区财政每年分别安排200万元、100万元作为民办教育发展专项资金，并逐年增长，在教育用地划拨、金融机构信贷、民办师生权益等方面提出明确规定，对创建自治区示范园、一类幼儿园的民办幼儿园，县区政府分别按照教师规范编制的50%、30%的比例划拨人员经费。二是民办教育机构规模小、档次低、质量差的状况得到有效解决。通过优惠政策的制定和规范化管理，吸引了一些质量高、上档次的投资者举办民办教育，引导个别后续乏力、规模小、质量差、群众满意度低的民办机构逐步退出市场。三是民办教育机构规范化程度低的状况得到有效解决。逐步建立规划及相关管理制度和奖惩机制，有序引导民办机构加强规范化管理。四是民办教育机构的办学质量低的状况得到有效解决。通过强化教学管理，加大师资队伍培训培养，加强素质教育，一定程度上改变了民办教育机构办学质量低的状况。

三、满足人民群众要求

一是民办学前教育进一步满足了人民群众就近、择优入园的要求，坚持大力发展普惠性幼儿园的政策导向。在大力发展公办幼儿园的同时，积极扶持民办幼儿园的发展，为广大人民群众提供更多的普惠性学前教育，逐步解决了人民群众入园难的问题。二是民办学历教育进一步满足了人民群众教育个性化的要求。通过规范民办学历教育学校的办学行为，加强学校管理，防范办学风险，增强了民办学历教育学校依法办学、自我约束的能力，为人民群众提供个性化的教育服务，以满足广大人民群众对教育选择性的需求。三是民办教育培训机构进一步满足了人民群众教育多样化的要求。坚持民办教育培训机构必须诚信办学的原则，努力提高教育教学质量，树立行业榜样，提升行业的形象，为学生、家长及社会各界做好教育多样化的服务工作，确保民办教育培训机构健康有序发展。

（宁夏回族自治区教改办推荐）

职业教育办学模式改革专题

把职业教育变成新区产业大军的蓄水池

——天津市大力推进职业教育综合改革

【摘要】天津的职业教育具有历史传统和良好基础。多年来，天津立足经济社会发展的实际，与国家教育部共建国家职业教育改革试验区、示范区，探索了一条具有天津特色的发展路子。但与经济社会发展的要求相比，与发达国家同类教育水平相比，统筹规划和政策引导还存在差距，职业学校的基础管理制度和办学规范还不健全，技能型人才的培养质量有待提高，学生成长的“立交桥”还不畅通。为此，天津大力推进职业教育综合改革，重点在三个方面实现突破。一是在建立和完善职业院校基本标准方面实现突破，使职业院校发展有章可循，有法可依。二是在优化高素质技能型人才培养模式方面实现突破，使职业院校培养的人才更加符合产业发展需要，更加符合人的全面发展需要。三是在促进职业院校资源共享和集约化办学方面实现突破，使职业院校聚集效应更加明显，人才培养效益更加突出，产教合作机制更加稳固。

坚持统筹职业教育与经济社会协调发展

结合经济社会发展趋势和城市定位，确定更加贴近企业实际和市场需求的新思路。

一、贴近滨海新区开发开放抓技能型紧缺人才培养

天津市委、市政府将职业教育综合改革试点项目列为《天津滨海新区综合配套改革试验三年实施计划》的重要内容，研究制定职业教育专项实施方案，与教育部合作共建八大“滨海新区技能型紧缺人才培养基地”，按照滨海新区重大项目建设要求，超前培养技能型紧缺人才，确保重大项目建成之时，相关技术工人就能顶岗操作。目前，滨海新区技能型紧缺人才培养基地已经成为新区产业大军的蓄水池，形成新区提升吸引国内外优质资本聚集的重要软环境。

二、贴近全市产业结构升级抓专业结构调整

利用海河教育园区建设契机，充分发挥产教结合委员会和校企结合专业设置指导委员会的作用，积极改造传统专业，大力发展与天津支柱产业、战略新兴产业密切相关的专业，全市新增和调整专业（点）500多个，促进了产业链与技能人才培养链的无缝对接。目前，天津的支柱产业在相应的职业院校中成为主体专业，企业充实的技术工人94%以上来自职业院校，为实体经济发展提供了源源不断的人力资源。

三、贴近市场需求抓社会培训

组织职业院校与工业园区、企业签署职工培训协议，为实体经济发展提供了源源不断的人力资源。组织职业院校与市人力社保局联合开发“技能培训包”，将职业标准融入教育教学全过程，形成灵活弹性的人才培养机制，广泛开展再就业培训和农村劳动力转移培训。今后几年，天津职业院校社会培训量要达到在校生总数的1.5倍，为天津长远发展积蓄百万产业大军。

坚持政府主导、行业主办、教育主管、社会参与的办学体制

大力推行以体制改革为重点的职业教育综合改革，充分发挥行业企业积极性，职业教育发展生机与活力显著增强。

一、坚持行业办学为主

以行业办学为主是天津职业教育的突出特色。天津坚持依靠行业办学不变，教育经费渠道不变，额度不减，教育行政部门加强统筹规划和宏观管理，促进职业教育发展由主要依靠政府推进，向依靠政府主导、行业主办、教育主管、全社会共同参与转变。目前，全市85%以上的高职院校和50%以上的中职学校都是由行业举办，有力促进了天津职业教育的持续健康发展。

二、推进职业教育集约化发展

天津充分发挥学校和企业两个优势，组建了18个职教集团，积极促进校企一体化办学。同时，适应产业需求，合理配置职教资源，将中职学校由430所调整到了现在的100所，并重点建设了20所国家级示范性职业院校，实现职业教育的集约化、规模化发展。

三、深化工学结合人才培养模式改革

充分利用海河教育园区集约化办学优势，选择有关专业试办五年系统化培养试验班，规范已有的五年一贯制高职，积极探索四年制高职教育改革，建立全国职业院校技能大赛获奖选手免试升学和推荐就业制度，积极构建职业教育人才成长“立交桥”。组织高职院校与行业企业共同开发了894门课程、403种教材，安排2.5万名学生到企业顶岗实习，为企

业订单培养近 8 000 人。在 2012 年全国教育工作会议上，天津就“加强校企合作，促进职业院校与行业企业深度融合”作了典型发言。

坚持统筹优化资源配置

坚持把加强职业教育基础能力建设纳入全市 20 项民心工程，按照“办大、办优、办强”的指导思想，强化政府统筹管理职能，优化职教资源配置，努力提高办学效益。

一、建设海河教育园区

为了发挥聚集效应，解决职业院校布局散、规模小、条件差等问题，天津按照城市总体发展战略，在海河中游地区规划建设了占地 37 平方公里的海河教育园区，作为全市职业教育聚集发展的大平台。园区计划投资 500 亿元人民币，分三期建成。一期工程已在 2011 年初建成交付使用，7 所职业院校 6.5 万名师生进入新校区。二期工程 2011 年底已开工建设。园区全部建成后，全市中高职院校和主要职教资源都将集中到园区，办学总规模达到 20 万人，年培训企业职工 30 万人次，成为集学历教育、技术培训、技能鉴定、职业指导、技能大赛为一体的职业教育标志区。

二、推进海河教育园区资源共享

主要通过教育资源整合和现代信息技术手段，以专业课程、公共基础课程和公共选修课程为重点，在海河教育园区职业院校之间搭建课程互选、教师互聘、设施互用、学分互认的资源共享平台。2012 年，已率先实现 3 个专业校际合办、“两课”通选和 4 门国家精品课程网上共选，使有限的职业教育设施资源发挥最大的效能。在海河教育园区建成了全国设施最好、规模最大、功能最完善的职业技能公共实训中心，包括 11 个实训室和 1 个教学工厂，能同时容纳 1 700 人进行实训。中心实行开放式管理，面向学校和社会承担培训任务。

三、建立和完善职业院校基本标准

市教委、市人力社保局和市财政局联合下发《关于进一步支持做好天津市中等职业学校布局结构调整工作的实施意见》，认真落实中职学校设置标准，“十二五”期间，将按照“一个行业、部门、区县集中办好一所中职学校”的原则，将中职校调整到 50 所以内，校均规模达到 2 000 至 2 500 人，重点支持建设 40 所天津市中等职业教育示范学校和 20 个优势特色专业。市教育、财政等部门还正在研究制定天津市职业教育示范校建设标准、生均教育经费拨款标准等文件，以促进职业院校管理的规范化、现代化。

坚持服务国家发展战略

作为试验区、示范区建设的一项重要任务，天津不断加强与西部地区的对口交流合作，实现了合作共赢。一是着力做好中职骨干教师国家级培训。依托天津大学、天津职业技术师范大学和天津中德职业技术学院三个国家级职教师资培训基地，落实西部职教师资培养计划，对口支持 39 所西部高职院校，培训了 1 500 多名教师，为提高中西部地区教师的教学水平作出了贡献。二是加强与中西部联合招生合作办学。多年来，天津充分发挥本市职业教育资源优势，主动面向中西部地区拓展生源。目前，天津职业院校中西部生源已占 40%，每年有 2 万多名毕业生留在天津就业。这一举措，既服务了西部大开发，又弥补了天津青年人力资源的不足，有效改善了城市人口素质结构、年龄结构，实现了东西互动，共赢发展。

许多专家来津调研天津职业教育综合改革试点进展情况，认为天津职业教育发展令人“眼睛一亮，精神一振”，并总结了天津职业教育综合改革的“四大亮点”。一是服务天津产业转型升级，调整专业设置，开展社会培训，培养了大量技能型紧缺人才。二是优化资源配置，注重课程、师资等软件资源的共享，体现了集约化发展的新思路、新理念。三是坚持以行业办学为主的体制，优势越来越明显，生命力越来越强。四是天津职业院校注重工学结合，注重校企深度融合，注重教育教学细节。

（天津市教改办推荐）

发展职教 志在富民

——河北阜平县职教中心走送教下乡、职教富民之路

【摘要】阜平县职业技术教育中心创建于1994年，前身为阜平县农业技术中专学校，占地600余亩，拥有县城、平阳两大校区，15个教学分区（乡镇初中）。主要开设农村电气技术、酒店服务与管理、农业机械使用与维护、畜禽生产与疾病防治、果蔬花卉生产技术等九个长线专业，另设市场营销、生态旅游等七个社会培训专业。现有在校生8 000余人，年均社会培训能力达2 000余人次。建校以来，学校坚持以“发展职教，志在富民”为立校之本，坚持“职教推动产业，产业促进脱贫”的职教富民之路，坚持学历教育与短期培训并举，推进面向人人的农村职业教育终身化体系建设，逐步形成了“立足阜平，融入区域，服务三农”的办学特色，被称为职教兴县富民的“太行山模式”。

背景简介

阜平县位于河北省西部，太行山东麓，总面积2 478平方公里，总人口21万，俗称“九山半水半分田”。山场面积大，自然资源丰富，是河北省农副产品出口基地县。随着社会主义新农村建设的深入推进和城乡一体化的发展，培育“有文化、懂技术、会经营”的新型农民，成为新

时代解决“三农”问题、促进农民增收的重要突破口。据统计，阜平县20至40周岁之间的农民，80%只具有初中及以下文化程度。素质较低、信息闭塞已成为提升农民致富能力、拓宽农民增收渠道的重要制约，致使“怀抱金饭碗，四处去讨钱”的现象长期存在。同时，广大农民改变经济地位、提升生活品位的愿望越来越强烈，却又处于生活压力大、学习机会少的尴尬境地。

2009年，河北省教育厅、农工办、组织部联合下发《关于开展送教下乡实施“新农村建设双带头人培养工程”的通知》，在县委、县政府的正确领导下，在县委组织部、农工委、扶贫办等部门的大力支持下，学校依托涉农专业师资、设备的优势，紧跟县域经济发展特色，开设了果蔬花卉生产技术、畜禽生产与疾病防治、农村经济综合管理三个专业，走出了一条“政府主导、整村推进、分层实施、点面结合”的“送教下乡”道路，取得良好的社会效果。

做法及成效

一、政府主导，部门联动

成立以县委书记任组长、县长任常务副组长、四大班子主管领导任副组长、十八个科局主要负责人为成员的职业教育发展领导小组，统筹协调解决职教发展中的实际困难和问题。成立以县委组织部长为组长、十八个科局主要负责人为成员的“送教下乡”工作领导小组，统筹解决实际困难和问题，在招生、实训基地建设、师资配备等方面予以全力支持，2009年完成近3 000人的招生任务。

（一）政府搭桥，校企、校乡（镇）、校村共建校外实训基地。在县林业局、农业局、畜牧水产局等部门的支持下，学校先后与东城铺、福子峪、黑崖沟等村委会，吴王口、王林口等乡镇政府，冀龙畜牧生产有限责任公司、春利奶牛厂、照旺台柴鸡养殖基地签订合作协议，共建校外实训、实习基地，推动教育教学有效开展。同时，各部门抽调专业技术人员50余人，建成“送教下乡”兼职师资库，为送教下乡的顺利实施奠定了坚实基础。2009年以来，东城铺“双十万亩”大枣基地、福子峪十万亩大枣观光园、东兴甲鱼养殖基地、海岩奶牛养殖基地等十余个校外实习实践基地，接受参观、学习5 000余人次，大大提高了教学的实效性。

（二）统一部署，构建职教网络，延伸教学链条。按照县委、县政府的统一部署，阜平县教育局全面整合教育资源，将各乡镇成人学校划归职教中心统一管理，人员编制纳入职教中心序列，统揽全县的成教工作和全县各级各类培训。同时在各乡镇初中加挂职教中心分校校牌。在清华大学扶贫教育一级远程教学站的基础上，先后购置、开发了核桃生产技术、大枣生产技术、奶牛养殖技术等系列教学软件，大大改善了实训基地与学生供需矛盾的局面，直观的教学效果激发了学生的学习兴趣。2012年，学校投资200多万元建成了远程教育双向视频互动系统，实现了全县15个教学点视频同步教学，创设动态开放式网络学习环境，为学生和农民自主学习、技能培训、社会服务搭建平台。网络教学丰富了学校教学手段，延伸了农民学习链条，使职业教育覆盖面更广，受众更多，也为构建全民终身教育体系作了有益的尝试。

二、整村推进，分层施教

为维护农村稳定，确保“送教下乡”工作顺利开展，阜平职教中心首先选择王林口、北果园、吴王口等农业生产特色明显、群众基础较好、交通相对便利的乡镇，实施整村推进招生，逐乡（镇）铺开策略。

（一）立足产业，分类教学。紧贴阜平县“一村一品、一乡一业”的农村经济发展战略，坚持依据地方农业产业特色，实施分类教学。在东部乡镇开展以甲鱼、奶牛、貉子养殖为主体的特种养殖教学；在南部乡镇大枣主产区，开展以大枣为主的果树管理教学；在西部乡镇开展以核桃、板栗为主体的特色林果栽培技术教学。同时，结合县产业发展特色和农村经济结构调整方向，确定各专业主修方向，并结合不同乡镇的农业发展优势，调整专业课的侧重点，编制了指导性强、地域特色鲜明的各专业实施性教学计划，明确各教学点的开课计划，编写各门专业课程的教学大纲和实训大纲等相关教学文件，为整个教学活动的有序、有效开展提供了重要的教学指导。

北果元乡是阜平县大枣主产区，年产大枣近千万斤，是当地枣农的主要收入来源。近几年，部分乡村由于枣树老化、缺乏科学管理等原因，大枣产量出现了不同程度的滑坡，枣农增收陷入困境。阜平职教中心“送教下乡”开始后，东城铺村绝大部分适龄枣农参加了学习。2011 年该村在学校相关专业教师的帮助下，枣树管理日渐科学，平均每户枣农大约增收了两成。

天生桥镇的天生桥人家是比较大的农家乐，原先只有几间老旧的房子搞经营，生意惨淡，后来经过老师上门辅导，扩大经营，现在不仅有能容纳一百多人的客房，农家风情浓郁，太阳能热水器、电视机、宽带上网等现代化住宿设施亦应俱全，特色餐厅经营火爆，而且还采用了网页、彩色画册等现代化营销手段。现在北京、天津、保定等地的客人只有提前预定才能住宿。五十多岁的经营者顾来章经常说：“现在我是身在深山有远亲，职教中心的老师就是我的亲人。”

（二）深入调研，因材施教。对于同一地区的农民学生，依据其家庭经营和知识素质的差异性，阜平职教中心坚持因材施教的原则，分层施教。通过调查，将同村或邻村农民学生分为三层：一是家庭产业基础较好，具备较丰富实践经验者；二是具有一定家庭产业基础和实践经验者；三是暂时没有相关产业和实践基础者。三种层次的学生分别成班，区别施教。

实行工学结合、半工半读的培养模式，通过实行弹性学制和学分管理，不断完善针对农民学生的学业管理机制。在具体教学安排中，上述前两者侧重新技术、新工艺学习和综合素质的提高，学制一般设定在3~4年；后者重在基本知识、基本技能的学习训练，学制一般设在5~6年。分层指导，按需施教，灵活安排学时，大大提高了教学内容的针对性和实效性，激发了农民参学的积极性。

三、以点带面，仿真教学

为发挥示范带动作用，推动整体教学质量提高，达到整村富裕的最终目的，阜平职教中心建立"致富能手""优秀学生"独立档案，并以他们为中心建立学生"交流站"，使他们成为学生学习的标杆，技术传播的中转站，平时辅导的"小教师"。

（一）树立标杆，辐射带动。阜平职教中心在每个教学点选择1~3个学习氛围浓厚、整体实践水平较高的班级，列入"精品班"建设计划，除常规教学外，加大技术扶持和信息服务力度。同时，每个班级选择3~6名现有家庭经营基础较好、学习愿望强烈的学生，作为学校重点扶持对象，在技术指导、融资贷款、扩大规模等方面予以大力支持，使其成为当地产业发展的"领头雁"，带动辐射全村、全乡相关产业发展，提升职业教育吸引力。两年来，先后涌现出了东庄甲鱼养殖班、海沿奶牛养殖班、东城铺大枣种植班等优秀班集体，整体辐射带动作用明显，对当地农业经济结构调整和发展产生了重要影响，特别是2009级海沿奶牛养殖班的学生，在两年培训期间，生产规模均有了不同程度的扩大，带动附近燕头村等养牛产业初具规模；同时涌现了曹新来、孔金凤、袁龙等一大批优秀学生，2010年、2011年，阜平县委组织部连续两年正式发文表彰送教下乡优秀学生，在全县引起了较大反响，也进一步激发了农民学生学习的热情。

曹新来是王林口乡甲鱼养殖户，2009级新生。入学以来，他刻苦学习，活学活用，勇于实践。截至目前，甲鱼存塘数量由原来的1万只增加到4万多只，年收入近20万元，带动了当地10余户农民投资甲鱼养殖，初见成效。2011年5月，学校组织曹新来等20余名优秀学生成立了

“技术服务队”，充当“小老师”，协助专业教师开展实训实习指导和技术服务，大大缓解了学校专业师资短缺的压力。

（二）校企一体，实景教学。学校坚持校企一体化发展，利用学校是“阜平县中小企业创业辅导基地”的优势，吸引“万祥农业科技生态园”“阜平县呈祥家电维修服务部”“阜平县鼎宏服装服饰制品有限公司”“阜平县零点广告设计制作有限公司”“涿州市明城恒盛科技开发有限公司”等公司进驻学校。学校在信息、政策咨询、政务代理、技术培训、项目引进、物业管理等方面为进驻企业提供服务；企业为学生提供实习实训岗位，接纳教师企业实践，为师生创设了“身临其境”的教学环境，企业技术能手同时兼职学校实习指导教师，指导学生强化技能。引企入校，让每一个专业都找了一个“好婆家”，实现了专业、企业共生共赢，使学校培养的学生更加“适销对路”。

四、整合资金，捆绑使用

“送教下乡”作为一项复杂系统的新型农民培育工程，资金保障压力较大，阜平属国家级扶贫开发工作重点县，体现尤其明显。为破解这一难题，县委、县政府积极引导，组成了由农业、林业、旅游、科技、扶贫、社保、畜牧、水利、组织等部门共同参加的职业教育合作体，每年整合各种培训资金200万元，由学校集中捆绑使用，用于实训基地建设、学生学习补贴支出。先后购置仪器、设备200余套，用于建设各教学点实训室，有力保障了“送教下乡”的有序开展，同时有效缓解了学校的财政压力。

体会和感受

阜平职教中心通过送教下乡，由过去的“以教师为主体”转变为

“以学生为主体”，由过去的“固定课堂”转变为以生产一线、田间地头为主的“流动课堂”，由过去教学内容以“课本为导向”转变为以“岗位需求为导向”，实现了学校办学理念、教学模式、教学内容的三个转变，是实实在在走进民心的教育，是真正适应农民需求的教育，为加快发展面向农村、面向人人的职业教育、形成学习型社会作了积极探索，其成果证实了认真落实政府职责在职业教育发展中的重要作用，证实了职业教育在经济社会发展中所发挥的基础性作用，开辟了一条贫困农村县职业教育健康、持续发展之路。

（河北省教改办推荐）

探索实施现代学徒制　助推新兴产业发展

——江西新余市创新职业教育人才培养模式

【摘要】新余是一座新兴的工业城市，现已基本形成以钢铁、新能源、新材料三大产业为支柱的工业体系。三大产业的迅速崛起，特别是光伏产业的快速发展，需要数以万计的技能型人才。大力发展职业教育，加快人才资源开发，是满足新余新兴产业对劳动者需求、落实人才强市战略、助推产业转型升级、服务地方经济发展的重大举措。基于这样的认识，新余在改革人才培养模式、助推新兴产业发展上狠下功夫，探索实施现代学徒制，取得了可喜成绩：以建设省职业教育园区为平台，整合职教资源，实现集约化办学；出台补助企业、补贴师傅、设立兼职教师基金等政策措施，形成基地共建、师资互聘、教学计划大纲共同完成的校企深度融合机制；通过政府统筹、部门推动、园区（产业）主体、学校主办、企业参与，实现招生与招工互通，上课与上岗融合，毕业与就业一体的多元主体办学，提高培养质量，助推新余新兴产业发展。

主要做法

一、优化职教资源，蓄积发展动力

以民办为主的职业教育办学体制，是新余职业教育的一大特色，为了更好地调动办学者的积极性，新余立足于把优化职业教育资源、实行集约化办学作为创新职业教育办学机制的突破口。通过规范办学、政策保障，扶优扶强；通过建设园区、整合优化资源，聚能成势。

（一）建设园区，聚能成势。2010年，市委、市政府决定，举全市之力建设“全省第一、全国一流”的职业教育园区，以此推动新余职业教育发展繁荣。之后，省教育厅将新余职教园区定名为江西省职业教育园区。园区规划总面积25.6平方公里，总投资60亿元，建成后进驻学校15所，在校生达20万人，将成为全市乃至全省新兴产业人才培养培训基地及职业教育产、学、研一体的综合园区。为此，市委、市政府下发《关于加快推进江西省职业教育园区建设的若干意见》，成立江西省职业教育园区管理委员会，为市政府直属的正处级事业单位，定编12个。园区建设一年多来，已落户院校6所，完成总投资8亿多元，各项建设总体进展顺利，引校入园成绩显著，建设格局基本形成。

（二）整合资源，提升实力。挖掘、利用、开发职教资源，优化资源配置，是创新职教办学机制的有效措施。早在几年前，市委、市政府就提出，要构建以高职为引领、中高职统筹协调发展的职业教育新格局，将职业学校由原来的53所整合为10~15所左右。利用政策杠杆，通过合并、共建、联办等形式促大并小并成立职教集团，以此加强院校基础能力建设，提升学校办学实力。通过资源优化整合，全市现有职业院校16所，其中职教集团4个，职业院校的综合实力和竞争力得到显著增强。

（三）退城进园，规模发展。制定《新余职业院校资源整合退城进园实施方案》。按照《关于加快推进江西省职业教育园区建设的若干意见》文件精神，实施优惠政策，推动城区职业院校退城进园。一是靠强联办。市内职业院校与省内外名校联姻嫁接，进驻职教园区。二是招商办校。民办职业学校以招商引资方式控股或出让，进驻职教园区。三是整合重组。鼓励、支持规模较小的民办职业学校自主整合，进驻职教园区。四是独立办学。鼓励优势行业、重点企业举办职业院校，进驻职教园区。

2012 年力争完成市职教中心、东华科技学院、新余司法警官学校、新余人民广播电台职业技术学校退城进园工作；启动赣西学院退城进园工作。2013 年启动江西康展汽车科技学校退城进园工作，江西渝州科技学院第一、第二校区退城进园，新余学院高职部、赣西学院完成退城进园工作。

（四）招商引校，注入活力。优化发展环境，积极招商引校。进一步理顺管理机制，完善管理职能，创新服务意识。与职教园区共同努力，抓紧引进江西钧工智能机器人学校、中山火炬职业技术学院新余生产性实训校区、广东兴邦产业信息传播有限公司实战人才培训、赣西学院新校区、南丰商会投资的基础教育项目、新余绿色低碳创意印刷产业园等项目落户新余。同时，抓好投融资平台建设，提升发展后劲，积极和多家金融机构洽谈合作，千方百计筹集更多的建设资金，推进园区建设。

（五）政策保障，扶优扶强。市政府下发《关于进一步加快职业教育发展的意见》，每年教育附加费的 30% 足额用于职业教育发展。制定《新余扶持职业教育发展贷款政府贴息资金管理办法》，市财政每年拿出 100 万元用于民办职业院校贷款贴息，加强民办职业院校基础能力建设；对新余籍学生就读本地职业院校的，每人每年给予 1 300 元生活补贴；职业院校新建或扩建所需土地，全部实行教育划拨。民办职业院校建设涉及的规费征缴与公办学校同等对待。派出在职干部到民办院校专职从事党务、维稳及督导规范办学等工作。

二、创新办学模式，推进校企融合

职业教育是从职业出发的教育，职业教育既有教育的一般性，又有职业的特殊性。要保持职业教育旺盛的生命力，必须促进校企融合，走多元办学主体之路。新余在下列方面进行了探索尝试。

（一）校企联合办学。学校与企业实行“双主体”办学，企业为学生提供学徒岗位、经费资助、双师型教师、就业岗位、开发课程等；学校为企业培养合格员工，输送技能型人才，承担科研项目，开发新产品等；

校、企法人代表互相兼职、师资双向交流，学生、学徒、员工三位一体，有机统一，校企合作相得益彰，互惠互赢。例如：江西太阳能职业技术学院与瑞晶太阳能公司紧密合作办学，实施2个瑞晶班120名学生的订单培养；新钢公司招收的70多名退伍军人全部纳入江西冶金职业学院培养，使他们成为文化合格技能过硬的职工，推动了校企合作办学、合作育人、合作就业、合作发展。

（二）企业开设专业。由企业出资到学校开办专业，企业派师傅到学校做兼职教师，学校提供教学场所，负责管理学生，其他均由企业承担。学生可获得企业提供的全真模拟实训设备进行岗位技能训练的机会，毕业后即可直接进入企业上岗，成为合格员工。例如：赣西学院服装专业的实训设施由雅戈尔集团提供，实行全真模拟实训，企业安排师傅到学校指导，设立企业家大讲堂，推进校企文化深度融合，学生毕业直接上岗，成为合格的劳动者或创业者，连续就业率达97%，满足了企业用人需求。

（三）学校自办企业。鼓励支持职业院校自主或引进社会资金兴办加工企业。一方面校办企业可提供大量的实训就业岗位，另一方面，企业利润反哺学校，促进校企共享共荣。例如：渝州科技职业技术学院兴办了2个加工企业，部分学生可直接进入企业实训和就业；江西康展汽车科技学校自办了3个汽车修配厂，使学生学习有课堂、实习有岗位、就业有保障。

三、强力推进试点，培养对口人才

2011年，遴选了5所职业院校6个专业部分学生对接新钢公司、赛维LDK公司、瑞晶太阳能公司、赣锋锂业等企业开展学徒制试点。

（一）实行政府统筹。统筹分散在教育、人保、工信等部门的职业教育资源与技能培训，使职业教育资源利用效益最大化；统筹企业用工岗位，及时满足企业用工需求，安排学生学徒岗位，提升学校服务能力，有效满足学生对学徒岗位的需求。

（二）强化政策扶持。从2012年开始，市财政专门列支100万元用于现代学徒制试点，并制定现代学徒制试点企业税收优惠政策。

（三）建立激励机制。出台补助企业、补贴师傅、设立兼职教师基金等政策措施，校企共创共享科研成果、图书资料等资源，形成基地共建、师资互聘、教学计划大纲共同完成的校企深度融合机制，构建政府统筹、部门推动、园区（产业）主体、学校主办、企业参与的新格局。

（四）改革传统学制。改革传统“2+1”学制，实行学生第一年在校学理论，第二年理论学习与实训相结合，第三年到岗学徒的教学模式。根据企业岗位需要，灵活安排学生学习方式和时间，试行适合职业教育特点的学籍管理制度，以满足企业对紧缺人才的需求。

（五）强化内涵建设。优化专业结构，瞄准市场需求，形成与新余经济和产业发展匹配紧密、结构合理、覆盖广泛、特色鲜明的专业结构体系。立足提升钢铁、新能源、新材料等战略性新兴产业的相关专业和专业群，重点打造光伏、新材料、现代制造技术等20个品牌专业。制定重点专业技能人才培养标准，建立中、高职有机衔接、融合贯通的专业体系，实现重点专业对重点产业的全覆盖。深化课程体系、教学内容和教材改革，更新教材结构、内容和形式，开发和遴选一批符合职业技术教育规律和特点的创新性示范教材。

改革成效

新余坚持以市场为导向，以就业为根本，以体制创新和管理创新为关键，围绕“以教育培养人才，以人才支撑产业，以产业带动发展”的思路，形成了“资金投入社会化、办学形式多样化、学校管理企业化、教育教学特色化、就业推介市场化”的办学格局。历经 20 多年的发展，走出了一条政府主导、社会参与、自我积累、滚动发展的路子。

全市经过资源整合，目前有职业院校 16 所，其中，高职 4 所，中职 12 所；共有万人以上规模的职业院校 4 所，国家级重点职业院校 5 所，省级重点职业院校 4 所，省级示范职业院校 3 所。职业院校共开设光伏、机械加工等应用性专业 50 多个；在校生达到 9.47 万人，其中中职学生 4.64 万人；教职工 5 300 余人；固定资产达 20.8 亿元；累计为社会输送各类合格人才 26 万余人。新余职业院校的生源 90% 以上来自于本省其他县、市以及全国 20 多个省、直辖市、自治区，学生毕业后主要推荐到珠三角、长三角地区企事业单位就业，相当一部分人现已经成为企业的中坚力量或领军人物。

（江西省教改办推荐）

打造职业教育的“平桥样本”

——河南信阳平桥区创新机制体制，推进职教发展

【摘要】长期以来，信阳市职业教育存在着职教资源分散，职业学校办学模式封闭、单一，实践实训设施薄弱，培养不出技能型人才，服务地方经济社会能力不强等问题。平桥区原有4所职业高中，在校生3 800多人。职普兼招使学生在校既参加高考又学习技能，在某种程度上导致他们高考升学率低，技能又没有学好。同时，由于学校缺乏经费购置必要的实习实训设备，设置专业不对口，学生从学校出来后，难以直接到企业就业，形成职业教育与就业脱节。为改变这种局面，平桥区委、区政府抢抓全省实施职教攻坚的发展机遇，把职业教育作为促进就业、改善民生的战略举措，把创新机制体制作为提升职教水平的关键措施，强力推动职业教育规模化、集团化、品牌化发展，走出了一条具有平桥特色的职业教育发展之路。

组建职教集团，实现资源共享

信阳市平桥区是传统的农业区，全区总面积1 889平方公里，总人口78万。其中农村富余劳动力近23万，常年外出务工人数超过20万人，普遍处于基数大、“候鸟式”、无技能、欠保障、收入低的状态。平桥区

职业教育面临底子薄、资源分散、职业学校和企业分离、培训机构小而滥、人才培养低效的局面。

2008年8月，在区委、区政府的大力支持下，在国家级重点职业学校信阳市六职高的龙头带动下，信阳市三职高及农广校、农机校、农开办、CCC国际统一承包公司（CONSOLIDATED CONTRACYORS COMPANY）信阳培训中心、安钢集团信阳钢铁公司、信阳万富油脂公司、平桥电厂等区内21家培训机构和企业，联合成立了全省第一家县区级职业教育集团。集团的性质是自愿结成的联合性、非营利性的社会组织，集团实行理事会制，在信阳市教育局和平桥区人民政府有关部门、企业、行业主管部门联合成立的指导委员会的指导和监督下进行管理。为规范集团活动和成员单位行为，维护集团和成员单位的合法权益，职教集团依据《中华人民共和国职业教育法》和《中华人民共和国劳动法》等相关法律法规及有关政策要求，制定了《信阳市平桥区职业教育集团章程》。集团成员学校、成员企业在教师、技师、工程师、实训实习设备、学生就业、职工培训等方面实行资源共享，学生有了实习场所，企业也节约了人力成本。走集团化、规模化、集约化发展之路，既整合了教育资源，优化了资源配置，提高了职业学校办学效益和企业竞争力，又使平桥区职业教育有了一个综合管理平台。资源共享、互利共赢的职业教育集团化发展模式逐渐形成。

成立管理机构，完善体制保障

为解决教育部门与人力资源和社会保障部门对职业教育各管一摊、职能交叉、资源分散、政出多门等制约职业教育发展的问题，平桥区对职业教育管理体制的改革创新进行了大胆的探索和实践。2011年10月，经区委常委会研究决定，报信阳市编委批准，平桥区将职业教育和成人教育职能从区教育体育局中划分出来，将就业培训、劳动保障、劳务及涉外劳务服务职能从人力资源和社会保障局中划分出来，整合到一起，成立职业教育和就业服务局。该局使职业教育和就业服务无缝对接，为职业教育的发展提供了体制保障。

建设实训基地，打造职教平台

为彻底改善职业教育办学条件，汇集职教资源，实现共享，2009 年，平桥区职业教育集团争取河南省财政支持的职业教育攻坚建设项目职教集团公共实训基地建设资金 600 万元，并以此为启动资金，在震雷山风景区规划用地 1 156 亩，计划投资 8 亿元，兴建建筑面积 40 万平方米的平桥区职教集团公共实训基地。

在平桥区委、区政府的大力支持下，职教集团采取多元化的投资形式解决实训基地建设资金问题。一是政府拿一部分，二是银行贷一部分，三是争取上级职业教育和就业培训方面的资金，四是企业融一部分，即企业投资车间实训设备，五是采取 BT（Build-Transfer，建设—移交）模式，即投资商先拿钱建，政府划一部分土地作为质押。

目前，实训基地一期工程用地 400 亩，投资 2 亿元，建筑面积 7 万平方米，包括综合实训楼、实训教学楼、实训车间、餐厅、学员公寓等建筑，已全部建成并投入使用。二期工程 756 亩，于 2012 年 7 月开工建设，计划两年内完成。为加快推进实训基地建设步伐，平桥区每年把实训基地建设列入“双十工程”，作为全区重点建设项目。刚刚结束的信阳市“两会”，把平桥职教集团公共实训基地建设纳入全市职业教育园区建设规划。实训基地全部建成后，可以同时供 2 万名学员学习、实训、就业。随着市六职高搬入震雷山（与实训基地毗邻）和 CCC 信阳培训中心扩建，平桥职教集团公共实训基地规模不断扩大，正在朝集学历教育、技能培训和就业创业于一体的职业教育园区发展。

坚持开放办学，构建职教格局

为增强职教活力，平桥区坚持开放办学，广泛开展校校联合、校企合作，改变了单一的办学模式，构建了多元化的职教格局。

与北京鑫港航空科技研究院等十几所职业院校合作，在平桥职教集团公共实训基地联合创办信阳航空服务学校，培养面向全国的民航服务专业人才。目前，信阳航空服务学校在校学生 800 多人，已安置就业 150 多人。2012 年，平桥区依托信阳航空服务学校与信阳职业技术学院联合创办信阳职业技术学院航空技术与服务学院，已经开始招生。

与台湾能仁家商职业学校进行广泛的学术交流活动，构建了联合办学框架，选派了 21 名专业课教师到该校进行特色专业培训；2011 年，又组织全区职业学校校长赴韩国考察，与韩国职协总会、韩国美容美发协会、韩中产学协力交流协会就共建美发、美容、扮装、按摩等韩流专业签订了协议；与河南职业技术学院就高、中等职业学校联合办学、共建公共实训基地等事宜签订了长期合作协议；与重庆钢铁技术学院合作，共同为安钢集团信阳钢铁公司培养钢铁专业大专生；与信阳工程机械学校合作，培训学员 600 多人；与信阳新希望职业技能培训学校合作，培训学员 1 000 多人；与河南省中华职业教育社合作，建立了就业培训中心。

2011 年，信阳航空服务学校与校企合作伙伴携程旅行网联合在平桥职教集团公共实训基地创建信阳呼叫中心。一期工程建设 660 个座席，可提供 2 000 个工作岗位，已经投入运营。职教集团与平桥产业集聚区内的信阳舜宇光学、河南超越服饰合作，由企业投资实训设备，在实训基地共建实训车间，共育技能人才。目前，超越服饰实训车间建立了6条流水生产线，已培训学员600余人，舜宇光学实训车间投资1 000万元，建设标准化生产流水线，已培训学员800多人。

平桥职教集团与CCC国际统一承包公司合作，创办涉外劳务培训机构CCC信阳培训中心，已培训电焊工、钢管工、安装工4 600余人，电子制图专业学员16人。信阳市六职高与广东易丰电子厂合作，建设两条电子产品实习生产线，与民营企业家尹连培合作建成“信阳菜”厨师培训基地。信阳市三职高与信阳立东达电子有限公司和新港服装厂合作建设实训生产线，实行半工半读的课堂教学。

在开展校企合作时，平桥区重点与产业集聚区内企业开展合作，实行订单培养，形成“基地＋企业”的职业教育模式，并成为平桥区招商引资的金字招牌，吸引了大批优秀企业落户平桥产业集聚区。为保障充分就业采取的“先就业，后培训，再上岗”的职业教育和技能培训的路子，贯通了职业教育和就业之间的渠道，实现了二者无缝对接。

推行全员免费，扩大职教规模

为使职业教育更好地服务民生，平桥区进一步推出了面向社会、面向全员的免费中职教育和免费技能培训。

2010年，平桥区明确提出了“把全区所有上不起学、上不到学的孩子，一个不少、一个不落地在职业教育实训基地免费轮训一遍，让他们在这里学一门技术，谋一个出路”的理念，坚持把职业教育发展的重点放在基层，切实解决农民工和低收入群体的就业难题。出台《平桥区实施全员职业教育的意见》《平桥区职业技能培训计划》，把“阳光工程”、劳动力转移就业、零就业家庭人员、“雨露计划”等培训项目以及民政、工会、残联、共青团、财政、科技、农机等单位的所有培训，全部集中到平桥职教集团实训基地，把涉外劳务培训全部集中到CCC信阳培训中心，把信阳农专、信阳职业技术学院、市民政局、市扶贫办等市直有关部门的培训计划也争取到公共实训基地进行培训。实训基地全年面向社会开展各类培训15 000余人次。通过集中归口培训，统筹培训资源，充分发挥了公共实训基地的作用，取得了良好的社会效益。

2011年，平桥区开始实施全民技能振兴工程，成立了领导小组，建立了联席会议制度，制定了“平桥区2011—2012年职业技能培训计划”，实现技能培训全覆盖。同时，平桥区在财政十分紧张的情况下出台了《平桥区开展免费职业教育实施办法》，每年财政预算约500万元，开展免费职业教育。对于平桥籍职业学校在校学生，区财政直接将学费拨到各职业学校，实行免学费入学。对于平桥籍返乡初高中毕业生、退伍军人、零就业家庭人员，区财政为每位学员拿出1 000元的技能培训券，实行免费技能培训，学员在职教集团任何一家培训机构学习都可以使用。培训机构凭培训券、培训档案和结业证书到财政局统一兑付培训费用。这既调动了群众参加培训的积极性，又保证了财政免费职教资金的封闭有效运行。

随着全员、免费职教的发展，如今，平桥区全区任何一个公民，只要愿意学，都可以享受到免费职业教育或职业技能培训。截至2012年7月，已有11 463人次的平桥籍中职学生享受到免学费入学政策，平桥籍返乡毕业生、退役复员军人和零就业家庭人员、再就业人员、残疾人、城乡新增劳动力、农村专业技术员、种植养殖大户共11 060人通过“平桥区免费职业技能培训券”在实训基地接受免费技能培训，许多人从此走上了技能致富之路。

（河南省教改办推荐）

让职业教育成为加速经济社会发展的“强大引擎”

——重庆巫山县积极探索政府统筹职业教育新机制

【摘要】近年来，中央和重庆市相继出台支持职业教育发展的一系列优惠政策和措施，在资金、人才、政策上给予大力支持。作为经济贫困县、劳动力富余县和移民大县，巫山县委、县政府从库区的长治久安出发，积极探索政府统筹职业教育新机制，大力实施“职教移民、职教富民、职教助民”战略，在人口上做减法，在劳务收入上做加法，在人均国内生产总值上做除法，在劳动力素质提升上做乘法，努力提高职业教育与市场用工需求的吻合度，努力实现“培训一人、就业一人、致富一户、带动一片、辐射一方”。逐步形成了“政府统筹、资源整合、开放办学、产教结合、校企合作、全民参与”的职业教育发展新格局，稳妥解决众多劳动力（尤其是移民）的就业矛盾，不断拓展广大劳动力的就业致富途径，在推进经济发展，实现安稳致富，着力改善民生等方面作出了不懈的努力和探索，取得了一定成效。

主要措施

一、建立政府统筹的职业教育管理体制

出台《中共巫山县委、巫山县人民政府关于大力发展职业技术教育

的决定》，成立由县长任组长，分管移民、教育的副县长为副组长，教委、人社、移民等部门为成员单位的巫山职业教育工作领导小组。建立职业教育联席会议制度，把职业教育作为事关全县经济社会发展全局和民生工程的大事来抓。加大统筹协调力度，实现县域内职业学校教育与职业培训工作在行政、学校、企业、市场方面资源的有效整合。建立分管领导月会制、职业教育部门联席会议等制度，建立县政府统筹的工作体系。利用行业协会开展市场用工调查，统一编制用工培训规划，进一步提高培训规划与市场需求的吻合度。制定《巫山县劳动力转移培训五年规划》《巫山县职业教育发展十二五规划》，为职业教育统筹管理提供了依据。

二、建立以政府为主体的职业教育投融资机制

职业学校建设实行由“政府统建，学校使用”的建设模式。一是建设资金打捆，将三峡库区产业发展基金、对口支援资金、部门培训机构建设资金等打捆使用于职教中心建设。二是政府采用 BT（Build-Transfer，建设—移交）方式融资 1 亿元左右，将职教中心实训、后勤、实验等功能用房建设纳入县职教工业园区建设范围，由园区建设后交付学校使用。三是加大财政投入，投资 1 350 万元为职教中心购置汽修专业设备、数控、电子、旅游设备等实训设备，投资 800 万元建设职教中心运动场，投资 2 000 多万建设实训基地。近五年来，政府共投入近 6 亿元，建成可提供 1.2 万余个岗位的职教工业园区。

三、建立跨类别、跨行业的职业教育资源整合机制

整合各类职业教育资源，建设县域优质职业教育资源，健全和完善县域职教发展体系。一是实施普职融通理念。整合商贸校、技工校等县域中职学校资源，在县城苟家坪建设占地 500 余亩投资 1.8 亿元的开放式、资源共享的职业教育中心与高级中学合一的教育园区，为普职融通

奠定物质基础，实现职教普教资源共享。二是实施校企合一理念。探索“政府建学校、教委管学校、企业进学校”的职业教育发展模式，依托县职教中心建设占地面积500余亩投资3.7亿元的集“教、产、研、输、引”五位一体的“巫山职教工业园”，启动投资1.58亿元的职教农业园建设。逐步形成覆盖全县主要产业和劳动力输出地人才需求的职业学校教育和职业培训架构，实施培训任务、资源、经费、师资、鉴证、输出“六统筹”，建立“招得进、学得好、输得出”的职教发展链条。三是实施集团化办学理念。按照职业教育办学集团化要求，打破行业主管界限，整合县级部门分类培训机构，在职教中心建立三峡移民培训、农村劳动力转移培训十大技能培训基地。组建行业、企业和学校（培训机构）共同参与的巫山职教集团，同时完成各乡镇培训点校舍规划，整合利用乡镇村级各类教育文化资源，建立“县—乡—村”三级职业教育体系。

四、建立培训就业一体化的工作机制

注重强化职业培训、就业制度体系建设。一是建立健全系列培训制度。包括培训意愿调查制度、乡镇培训规划制度、培训机构公开招标制度、教学计划评审制度、生源分类组织责任主体制度、培训质量考核鉴定制度、培训经费按专业补助制度、培训满意度反馈制度等。二是健全人人参加培训的保障体系。建立支持县域产业发展需要的培训专业体系、免费培训的资助体系，全面落实国务院三峡办移民免费培训、重庆市资助“五类生”就读中等职业学校等优惠政策，五年来累计资助12 073人次，发放免补资金1 853万元。三是建立多渠道就业网络。把劳务输出就业作为对口支援的重要任务，与北碚签订每年劳务输出1万人的协议。建立市场主导的就业输出体系，促进劳动力转移。加大并完善广东、新疆、重庆主城区等劳务输出基地建设。建立驻外劳务服务站24个，建成建工输出基地5个，劳务中介机构12个，建立各种就业服务管理机构或组织46个。拓宽县外就业渠道，建立远程建工系统，定期举办招聘会，对培训合格并取得国家技能鉴定证书的移民免费提供职业介绍，畅通职业培训学员就业的出口，促进劳动力向库区以外地区转移。

不断提升职业教育服务能力，逐步实现培训就业一体化，形成四大就业模式。一是“输出式”就业。建立以县就业局为统揽，各乡镇劳务办、中介服务机构、劳务经纪人、驻外劳务开发服务站、劳务信息平台为纽带的培训就业服务一体化链条。拓宽县外就业渠道，建设远程用工可视系统，对培训合格并取得国家技能鉴定证书的学员免费提供职业介绍，促进劳动力向库区以外地区转移。二是“哺乳式”就业。县上对进驻县职教工业园区的企业实行“零房租”，“零税收”，库区产业资金帮扶，对吸纳移民、失业人员和农民工的企业实行奖励四大政策，先让企业“变肥”“长壮”，然后给培训学员提供就业岗位，哺乳劳动力就业致富。三是“自主式”就业。结合县域产业调整和农户“万元增收”工程，通过实施职业教育和技能培训，鼓励转产，使“农民变工人”；鼓励创业，“打工变老板”；鼓励进城落户，使“农民变市民”。四是“定向式”就业。企业行业新招聘员工、需提升技能员工、转产员工经培训后直接回原相应企业行业就业。同时，针对部分特殊就业困难群体，政府投资专项资金，购买公益性岗位，使学员经培训后实现就业。

五、建立“园校互动、校企融合”的办学机制

“园校互动、校企融合”是职教工业园与职业学校在服务县域经济发展的共同目标下，对职业教育办学模式的一种探索实践。主要内容是实施教师双跨、学生双证、产教双促、供需双动、校企双赢的“五双”工程，逐步实现学校和工厂、教室和车间、校长和厂长、教师和师傅、学生和学徒、理论与实践、作品与产品、招生与招工、育人与增效的“九大融合”，实现教学过程与生产过程、教学内容与岗位要求、技能标准与行业标准、教学身份与职业身份、培训内容与就业需求“五个对接”。招工与招生同步：学员到企业顶岗实习，培训与就业一体。教室和车间融

合：“学校建在企业中，教室建在工厂里”，教室承担理论学习，车间承担技能培训。教师和师傅融合：职教中心聘企业主管及师傅到校讲课，企业组织员工到职教中心接受专业教师的理论培训。教学计划综合：职教中心与企业共同研定培训计划，突出“创新与管用”。实行宜工宜学培训形式：对学生而言，忙时学技能，闲时学理论；对工人而言，忙时挣工资，闲时练技能。产业带动专业：“学校围着市场转，专业围着产业转”，园区服装、电子电工、工艺产业集群带动相关专业。专业引领行业：建筑、驾修、机械等骨干专业助推企业技改，孵化科技创新。形成招生与招工一体、亦工亦学培养、产业引领专业、园区引领职校发展的特色，构建了“学校 + 基地 + 企业 + 行业 + 园区”的培训模式。

在合作体系上，职教中心建立了宏观、中观和微观三个层面的合作。宏观层面与社会各企业行业合作办学，主要实行订单定向培训。中观层面与巫山职教工业园引进的企业展开合作，主要采取办校进厂、引企入校和校企合作形式。职教中心一年级学生在校学理论，二年级学生到企业实训，三年级到企业顶岗实习，学生“亦工亦学”。学校以厂房、设备的优势引企入校，企业满足学生实训和接受企业文化熏陶的需求。校企双方互为基地开展合作。学校承担企业生产线生产，企业成为学生顶岗实习基地；企业以班组为单位组织员工到学校接受技能培训，学校成为企业的培训基地；学校专业教师到企业学习新技术、新工艺，企业工程技术骨干担任学校的兼职教师。微观层面则是学校在校内推行“一部一企”制，学校专业部以教师为股东建立自己的企业，将教学、实践和经营融为一体。

六、建立政府引导宣传职业教育机制

目前，社会上还存在鄙薄职业教育的观念，不少学生和家长对职业教育缺乏了解，认为职业教育是成绩差、表现不好、升学无望者的收容所，学生只要跨入职业学校的大门，以后就只能从事一线生产劳动，一辈子低学历、低地位、工作任务重、收入少。高校扩招带来的普高热，导致社会重普通教育轻职业教育的现象十分突出。另外，追求高学历的用人观，也影响职业教育的发展。不少用人单位存在重学历轻能力的人才高消费现象，不管岗位对人才的需求如何，不考虑人才使用的合理性，把学历作为用人的唯一标准，直接助长了社会追求高学历而轻视职业技术教育的风气。对此，巫山县在县委县政府的统筹下，通过报纸、手机报、电视台、大型永久性标语等方式，加强舆论宣传力度，引导广大群众树立新职业教育理念。一是由县委宣传部牵头，系统策划职业教育宣传内容，及时总结经验，广泛宣传巫山职业教育发展的特色和举措。积极宣传报道优秀技能人才的先进事迹，宣传高素质劳动者的价值和社会贡献，宣传职业学校毕业生就业有路、升学有望、致富有方、创业成才的典型事迹，引导社会、家长和学生树立正确的教育观、人才观、择业观，引导广大青少年走职教成才之路。二是开展好各种形式的职业技能竞赛、劳动比武大赛等活动，努力营造支持职业技术教育发展和尊重技能、尊重劳动的浓厚氛围。

七、建立以“三高”为核心的质量考核评价机制

不断探索职业教育与培训绩效评价机制，建立以高培训率、高培训质量、高就业率为核心的职业学校教育和职业培训绩效评价机制和办法。把职业技术教育发展工作情况作为各单位实绩考核的重点内容，加大考核权重，县委督查室、县府办督查室和考核办加大考核力度，将考核结果作为单位评先、个人晋级提拔的重要依据，并计入组织档案。一是建立政府主导的中职送生体系。政府将中职送生任务和移民职业培训纳入县政府对乡镇、部门年度工作综合考核；县教委将中职送生任务纳入初中学校质量考核范畴，引导初中毕业生就读中职学校，强力推动职业教育的全覆盖。二是建立行业主导的质量评价体系。完善县级行业协会，依托行业协会制定培训标准，组建技能培训等级鉴证服务中心，统筹技

能等级鉴证。实行国家技能等级鉴定与县级技能培训合格证书相结合的制度，满足不同群体、不同就业层次的需要。三是建立社会监督的评价监管体系。以劳动力就业水平为核心，行业、企业、社会参与培训过程、培训结果的质量监管，并实施培训质量与培训补助水平挂钩，促进培训质量提高。四是建立技能加德育的学员评价机制。对在校学员试行“德+智+体+美+培训技能”的评价，设置虚拟绩效工资，加大“职业道德”和“培训技能”的考核权重。

主要成效

五年来，巫山开展技能培训18.5万人次，转移人口5.3万人，实现劳务收入48.7亿元，2.2万余名移民接受了各类职业学校教育和职业培训，1.5万余名移民取得初中级职业资格证书，城镇调查失业率从2006年底的16.1%降至2010年底的8.03%，人均生产总值由五年前的4 829元提高到12 800元；培育了巫山建工、缝纫、驾修等劳务品牌，其中巫山建工荣获“全国优秀劳务品牌”称号；巫山县被国家相关部委确定为“全国劳务输出示范县”，巫山职教中心成为全国首批立项建设的中等职业教育改革发展示范学校。以“园校互动、校企融合”办学模式和“职教移民、职教富民、职教助民”培训经验为主要内容的“巫山经验”，得到相关部门的肯定。

（重庆市教改办推荐）

推动藏区跨越发展和长治久安

——四川省实施“9+3”免费中等职业教育计划

【摘要】四川是一个多民族大省，是我国第二大藏区。四川藏区包括甘孜藏族自治州、阿坝藏族羌族自治州、凉山彝族自治州木里藏族自治县共32个县，幅员面积25.5万平方公里，占全省的52.6%，人口213万，其中藏族151万。2009年，四川省委、省政府为推动藏区跨越发展，定位于满足藏区发展的现实需要，定位于实现藏区长治久安的固本之策，定位于帮助藏区群众脱贫致富的重大惠民工程，启动实施藏区“9+3”免费中等职业教育计划（以下简称“9+3”计划）。计划实施三年来，全省先后组织近3万名藏区学生到内地学习，其中87%以上的学生来自农牧民家庭，有力推进了藏区义务教育的巩固和提高，推进了高中阶段教育的加快发展，为培养造就藏区新一代优秀建设者和接班人奠定了坚实基础。

着眼长远，为民族地区跨越式发展和长治久安开启希望之门

在全面实现“两基”的基础上，实施“9+3”计划，加快发展四川藏区教育特别是职业教育，提升藏区人口素质和改善藏区民生，是落实中央藏区工作部署和《国家中长期教育改革和发展规划纲要（2010—

2020 年）》的十分重大而紧迫的任务，也是藏区跨越式发展和长治久安的迫切要求。2009 年，四川省在反复调研、论证的基础上，着眼“三大定位”，确立了“9 + 3”计划的目标任务。“三大定位”，一是定位于满足藏区发展的现实需要。通过抓教育夯实藏区发展基础，以提升劳动者文化技能素质作为促进藏区和谐发展的根本。二是定位于实现藏区长治久安的固本之策。通过大力发展藏区免费职业教育，改善藏区民生，更好地凝聚人心，更有力地促进藏区跨越发展，改变落后面貌，更有效巩固党在藏区的执政基础、确保社会稳定。三是定位于帮助藏区群众脱贫致富的重大惠民工程。组织藏区学生到内地接受高质量职业教育，有效提高其就业和创业能力，拓宽藏区老百姓就业渠道，帮助广大农牧民群众脱贫致富。

主要目标任务是：在全面实施九年义务教育的基础上，每年组织万名藏区初中毕业生和未升学高中毕业生到内地免费接受三年中等职业教育；支持藏区办好具有地方和民族特色的职业学校，加快发展藏区的职业教育，争取用五年的时间，使藏区中职教育与普通高中招生规模达到大体相当，实现基本普及高中阶段教育，为藏区提高人口文化素质和实现长治久安奠定坚实基础。

三年来，已先后组织近 3 万名藏区学生到内地学习，其中 87% 以上的学生来自农牧民家庭，这在四川教育史上从未有过。教育培养好藏区学生，对职业教育既是新挑战，也是加快改革创新、提高办学水平的重大机遇。全省各地各部门和“9 + 3”学校本着对党和政府高度负责、对藏区人民的利益高度负责的政治责任感和大局意识，坚持优先谋划、优先安排、优先实施，全力推进这项开拓性工作。这项推动藏区跨越发展和长治久安的重大民生工程，已成为四川教育的一张亮丽的名片。目前，“9 + 3”免费职业教育已进一步扩大到凉山州彝族地区和其他民族县，推行到秦巴革命老区等 28 个连片扶贫开发县，2012 年还覆盖到新扶贫标准以下的全省所有农村贫困家庭学生。

保障先行，为“9+3”计划顺利实施营造良好社会环境

一、完善工作体制机制保障，奠定组织实施基础

（一）健全工作机构。省委、省政府成立由副书记、副省长担任正副组长，省军区、省委组织部、宣传部、统战部、省民委、省发改委、省教育厅、省财政厅、省人社厅等15个省级部门组成的工作领导小组；省教育厅组建专门的“9+3”办公室；各市州也组建了专门的领导机构和工作机构，部分市州还建立“9+3”学生关爱委员会。省政府与各市州政府签订目标责任书，各地教育部门与当地相关部门建立了紧密的协作关系，全省上下职责明确，工作有序，全面形成由党委政府统筹领导、相关部门主动参与、州内州外共同努力、密切配合、社会各界关心支持的工作体制。

（二）建立管理制度。先后制定《中职学校内务管理规定》《“十不准”纪律规定》《突发事件应急预案》《开展“五项教育”的实施意见》《开展“三禁两不”专项治理活动的实施意见》等一系列指导性和操作性强的制度文件，强化实施过程管理。各地各校认真落实，细化措施，加强规范管理、精细管理，使“9+3”实施学校管理水平明显提升。

（三）完善管理机制。建立健全信息报送、工作会商、情况通报、隐患排查、应急处置等工作机制，及时掌握工作动态，宣传推广好经验好做法，督促指导解决各种问题，还形成定点包片、蹲点包校、分片负责的督查管理机制。

二、完善政策保障体系建设，强化办学条件支撑

突出“9+3”计划实施需要，强化以公共财政为支撑的经费投入体系建设。财政部门按照计划确定的资助政策，统筹落实专项经费。全

省遴选了90所国家级和省级重点中职学校作为“9+3”计划实施学校，每所学校投入300万元用于改善办学条件。对接受免费职业教育的藏区学生，每人每年免除学费2 000元；在前两年，每年提供生活补助3 000元，第三年提供生活补助1 500元；每生每年补助交通、住宿、书本等杂费1 500元；新生每人给予一次性冬装补助300元；补助学校工作经费每生每年500元；在校学习期间，学生享受与学校驻地城镇居民同等的医疗保障；2011年又增设毕业班顶岗实习专项工作经费每生500元。三年来，中央和省投入藏区“9+3”免费教育资金共7.19亿元，其中用于学生免除学费、补助生活费等3.1亿元，加强学校基础能力建设、配置教学仪器、实训设备等4.09亿元。

三、完善教育管理队伍建设，确保必要的工作力量

（一）强化思想引领，增强责任意识。增强政治意识、大局意识、责任意识、服务意识，落实责任主体。明确各级教育行政部门主要负责同志和学校一把手是直接责任人，对学生培养、学校管理负总责；细化学校领导、中层干部、班主任、任课教师、藏区驻校干部教师职能职责，层层落实，构建“工作有人做，责任有人负”的工作格局。

（二）建设一流班子，提升管理水平。结合职业院校校长能力提升计划，对每所学校领导班子开展能力评估，增强学校管理力量和执行力；以“内务管理示范学校”创建活动为抓手，提高学校管理水平和实绩。三年来，调整了42所学校领导班子，增配了校级干部41人、中层干部75人。

（三）开辟多种途径，提升队伍素质。在全省“9+3”学校倡导实施“全员素质提升工程”，通过组织“9+3”管理干部和教师进州考察、交流研讨、专题培训等活动，提高业务素质，提升工作能力。“双师型骨干教师培养计划”也向“9+3”学校倾斜，创新以企业实践为重点的教师继续教育制度，拓宽校企合作灵活开放的教师培养培训途径。三年实践，

既培养了学生，又锻炼了队伍，涌现出了一大批无私奉献、关爱学生、忠诚于党的教育事业、甚至献出了宝贵生命的模范和典型，有45个先进集体和80位优秀干部教师受到省委省政府表彰。

（四）州内州外联动，构建共育格局。先后从藏区州（县）机关、学校选派优秀干部、教师800多人次进驻“9+3”学校，参与藏区学生的教育管理。驻校干部教师实行双重管理，充分融入学校，与学生同吃同住，率先垂范，为推进“9+3”计划顺利实施和学校和谐稳定作出了积极贡献。

探索创新，为新一代藏区优秀建设者和接班人插上腾飞之翼

坚持以培养“德高技强、全面发展”的藏区优秀建设者和接班人为目标，探索创新，着力帮助每一名藏区学生学能有获、学能有为，努力为他们的成长成人成才插上腾飞之翼。

一、以满足藏区需求为目标，确保应读尽读

坚持招生计划总量充分满足符合条件的学生报读需求和“以州划片，校点集中，统筹安排”的原则，实行统一招生。

（一）大力开展招生宣传，确保政策普惠群众。利用电视、报纸、广播等多种渠道，采取组织学生巡回演讲、招生宣传走村入户、各界代表到校考察等多种形式，通过印发宣传提纲、张贴宣传海报、悬挂标语横幅等多种手段，州内州外联动，深入反复开展宣传，确保政策人人知晓，资助家家同享。

（二）适时调整专业设置，不断优化校点布局。深入把握藏区发展脉

搏，优先满足藏区基层和产业发展需求，充分考虑藏区老百姓就业愿望，统筹调整完善专业设置。学校布点实行动态管理，根据办学条件、领导能力、师资力量、工作成效等综合评估结果，优胜劣汰，优化校点布局，逐步做到相对固定。

（三）完善招生政策，实行统一招生。制发《四川省藏区“9+3”免费教育内地中职学校招生办法》，统一印发招生指南，统一录取基本条件，统一录取工作程序，统一制发录取通知书，这样，既保证了公平公正和规范招生，又保证了应读尽读和生源质量。同时，还统一印制了家长责任书和学生保证书，制定了《新生出行教育指南》，指导藏区教育部门和学校对“9 + 3”新生集中开展出行教育，鼓励学生珍惜学习机遇，引导家长正确履行监护责任。切实掌握入学条件，适当放宽往届生的年龄限制，拓宽就读渠道，多层次满足藏区学生接受职业教育的愿望，以内地“9 + 3”学校为主体招录符合条件的初中毕业生接受中职教育；利用现行中高职联读政策和途径，试办高中起点“1 + 2”模式高职教育；发挥州内中职学校作用，在州内办“9 + 3”预科，并积极开展州内外联合办学。强化落实藏区州县政府为主体的“普九”责任和州县教育招生部门及“9 + 3”学校的“9 + 3”招生工作责任，通过夯实“9”来确保“3”，努力扩大“9 + 3”政策受益面。在“9 + 3”计划的有力推动下，藏区义务教育得到不断巩固，高中阶段教育实现快速发展，初中毕业生升学率已由 2008 年的 70.0% 提高到现在的 91.5%，高中阶段招生职普比由 2.6∶7.4 提高到 4.8∶5.2，接近全省平均水平。

二、以培养德高技强人才为目标，确保学有所成

坚持“育人为本、重德强技、全面发展”的育人理念，遵循“第一年注重养成教育，打牢学习基础，第二年注重技能培养，促进学有所长，第三年注重顶岗实习，推进学生就业”的培养思路，创新培养模式，探索总结出了一套适合藏区学生特点的教育教学管理制度、措施和办法。

（一）德育为首。坚持“全”的德育，把“五项教育”全面融入到教育教学的全过程。五项教育即爱国主义教育、民族团结教育、遵纪守法教育、感恩励志教育、文明行为教育，编印《中职学校五项教育指南》，从新生入学教育和军训入手，不断深入开展教育活动，切实增强学生爱国主义和民族团结观念，牢固树立法制意识和感恩意识，养成良好的文明行为习惯。坚持“严”的德育，以“三禁两不”专项治理和创内务管理示范学校等活动为抓手，营造良好的校风校纪。坚持“爱”的德育，春风化雨、入脑入心。淡化特殊性，推行“混班混住”。采取“一帮一、结对子”等途径，“用爱做主”，全方位关心、关爱藏区学生，促进民族团结融合，促进学生互爱互助，促进校园和谐平安。特别是省委书记亲自倡导，省人大副主任、党组书记亲自部署安排的藏区“9+3”学生“美牙行动”，不仅圆了2 050名藏区学生牙齿洁白健康的“美牙梦”，更进一步增强了学生的健康意识、文明意识、上进意识和感恩意识。各地各校如火如荼的生命教育，引导广大藏区学生深入全面地认识、理解生命的意义，促进其“尊重生命、热爱生命、提高生命质量、促进身心健康”意识的形成。坚持“活（有生命力）”的德育，加强党团建设。为培养政治合格的建设者和接班人，省教育厅会同省委组织部印发《关于做好在“9＋3”学校发展学生党员工作的实施意见》，积极引导学生入党入团，追求政治进步。三年来，藏区学生文明礼仪和行为习惯变化巨大，涌现出一批典型人物和事迹。走上实习岗位的同学，绝大多数能吃苦耐劳，得到企业的认同和社会的高度评价。截至目前，已有1 413人光荣加入中国共产党，其中2009级1 146人，占13.61%；三个年级团员数占到85%左右。

（二）突出技能培养。针对藏区学生实际，以狠抓技能培养为重点，量身定做培养方案，努力探索“先会后懂”“做中学，学中做”的有效方法；坚持“尊重个体，注重基础，分层教学，突出技能”的教学思路，大力实施“主辅兼修、一专多能”的培养模式，因材施教，推进教学改革，分层分类提优补差；推行“任课教师主导、藏区学生鼓励、内地学生帮扶”的教学方法，使藏区学生在学习上有明显收获。三年来，有8 000余人次受到各级各类表彰。2011年，在全国职业院校技能大赛暨才艺展示系列活动中，获技能金牌1枚、汇演金奖1个，21人参加，19人获奖；在康巴卫视举办的汉藏双语演讲大赛上，2人获三等奖；在全省青工职业技能大赛中，1人获“四川省青年岗位能手”称号。2012年，在全国职业院校技能大赛暨才艺展示系列活动中有23人参赛，22人获奖，其中银奖两项。另有208名2009级同学被评为“省级优秀毕业生”。

三、以努力实现100%就业为目标，确保就业有路

帮助藏区学生实现就业是决定“9+3”计划成败的关键。

（一）加强就业指导，树立自强意识。从学生进校开始就进行就业意愿摸排和引导，适时调整所学专业。加强就业教育和指导，帮助学生转变就业观念，正确认识“市场调剂就业，双向选择就业，政府促进就业”的国家基本就业政策和就业形势，树立“先就业后择业”“干一行，爱一行”“行行出状元”的观念，合理规划职业生涯。

（二）出台政策措施，拓展就业渠道。省委省政府强力推进，省上专门成立了以三位省领导挂帅、以人社厅牵头的“9+3”学生就业促进工作领导小组，出台《关于促进藏区“9+3”免费教育计划学生就业的意见》，与各市州政府、省级行业主管部门签订目标责任书，落实了“‘9+3’学生就业有出路、创业有帮扶、升学有渠道”和多种途径帮助“9+3”学生实现全面就业的目标责任，把支持大学生就业、下岗职工再就业等优惠政策都用到支持“9+3”学生就业上。要求国营大中型企业和新批建项目拿出岗位，鼓励有条件的民营企业履行社会责任，对录用“9+3”学生的企业给予税收、担保贷款、保险补贴等优惠。对自主创业的“9+3”学生，减免工商行政管理等行政事业性收费、提供小额担保贷款，对创业成功后吸纳就业的还给予最高达10万元的奖励。结合构建

中高职贯通立交桥试点，研究制定并实施帮助“9+3”毕业生继续升学的高职院校单独招生政策。切实加强幼教、护理、旅游专业的职业准入培训，教育、卫生等相关部门着力破解职业资格难题，114名学生顺利取得教师资格证书，数百名学生即将取得医护执业资格。结合培养藏区基层干部的需要，省委组织部与省军区联合选征优秀学生训练入伍，经过部队进一步培养，退役后充实到藏区基层政权管理岗位。2012年，又针对“9+3”学生出台了藏区基层公务员和事业单位人员招考政策。

（三）加强顶岗实习，提高就业能力。深化校企合作，健全学生实习管理制度，充分发挥顶岗实习的作用，提高学生就业能力，力争让尽量多的学生在顶岗实习单位实现就业。加强顶岗实习期间党团建设，切实将学生党团员送到党团组织健全的企事业单位实习。建立顶岗实习和就业工作旬报制度，及时掌握情况，加强跟踪指导，督促学校建立顶岗实习台账，做到“一生一策”，努力实现帮助“9+3”学生全面有效就业的目标。在省委宣传部的指导、支持下，制定专题宣传方案，携手主流媒体，大力宣传“9+3”学生追求进步、勤奋学习、钻研技能、爱岗敬业的先进事迹，宣传企业接收“9+3”学生就业的先进典型，进一步营造全社会关心支持藏区学生就业的良好氛围。截至2012年7月6日，首届2009级藏区“9+3”毕业生中，已有6 657人落实就业岗位（其中1 948人通过藏区乡镇机关和事业单位“双招”初录进入体检），584人参军，另有613人被高职院校录取（含藏区基层“双招”初录232人），初次就业率达90.55%。

三点启示

“9+3”计划的有效实施，得到藏区学生家长和广大干部群众的衷心拥护，得到社会各界的高度赞誉。“9+3”教育模式已被纳入国家教育体制改革试点重大项目。

一、领导重视、责任落实是关键

省委、省政府多次专题研究部署，省委书记和省长每到民族地区都要考察教育并多次作出批示，还亲自深入学校，召开专门会议，了解情况，听取意见，解决实际问题，指明发展方向。省委、省政府分管民族和教育工作的领导，高度重视，加强指导。各市州切实加强领导，依据与省上签订的目标责任书，建立工作责任制，实行党政“一把手”负责制，并纳入目标管理实施绩效考核；藏区先后选派800多名驻校干部教师到“9＋3”学校协助工作，确保了“9＋3”计划顺利实施。

二、发动群众、广泛参与是基础

利用会议、广播、报刊等形式，采取组织学校干部教师和优秀藏区学生到藏区宣讲、藏区各界代表到内地学校考察、发放张贴宣传画等方式，多渠道、全方位进行宣传动员，增强了干部群众的责任意识和参与意识，从而把实施过程转变为全社会特别是藏区干部群众的自觉行动。

三、探索规律、强化管理是保证

各级党政加强组织协调，加大资金、人力、物力等统筹，强化实施过程督促检查；在评估基础上充实调整了42所学校班子，培训干部教师10多期数千人次，提高工作队伍素质；各校针对藏区学生身心发展特点，改进教育教学、日常管理和专业设置，形成一些具有针对性的中职教育教学和管理机制，提升了中职教育教学和管理水平。

（四川省教改办推荐）

体制改革夯基础　五大创新促发展

——新疆维吾尔自治区统筹职业教育改革创新的实践

【摘要】新疆自治区党委、政府于2006年成立自治区职业教育工作领导小组暨办公室，并与自治区就业办合署办公，坚持职业学校教育、职业培训和就业再就业并举，整体推动职业教育的发展。通过实施“五大创新”（创新职教观念、创新管理体制、创新发展模式、创新运行机制、创新投入机制），着力构建符合实际的职教体系。目前，职业教育学生规模显著扩大，职业教育专项投入不断加大，职业院校教师素质不断提高，职业教育质量建设工程深入开展，行业企业促进职教发展成效显著，为维护自治区和谐稳定大局和助力区域经济发展作出了重要贡献。

背景和意义

2002年和2005年，国务院两次召开全国职业教育工作会议，下发《关于大力推进职业教育改革与发展的决定》和《关于大力发展职业教育的决定》。2006年以来，中办和国办陆续下发《关于进一步加强高技能人才工作的意见》《关于进一步加强西部地区人才队伍建设的意见》，从战略和全局的高度，对大力发展职业教育、加快培养技能型人才作出了安排部署，强调了人才特别是高技能人才在国家经济社会发展中的地位和作用。新疆自治区党委、人民政府认真分析研究当时全区职业教育发展的形势后认为，虽然自治区职业教育工作取得了一定成绩，并呈现出新的、比较好的发展态势，为进一步大力发展奠定了比较好的基础，但总体上与自治区经济社会发展对人才培养的需求还有差距，仍然是教育体系中的薄弱环节。主要表现在一些地方和部门对发展职业教育的重要性缺乏足够认识；各类教育统筹协调发展失衡，中等职业教育与普通高中教育发展严重失调，职业教育规模小，资源分散，投入不足，基础能力薄弱，办学条件较差，办学效益低；管理体制、办学机制、办学模式、发展规模、专业设置、教育质量等不能很好地适应自治区经济建设和社会发展需要；全社会重视职业教育的氛围尚未形成。

为贯彻落实党中央、国务院关于大力发展职业教育的有关决定，自治区党委、自治区人民政府从实际出发，确立了“普及和巩固提高义务教育、大力发展职业教育、提高高等教育质量”的方针，明确了“抓经济发展就要抓职业教育，抓职业教育就是抓经济发展”的观念，出台了一系列发展职业教育、加强高技能人才队伍建设的政策措施。2006 年 4 月，自治区党委召开党委常委主席联席会议，专题研究职业教育工作，成立自治区职业教育工作领导小组暨办公室，并与自治区就业办合署办公。在自治区职教办、就业办的统筹协调和有关部门的共同努力下，近年来，新疆坚持职业学校教育、职业培训和就业再就业多措并举，整体推动职业教育的发展。各地、各有关部门和各类职业学校围绕全面落实科学发展观、促进新型工业化建设和社会主义新农村建设，积极推动职业教育工作，使全区职业教育工作呈现出前所未有的良好发展势头。

主要做法和经验

一、创新职教观念，牢固树立大职教、大培训思想

在就业与职业教育的关系上创新观念。明确职业教育就是就业教育，就是技能教育，职教相对就业是上游，就业相对职教是下游，实现上下游的紧密结合，不断提高职业教育的针对性和教育质量，增强适应劳动力市场需求的能力。创新观念使长期存在的就业与职业教育上下游脱节的矛盾得到解决，大职教、大培训、促进城乡一体化就业的观念得到普遍认同。

二、创新管理体制，在自治区层面实现统一领导、统筹规划、综合协调、宏观管理职业教育工作的局面

为突破条块分割、各自为政的体制性障碍，自治区职教办与就业办合署办公，在自治区层面搭建了职业教育工作领导、协调、管理平台，高位统筹教育、劳动及各行业委办职教资源，统筹职教与城乡就业，综合协调各部门、各行业、各地（州、市）的职业教育工作。因历史因素形成的职业教育条块分割的管理体制已被统筹协调的管理模式所取代。

三、创新发展模式，适应市场需求的初、中、高级技能人才培养格局进一步完善

在坚持“四不变”（学校性质和隶属关系不变、管理体制不变、经济独立核算不变、人事关系和教职工身份不变）的基础上，构建四个层次的职业教育模式。一是组建了第一产业（农业类）、第二产业（工业类）、第三产业（服务业类）、石油石化四个职教园区，以优势职教资源和新的管理模式，实现职教资源整合，引导职教资源向主导产业和关键领域集中，建设高技能人才公共实训基地，搭建高级技能人才培养平台。二是依托行业，重点支持自治区重点和特色产业发展，服务煤炭煤电煤化工、纺织等重点产业发展，建设自治区煤炭煤电煤化工公共实训基地和纺织等重点产业公共实训基地，加快培养各重点产业急需的技能人才。三是以服务各地州市特色产业为重点，加快各地州市特色产业公共实训基地和中等职业学校建设，为各地经济和社会发展培养培训大批初、中级技能人才。四是加强县级职教中心建设，并依托乡镇职业教育体系，发挥民办职业教育机构的作用，承担农村劳动力转移和城镇就业再就业培训，主要培养专项技能人才和初级技能人才。

四、创新运行机制，促进职业学校教育和职业培训融合发展

淡化中专学校、技工学校、县级职教中心、民办职业教育等各类型职业教育的界限，将之整体纳入职业教育全盘，促进融合发展。为促进职教资源的整合和提升，鼓励职业院校和各类培训机构采取一校多牌方式，技工学校加挂中等职业学校牌子，各类培训中心加盟职业院校，保留牌子和经费渠道，继续发挥作为定点培训机构的作用，鼓励学校按照“双证”（学历证书与职业资格证书）的目标培养学生，最大限度地发挥职业教育体系的整体效能。

五、创新投入机制，职业教育投入实现重大突破

积极探索创新职教投入机制，落实自治区职业教育专项发展资金；在不打破原有隶属关系的原则下，根据职业教育与行业必须紧密衔接的特点，在多种形式整合职教资源的过程中，不切断原有资金项目链条，形成教育与人力资源社会保障两大主渠道，各行业、部门职教经费多渠道投入相融合的投入格局；将自治区就业再就业工作关口前移，其相关经费投入向职业技能培训倾斜。

通过实施以上“五大创新”举措，构建符合自治区实际的职教体系，初步实现全区职业教育的科学发展。

取得的成效

“十一五”以来，尤其是中央新疆工作座谈会之后，在党中央、国务院的亲切关怀和各部委的大力支持下，在各援疆省市的帮助下，自治区党委、人民政府认真贯彻党的教育方针，大力实施科技兴新战略和人才强区战略，全面推进教育事业改革发展，职业教育发展取得显著成效。

一、职业教育学生规模大幅度扩大

2005 年，高等职业教育招生 1.37 万人，在校生 2.99 万人；2011 年，高等职业教育招生 2.72 万人，在校生 7.74 万人，在校生规模是 2005 年的 2.6 倍。2005 年，中等职业教育招生 6.6 万人，在校生 14.2 万人；2011 年，中等职业教育招生 8.8 万人，在校生达到 23.7 万人，在校生规模是 2005 年的 1.7 倍。

二、职业教育专项投入不断加大，为科学发展提供保障

2006 年起，自治区设立职业教育专项经费，主要用于配套国家职业教育相关项目经费；坚持自治区就业再就业工作关口前移，其相关经费投入向职业技能培训倾斜，并积极争取中央资金支持。2006—2011 年，共计投入资金约 31 亿元，其中自治区职教专项经费投入约 8 亿元，人力资源社会保障部门投入约 6 亿元，中央资金投入约 17 亿元。

三、职业院校教师素质提高计划全面实施，“双师型”师资队伍建设得到加强

通过国家级、自治区级中等职业学校骨干教师培训和选送职业院校骨干教师赴教育部师资培训基地培训等多种方式，共培训 6 000 余人次，投入资金 3 200 多万元；建立了自治区专业技能人才和能工巧匠资源库，

支持职业院校聘请高技能人才和能工巧匠担任技能教师。

四、切实加强规范化管理和质量建设，职业教育质量建设工程取得新突破，形成了一批优质职业教育资源

目前，全区共有 3 所（含兵团 1 所）国家示范性高等职业院校，2 所国家骨干高等职业院校，17 所国家中等职业教育改革发展示范校，5 所自治区示范性高等职业院校，27 所自治区示范性中等职业学校，20 所国家级重点中等职业学校和 15 所自治区级重点中等职业学校，3 所自治区级示范性县级职教中心。高等职业教育已建成国家精品课程 5 门、自治区精品课程 71 门，国家优秀教学团队 3 个、自治区优秀教学团队 20 个，培养国家教学名师 1 名、自治区教学名师 20 名，获得国家优秀教学成果奖 1 项、自治区优秀教学成果 27 项，确立了 36 个自治区级特色专业。中等职业学校已建成有 34 个自治区级重点专业，确立了 33 个自治区级精品专业和 47 门精品课程建设项目。

五、依靠行业企业发展职业教育，大力推进校企合作、工学结合，实施订单培养，行业企业促进职教发展的成效显著

2008 年以来，自治区先后三次召开职业院校与企业合作办学、人才订单培养洽谈会，引导和推动校企合作、订单培养。目前，职业院校的人才培养已形成“对准市场设专业，对准岗位设课程，对准实践抓教学，对准创业育人才”模式。

六、中等职业教育学生资助政策体系全面实施，家庭经济困难学生接受职业教育得到基本保障，社会反响强烈

2007 年 9 月以来，国家和自治区投入中等职业学校家庭经济困难学生助学金约 9.4 亿元（其中中央资金 7.8 亿元，自治区资金 1.6 亿元），受资助学生约 106 万余人次；2009 年秋季学期开始，投入资金约 4.3 亿元

（其中中央资金约 3.6 亿元，自治区资金约 0.7 亿元），用于免除中等职业学校家庭经济困难学生和涉农专业学生学费，惠及 53 万余人次。2010 年，自治区决定，自 2010 年秋季学期开始，对南疆三地州和柯坪县、乌什县农村初、高中毕业生以及城市贫困家庭子女就读中等职业教育实行“三免一补”，即在国家给予免学费、补助生活费的基础上，再免除住宿费和教材费，至 2011 年年底，已投入资金 9 300 余万元，受助学生 10 万余人。

七、内地新疆中职班全面启动

根据国家教育部、发改委、财政部《关于举办内地新疆中职班的意见》精神，在教育部的大力支持下，自治区全面启动了内职班各项工作。内职班的举办，开辟了自治区少数民族学生培养和就业的新通道，标志着中等职业教育新的增长极开始形成。2011 年，先后共分 6 批选送 3 016 名（含兵团）学生赴内地接受优质职业教育，受到社会各界的一致好评。2011 年年底，自治区专门组织 3 个调研组到各办班省市和学校进行实地考察调研，开展政策宣讲，了解学生的思想动态，协助办班学校及时解决工作中出现的困难和问题。

八、党建和思想政治工作扎实有效，为维护自治区和谐稳定大局作出了重要贡献

各职业院校克服编制不足、人员不够的实际困难，以办好让党放心、让人民满意的职业教育为目标，狠抓民族团结教育、爱国主义教育、公民意识教育和法律常识教育，广泛深入开展“热爱伟大祖国、建设美好家园”主题教育活动，认真落实自治区关于加强职业学校学生思想政治教育的政策要求，切实解决学生在思想政治教育和管理方面存在的突出问题，保证了校园的稳定和谐。

（新疆维吾尔自治区教改办推荐）

考试招生评价制度改革专题

“评价之变”推动教育转型

——上海市构建中小学生学业质量绿色指标评价体系

【摘要】“给我一个支点和一根足够长的杆子，我就能撬动整个地球。”这是阿基米德的豪言，也说明了“杠杆”的巨大功能。教育改革同样需要强有力的“杠杆”来推动。2011年，上海迈出基础教育质量评价改革之步，构建了中小学生学业质量绿色指标，并通过对学业质量进行定期“健康体检”，探索从“证明”转向“改进”的变革。“绿色指标”为标志的评价改革，从内容上变一维评价为多维评价，手段上变单一评价为综合评价，功能上变结果证明为过程改进，营造了实施素质教育、促进学生健康发展的良好氛围。

观念之变：从学业成绩到学业质量

在我国，学业质量受全社会共同关注并附加高期待。由于各方面的学业质量观不尽相同，提升学业水平的对策也多种多样，并通过多种途径最终都落实到学生身上，直接造成学生过重的学习负担。因此，必须坚持以学生健康快乐成长为核心，树立全面的学业质量观。

上海摒弃了“学业质量即学业成绩”的观念，认为单一的学业成绩指标会引发三种不良后果：一是忽视课程标准对学生创新素养、品德行为、身心健康等多方面发展的要求，把教学工作人为限制在非常狭窄的领域；二是把考试特别是具有高利害性的统考作为唯一评价工具，导致教师带领学生大量重复练习，减少学生本应体验的丰富课程经历；三是评价结果往往只能证明学生达到的学业水平状况，难以对教学改进产生有效指导。

上海坚持把学业质量与课程教学紧密结合，认为学业质量不等于学业成绩，其内涵更为广阔。学业质量既是一个构成性概念，指学生在自身、教师、学校、家庭等各类因素影响下，通过课程的浸润，达成的学业表现、品德行为、身心健康等诸多领域的发展水平；又是一个关联性概念，包括影响学业表现的学习动力、师生关系、教师教学方式、校长课程领导力等各相关因素及其相互关系。

指标之变：从一维指标到多维指标

2003 年，上海参加“建立中小学生学业质量分析反馈与指导系统”项目的创立，并连续参加项目组安排的中小学生学业测试和问卷调查，在积累大样本学业测试经验的同时，对学业评价标准、评价基本框架、命题技术、结果统计分析、教学反馈等进行深入研究。2006 年，上海决定参加国际学生评估项目（PISA），2007 年参与测评工具开发和修订，2008 年试测，2009 年参加正式测评，全方位吸收国际教育质量评价的先进理念和技术。参与国内外教育质量评价项目，为上海构建“绿色指标”打下了坚实的理论和实践基础。

2011 年，上海市教育委员会和教育部基础教育课程教材发展中心加强合作，立足上海“二期课改”的理念和要求，吸收“建立中小学生学业质量分析反馈与指导系统”项目和 PISA 项目的有益成果，提炼一系列影响学生学业质量的关键因素，构建了覆盖学业表现、身心健康和品德行为三个领域、十个方面的中小学生学业质量绿色指标（简称“绿色指标”），包括学生学业水平指数、学生学习动力指数、学生学业负担指数、师生关系指数、教师教学方式指数、校长课程领导力指数、学生社会经济背景对学业成绩的影响指数、学生品德行为指数、身心健康指数和跨年度进步指数。每一个指数又包含若干二级、三级指数。

“绿色指标”呈现三个基本特点。一是以义务教育课程标准为主要依据。“绿色指标”基于大规模测试数据和全国常模测试，以义务教育课程标准为依据，测试内容针对教学内容，旨在发现落实课程标准中的问题并加以改进，是教学内部的一项活动，不是终结性评价，不与毕业、升学相挂钩，不需要学校、师生展开针对性训练，不会增加学生的学业负担。二是以关注学生健康成长为核心价值追求。既衡量学生的学业水平，又要衡量影响学生学业质量的各种因素；既衡量学生一般认知能力水平，又衡量学生体质、品德、创新等高层次能力的水平；既以学生发展为中心，又兼顾教师、校长、学校乃至家庭对学生发展的影响。三是体现均衡性与发展性的双重要求。不仅反映学业质量的客观水平，还多方面考察教育公平。如：学生社会经济背景对学业成绩的影响指数，主要了解公办学校对家庭经济困难学生所作的贡献程度；学业水平指数中的均衡分指数，主要考察学校间、区县间和全市的均衡程度；跨年度进步指数，主要考察学校、区县、全市每年在指数上的纵向变化情况。

工具之变：从单一工具到多元手段

“绿色指标”评价摒弃了统考统测的模式，采取学校、学生两阶段科学抽样的方式进行，全市各区县均抽样参加，抽样时兼顾到区县中不同性质、不同学制的学校，并确保各区县样本学生对该区县总体学生的代表性。2011 年，除全市统一抽样外，有 8 个区不同程度地增加了样本学校数量，全市有 466 所小学、338 所初中（一贯制学校按小学、初中分别计数）参加测试，分别占学校总数的 51.49% 和 56.81%；实有四年级学生 29 486 人、九年级学生 34 154 人参加测试，分别占年级学生总数的 21.63% 和 37.14%。

与“绿色指标”相配套，上海市教育委员会和教育部基础教育课程教材发展中心共同合作，构建以学业水平为基础、结合学习经历与学习过程评价的多元评价手段。“绿色指标”评价工具主要有三种。一是学科测试。四年级学生参加三年级的语文和数学测试，九年级学生参加八年级的语文、数学、英语和科学中的两门学科测试；试题以课程标准为依据，涵盖了不同能力的考察，命题依照规范、严谨的程序进行，经过教育测量学的充分考究。二是问卷调查。分为学生问卷、教师问卷和校长问卷三类，其中学生问卷主要调查学生的基本情况、学习自信心、学习动机、学习压力、对学校的认同度、学业负担、师生关系、对教师教学方式的评价、品德行为；教师问卷主要调查教师的基本情况、对课程和学校管理的看法、教学观和教师专业发展、教师教学方式；校长问卷主要调查对学校基本情况的了解、办学理念和教育观、学校管理方法、课程领导力。2011 年，除所有样本学生参加学生问卷外，804 名校长、9 445 名教师参加了相应的问卷调查。三是教育统计数据。收集全市、区县、学校的基本数据信息。2011 年重点采集上海市学生体质健康监测中心的基本数据，包括相应年级学生的身体形态、生理机能、身体素质三方面的 21 项指标。

机制之变：从单打独斗到协同作战

评价改革不能“各自为战”，必须在统一框架下整合各部门之力，“拧成一股绳”，才能形成最大的合力。上海从多个层面构筑推进评价改革的保障机制。

一、深化部市合作机制

组建部市联合的“改革义务教育教学质量综合评价办法”项目专家指导委员会，定期开展研讨，通报评价改革进展。上海市教育委员会与教育部基础教育课程教材发展中心签订《关于开展上海基础教育质量综合评价改革项目合作备忘录》，建立系列指导、合作研发、信息通报等机制，共同建设上海中小学生学业质量数据库，研制“绿色指标”评价报告。

二、形成市级运行机制

市财政每年拿出800万，用于国家教育体制改革试点项目“改革义务教育教学质量综合评价办法”的实践与研究。建立由市教委职能处室、市基础教育质量监测中心、市教育考试院、PISA上海项目组、市教育督导事务中心、市学生体质健康监测中心、市教育报刊总社等跨部门组成的绿色指标实施小组，负责学业测试、数据处理、质量分析、督导评估、宣传引导等事项，保障评价系统的有序运行。通过人才引进、系统培训，逐步建设市、区县两级专业评价队伍。逐步建设上海义务教育学业质量数据库管理系统，包括学生基础信息库、教师基础信息库、测试工具库、测试结果库等，实现试题管理、试卷管理、数据分析、报告生成、在线调查、基础信息维护、数据抽样等自动化功能。

三、加强对区县和校本评价改革的指导

在区县层面，一方面，以“绿色指标”评价为统领，推动区县构建区域教学质量评价与保障体系。如，静安区设计了“三维”区域教育质量评价模式，即关注增量的学业成就维度、关注有效的过程方法维度、关注品质的学习生活维度。另一方面，通过政策和资金支持，鼓励区县按照综合评价要求，集中资源，重点突破。如，闵行区通过细化研究，形成区域教育“绿色指标”，并根据学前、小学、初中、高中的学段特点选择关键指标，形成适用于不同学段的指标体系；长宁区和虹口区细化研究学生学习动力指数；杨浦区深入研究学生创新素养指标，提炼出区域层面的核心监测指标。在学校层面，鼓励各类学校在“绿色指标”评价框架下，探索以校为本的教学质量评价体系，涌现出了一批校本化教学质量评价的初步成果。如闵行区平南小学研究“绿色指标”后，发现学校原有“零缺陷”教育质量管理软件忽视学生的内心感受，进而对学生幸福感指数进行调研，完善原有的质量评价体系；上外静安外国语中学为每个学生设计了“学习处方”，即分析学生的学习习惯、学科学习特点、学习心理状况，并制定阶段性改进措施，与《学生成长记录册》相比，“学习处方”对学生的分析更集中、更丰满、更直观，提出的意见建议更具操作性。

功能之变：从结果证明到过程改进

评价改革不能唱“独角戏”，评价改革要取得实效，必须调动整个教育体系的力量，以系统化方式使教育评价充分发挥好引导、激励、反馈、改进功能。上海把“绿色指标”评价作为全面了解教育教学状况的手段、发现和诊断教学问题的方法、改进教学行为的依据，形成“检测依靠技

术、结论源自证据、分析产生行动”的行动步骤，建立基于数据驱动的“标准—检测—分析—改进”循环。

一、教育管理转型

注重思想引领和基于实证的监督调控。思想上，要求区县教育局领导率先在思想上从分数指标的桎梏中解脱出来，以综合评价的理念和思维，带动区域教育和学校的健康发展，把学校从疲于追分的状态中解放出来。职能上，要求教育管理者用科学方法洞察教学质量的内涵，对教学质量进行全面考量和发展性评价，具备基于实证的决策能力，通过解读“绿色指标”评价报告，全面认识区域和学校学生学业水平和课程标准的执行状况，寻求影响学业质量的诸多因素，寻找存在的缺陷和不足，探求背后的原因，形成“综合评价→问题界定→原因分析→教育决策→监督执行”的良性管理循环机制。如，普陀区把“绿色指标”达成度、学生体质健康水平等方面作为中学校长五年的任期目标；杨浦区把学业质量监测与评估列入学校绩效考核指标体系，完善评价结果反馈报告制度。

二、教学研究转型

基于实证的教学评价和教学指导。“绿色指标”评价的专业性及其与教学的紧密联系，要求教师进修院校在原有教师培训、教学指导功能外，承担起监测评价的专业责任，上海的区县教师进修院校积极组建教育质量监测机构，建设教学质量评价的常规化运行平台。随着教师进修院校功能的升级，教研员的教学指导功能也随之升级，既研究、掌握科学的评价理念和手段，让教育教学过程更加连贯、系统，又把评价作为指导教学的有效手段，逐步克服单纯依靠经验进行教学研究的弊病，提高教学研究与指导的针对性和实效性。如普陀区教研室根据小学、初中、高中不同学段的教学特点，分别推出了各学段区域推进“绿色指标”的教学指导意见，以便更有针对性地改进教师的教学。

三、学校发展转型

建立“绿色指标”导向的教学质量保障体系。课程的校本化构建与实施，学校的可持续发展，必须依托于一套建立在科学评价基础上的教学保障机制。学校通过解读和应用学校评价报告，全面客观分析学生和教师的现状，构建起“教学→检测→分析→改进”的教学内部循环，使教师能明智地运用数据来改进教学，实现有针对性的教学，并在此过程中不断探索体现发展性要求的学校教学新模式，以此推动学校的科学发展。如，静安区教育学院附属学校创造的后“茶馆式”教学，通过各学科教研组的“循环实证”，增强了教师对这种教学模式的文化认同，不同程度上改变了教师日常的教学行为，成为学校教学质量持续提升的有力保证。

“绿色指标”评价作为一根教育改革的重要杠杆，正在推动教育教学各领域的革新，已融入中小学生德育、体育锻炼、教育督导等工作之中，成为落实学生“每天锻炼一小时”的重要手段，成为“新优质学校”的重要衡量标准，并将品德行为、身心健康、学习动力等要素逐步渗透到招生录取办法之中。

上海将在完善“绿色指标”评价体系的基础上，探索对教师和学校的评价体系，逐步形成义务教育质量综合评价体系，并逐步推广到普通高中，形成基础教育质量综合评价体系。同时，加快推动各区县和学校构建以校为本、基于过程的教育质量综合评价体系，努力实现基于教育教学过程的真实性评价，把素质教育要求真正落到学校层面和课堂教学之中。

（上海市教改办推荐）

“三位一体”多元选拔、素质高考
——浙江省推进高校招生多元化改革

【摘要】推进高校招生多元化改革是《国家中长期教育改革和发展规划纲要（2010—2020年）》提出的重要任务，也是科学选拔人才的改革方向。浙江省通过实行分类测试、分层选拔的新课改高考制度、三位一体的招生选拔评价新模式、多元化的高职高专招生改革、平行志愿的录取办法等一系列改革举措，形成多元化招生考试评价体系，取得了明显成效。在改革过程中，浙江尊重基层群众的创造、呼应一线师生的关切，广泛调研论证，形成了具有浙江特色的分类测试、分层选拔、多元评价、择优录取的招生考试制度框架。

考试招生制度改革的基本内容

浙江考试招生改革旨在着力解决长期困扰教育系统的四方面难题：如何与高中新课改有效衔接？如何推进优质轻负高效的素质教育？如何有利于高校培养创新性和应用型人才？如何深化公平正义？主要进行了以下改革尝试。

一、分类测试、分层选拔的新课改高考制度

与高中新课程改革相衔接，新课改高考方案实行在全科会考基础上

的分类测试、分层选拔、综合评价、全面考核、择优录取模式。主要有五方面改革。一是从统一选拔考试到学业水平测试（高中会考）、综合素质评价和统一选拔考试三位一体的多元化招生考试评价。高考成绩作为投档的唯一依据；会考、综合素质评价进入电子档案，作为学校择优录取已投档考生的重要参考。二是从单一考试科目到分类设置考试科目。根据高等院校、专业培养目标的不同，按考试科目、内容和高校人才培养目标将测试和选拔科目分为三大类：一类科目组（重点本科批）为“3+X+自选模块”；二类（普通本科批）维持原有“3+X”科目；三类（高职高专批）在保持“3”（语、数、外）的基础上，设技术科目（信息技术和通用技术）。与分类测试相对应，实行分类分批划定分数线。三是从单一选择到多重选择。对高校来说，现行第一批院校可自主选用第一类或是第二类科目组，可根据培养目标对会考成绩提出等第要求。对考生来说，包括三大类的选择，模块的“18选6”，技术和英语听力考试时间、次数和考试成绩的选择。四是从一次考试到有条件的部分科目的多次考试。技术和英语听力考试安排在平时进行，一年提供两次机会，3月和9月各一次，学生可最多参加两次考试，成绩两年有效，选一次成绩计入总分。这是多次考试的制度设计。五是从学校集体报名到社会化报名和学校报名相结合。

二、三位一体的招生选拔评价新模式

新课改高考方案的深化和完善，对多元化评价的思路进行了新的路径设计，将学业水平测试、综合素质评价纳入高校招生评价的要求落到了实处。2011年，浙江首次在浙江工业大学、杭州师范大学进行试点，按“自主测试、参加高考、综合评价、提前录取”的模式，将学业水平测试、综合素质评价与高考成绩按一定比例合成综合成绩，择优录取。

当年，浙江工业大学试点计划100人，报名325人，入围220人，录取100人。杭州师范大学试点计划160人，报名2 103人，入围735人，录取160人。两校共录取260人。录取学生质量保证、专业性向稳定，试点受到学校、考生、社会各方好评。

在试点成功的基础上，2012 年继续拓展深化。一是扩大试点范围。院校数量从 2 所扩大到 17 所，扩大招生计划，院校层次从本科延伸到高职（3 所），招生类别从文理科拓展到艺术类。二是体现综合评价体系个性化。首年试点，两校综合成绩均按学业水平成绩、综合素质测试成绩和高考成绩 2∶3∶5 比例合成综合成绩。2012 年各校根据培养目标不同折合比例呈现多样化，如中国美术学院按 1∶6∶3（实践类），或 1∶4∶5（理论类），部分本科院校按 3∶2∶5，高职院校则根据高职专业招生特点，逐步提高学校综合素质测试成绩比重，按 2∶4∶4 比例合成。三是普遍重视并加大对学生专业性向和发展潜质的测评力度。四是与高中新一轮课程改革联系更加紧密。各高校均规定，在高中阶段选修相关课程并取得学分的考生可在同等条件下优先录取。五是为突出特殊人才打开脱颖而出的通道。浙江工业大学和杭州师范大学对在知识拓展、技术技能、兴趣特长和社会实践等方面具备突出特殊才能和卓越表现的学生，提出其综合素质测试可采用特殊才能测评方式。符合条件的考生可提高综合素质测试（特殊才能测评）成绩权重，并被单独提前录取。

三、多元化的高职高专招生改革

自 2009 年起开展高职招生综合改革，在坚持质量标准、坚持突出特色的前提下，加快推进多样化招生改革。目前已形成统考统招、单考单招、高职自主招生、定向招生、高职院校三位一体综合评价招生等多种形式并举的多元化考试招生模式。

（一）特色化的统考统招。高职招生与普通招生有同有异，同在统考，异在科目不同、考试形式不同。“语、数、外”加技术考试，侧重测试实用技能。全面推行技术科目的上机考试。另外是面向中职毕业生开展的单独命题、单独考试、单独划线录取的形式。

（二）高职自主招生。2007 年起开展试点。实行单独报名，单独考试，高考前提前录取，被录取考生不再参加当年高考和高职单考单招。2012年，高职自主招生试点院校29所，主要为国家级或省级示范性高职院校，以及少量的纳入省教育体制改革试点单位的民办高职院校。

（三）校考加高考高职自主招生和高职院校三位一体综合评价招生试点。校考加高考高职自主招生实行高校单独组织报名，单独组织考核，并按不超过招生计划150%的比例，择优确定入选考生名单及参加高考录取时学校投档线下批次线上的降分幅度（不超过50分）。入选考生参加高考，且高考成绩须达到浙江省当年第三批批次线。2011年试点院校9所，共录取1 600余人。2012年起，校考加高考高职自主招生提升为三位一体综合评价招生试点。

（四）定向招生培养。部分院校根据地方人才需求，开展定向招生，实行统一考试、统一划线、定向招生、定向就业的办法，所招新生全部由用人单位落实就业，财政买单。2009年开展社区医学定向招生试点，2011年扩大到职教师资培养，2012年进一步扩大到学前教育、小学全科教师和基层农技人员培养。浙江警官职业学院从2011年起，结合公务员招录考试，实行警察类专业招录改革试点，实行“按岗位招录、定岗位使用、入学即入警”的“订单式”招录培养体制。

（五）“文化＋证书”考试模式。2012年高职类招生考试的内容与方式开始进行改革，率先在汽车专业试行专业技能水平证书考试，实行“一考多用”。汽车专业技能水平证书考试包括专业基础理论笔试和操作技能考试。基础理论考试和操作技能考试达到标准者，颁给汽车专业技能水平证书。对报考高职单考单招汽车专业的考生，技能证书考试成绩计入高职单考单招总分，取得汽车专业技能证书后可申请高职单考单招技能成绩。

四、平行志愿的录取办法

“志愿优先”的录取模式由来已久。投档时首先按每高校第一志愿的考生从高分到低分检索。尽管每批次有多个志愿，但真正发挥作用的只有一个一志愿，导致二、三志愿“形同虚设”，押宝博弈成分较大，高校也经常出现“断档”和“大小年”情况，造成教育资源浪费。另外对信息相对封闭的农村山区学生也不公平。为有效消除传统政策设计弊端，经过反复论证研磨，平行志愿改革于2007年启动。

平行志愿录取办法是：文理科各批次实行3个平行志愿，2008年扩大至艺术体育和高职单考单招，2009年各批次（不含提前录取院校）平行志愿增加至5个高校志愿。投档时，首先对考生按总分从高分到低分排序，再按排序对考生的5个平行志愿从A院校到E院校的顺序检索，出现符合条件的院校，即行投档。平行志愿将考生第一志愿选择机会从一次增加到五次，第一志愿平均录取率比实行传统志愿录取时大大提高，考生志愿展现的空间越来越大。

主要成效与体会

考试招生的改革实践实现了预期目标，引起了各方关注。新闻媒体将其誉为“素质高考、浙江破冰”，全社会予以好评，学校和莘莘学子也得到了实实在在的利益，为今后深化完善改革奠定了基础。

一、将相当部分学生从课业负担中解放出来

多年来，千人一面、万人一卷的弊端显而易见，人为用一张试卷衡量数十万、百万的考生，虽然提高了效率，但加重了负担，也不利于多样化人才成长。实行分类考试后，第三类考试主要为培养应用型技能型人才服务，遵循理论够用、技能精专的原则，选报该类考试的学生既可按照自身特点加强技能课程的学习，又减轻了课业负担。据统计，三年来，选报第三类考试的学生为72.84万人次。这些学生转而侧重技能训练应用，将

高级蓝领作为职业追求，体现了人才发展多样化的理念，解放了部分学校和学生，符合人才培养成长的规律。

二、初步实现了学生选择和学校需求的协调统一

分类分层的考试招生机制下，学校可以有效选择适合培养目标的学生，学生也可以选择适合自身特点和专长的学校，突破了大一统招录体制存在的“拉郎配”弊端，为学校办出特色、学生个性发展预留了空间。平行志愿下，学生的自主选择权进一步扩大，提升了学生理性规划人生发展的能力素质。学校也增大了选择学生的话语权，通过对录取考生类别的选择、综合素质评价等第的要求吸纳更加心仪的学生。

三、引导学校沉下心来搞素质教育

素质教育之所以长期以来难以深入推进，一难难在社会文化观念陈旧，二难难在教育资源不均衡，三难难在评价制度不完善。其中的评价制度发挥了引领导向作用。如果单纯以考试成绩论英雄，就必然会滋生应试土壤。推进分类考试后，给学校和学生以自我定位的平台，很多学校提出了不求个个升学、但求人人成才的口号，“独木桥”现象不断弱化。部分学校抓住新课程改革契机，开设了适应学生个性发展的课程，促进学生特色发展。实行三位一体评价后，学业成绩和综合评价均折成分值，降低了高考在评价中的比重，引导学校更加注重学生全面发展。高校可以更多地了解学生的个性特征和专业潜能，利于量才培养，反过来又会促进中学开展素质教育，形成良性互动机制。

四、促进多元价值观人才观的发展

浙江分类、多元的考试和选拔模式，其实质是尊重人才成长和教育发展的客观规律，体现了非线性的发展观和多样化的人才观。这就超越了教育领域的单一改革。由于多元的考试招生制度设计，不同性质类型

的高校从各自定位目标出发，接纳专业性向各异、发展潜能不同的学生群体，进行有针对性的培养，形成了研究型、应用型等各具特色的人才加工体系。不同领域人才的成功示例，逐渐引导社会的人才观、价值观发生变化。几年来，学生选择高中后教育路子越来越理性、越来越个性，这种社会观念的转变在很大程度上又推动了教育和考试招生制度的深入改革。

五、更贴近地方经济社会发展需求

高职高专招生的综合改革，通过扩大自主权，激发了地方院校的办学活力。由于高职院校自身定位准确，为更好地培养一线操作型技能人才，学校必然大力推动产学研结合，密切跟踪市场需求和地方产业形态，强化了高校为地方经济发展服务的办学导向。反过来，地方政府通过对大批专业技能人才的吸纳加快了产业转型发展，收到了成效，又会进一步加大对高职院校的扶持力度，双方形成反馈激励的良性互动机制。

六、彰显公平正义

分类考试、分层选拔的制度设计体现了实质公平。过去全国一卷、千校一面的模式看上去公平，实际是对学生个体差异和自身权益的漠视。浙江新课改高考体制下，学生可以理性客观地选择适合自己的发展方向，一年多次考试的机会又使个体潜能得到充分发挥，促进了公平公正。同时平行志愿的录取办法，相当于变学生的一次选择为五次选择，尊重了学生的主体意愿，大大降低选择风险，对于信息相对闭塞的农村偏远地区学生来说更是福音。实行新课改高考和平行志愿后，加上浙江推出的省内院校不留机动计划、严格加分政策和公示制度等配套措施，考生投诉信访量大幅下降，招生录取现场平静有序。

（浙江省教改办推荐）

体现职业教育特点 实行“技能高考”

——湖北省在职业教育领域试点招生考试改革

【摘要】从 2011 年开始，湖北省在职业教育领域率先试点招生考试改革，在部分专业实施以技能考核为主的中职毕业生升入高等院校的考试招生办法，推动高等职业院校根据职业教育特点选拔适合培养的新生，社会上简称为“技能高考”。2012 年将进一步扩大考试专业范围，到 2015 年，全省中职毕业生升入高等学校学习，全部实行技能高考，实现常态化、制度化。

推行改革的背景和依据

多年以来，湖北省和全国各省一样，中等职业学校毕业生对口升学考试主要参照普通高考做法，进行文化基础课和专业基础课的纸笔考试。随着职业教育事业的改革发展，现有招生制度的弊端逐步显现。中职学校的课程设置以职业技能培养为主，办学目标强调就业导向，而文化考试体现不了职业教育的特点。

《国家中长期教育改革和发展规划纲要（2010—2020 年）》（以下简称《教育规划纲要》）提出，“要完善职业学校毕业生直接升学制度，拓宽毕业生继续学习渠道”，“建立以考试招生制度改革为突破口，逐步形成分类考试、综合评价、多元录取的考试招生制度”。为了贯彻落实《教育规划纲要》精神，推进高考改革，加快现代职业教育体系建设，省教育厅多次召开座谈会、到外省调研，并于2011年1月制定相关政策，推行职业教育“技能高考”，探索建立以技能操作考试为主的中等职业学校毕业生升入高等学校学习的制度。

改革的主要特点和做法

作为全省推行的一项重要高考改革，其特点是：第一，实行全省统考，而不仅仅是分校分专业组织；第二，职教学生深造不仅局限于毕业当年，即使已经工作，只要具有同等学历，也可以随时通过技能测试进入高校学习；第三，在人才培养模式上，更便于中高职的有效衔接。

2011年初，首先在机械类专业开展试点，技能操作考试的内容为车工技能、铣工技能和钳工技能，考生可任选一种，在普通高考前进行；文化考试实行单独命题，文化综合试卷包含常识、语文和数学，与普通高考同步。录取时，技能操作考试成绩占70%，文化成绩占30%。首次改革试点，全省700余人报名考试，530名考生进入大学学习。

与此同时，还确定了武汉职业技术学院等8所经教育部批准具有单独招生资格的国家级示范高职院校和骨干高职建设院校作为单独招收中职学校毕业生的试点。由学校自行组织技能操作考试和文化考试，同样按照技能操作考试为主、文化考试为辅的原则自主确定招生办法，单独进行招生考试工作。这些学校招考的专业一方面是湖北经济社会发展需求量较大、便于技能操作考试的专业，另一方面是中职学校开设面大的专业。

为了给在技能方面有才能的中职毕业生更大的机会上高职，湖北还决定，在高职院校招生录取时，经省高校招生委员会同意，对凡获国家、省级中职技能大赛三等奖以上的学生，可以享受优录政策。从高职招生的制度上保证优秀的中职毕业生能够更加顺畅地踏上中等职业教育到高等职业教育的这座“立交桥”。

根据2011年首次改革试点情况，决定扩大2012年的技能高考专业范围，除机械类外，还增加电子类、计算机类两大类专业，已有5 000多人报名并参加了技能操作考试。2013年，将进一步扩大到机械、电子、计算机、护理、会计、建筑技术六个专业类别。2015年实现全覆盖和常态化。

改革的重要意义和社会反响

“技能高考”这一创新性举措，改变了传统的纸笔考试模式，为中职院校的学生进入高等院校提供了一种新途径，让中职生、青年工人与普通高中生“错峰竞争”，更能体现职业教育的特点，引导各职业学校加强技能型人才的培养。它对中职教育教学改革、高中阶段学生分流具有引领和推动作用，增强了中等职业教育的吸引力。它不仅为高职学校提供了技能素养高的生源，也能推动高职院校技能人才的培养，有利于中高职的衔接，是湖北构建现代职业教育体系、推动职业教育改革发展的重要举措。

（湖北省教改办推荐）

保障体制机制改革专题

依靠制度创新　保障教育家办学

——山东潍坊市推进校长职级制和教师职称制度改革

【摘要】潍坊地处山东半岛中部，辖12个县市区、2个国家级开发区、1个生态发展功能区、1个综合保税区，有中小学1 387所，在校生127万人，教职工8.9万人。近年来，潍坊在扎实推进素质教育的同时，不断改革创新，先后实施中小学校长职级制和教师职称制度改革。这两项制度创新，加快了校长和教师的专业化发展，全面提高了教育管理水平，促进了教育教学领域的改革，助推了教育发展方式的根本转变。

实施背景

一、关于校长队伍建设

与传统的行政管理体制相适应，长期以来，我国在管理中小学时，将中小学也赋予行政级别，一般分为正县级、副县级、科级、股级等。潍坊市在推行校长职级制改革之前，共有正县级学校5所，副县级23所，正科级111所，副科级204所，股级216所，其余无行政级别。随着教育事业的发展，这种与行政级别挂钩的做法，弊端越来越大，主要体现在以下方面。一是校长套用行政级别，实行任命制，缺少竞争择优和比较鉴别，难以评价校长作为教育教学管理者的专业水平，一旦选人失误，将对学校和学生的全面发展造成严重影响。二是套用行政级别管理校长，评价权和使用权分离，校长追求的是“做官”而非专业发展。另外，由于存在行政级别，一些非情系教育、立志从事教育事业的人员为解决行政级别进入学校担任领导职务，不但导致学校管理人员队伍人浮于事，而且导致学校内部运行行政化倾向日益浓厚。三是校长被行政级别“衍生”而来的参加各种非业务性会议、出席各类不相关活动等社会事务所困扰，消耗大量的时间和精力，难以专注于教育教学。四是受行政级别所限，阻碍了校长在优质学校和薄弱学校之间的合理流动。县市区校长晋升到科级、市直校长晋升到县级后，再也难以均衡交流和调整。

二、关于中小学教师职称制度

现行教师管理体制下，职称制度是评价教师业绩的主要导向，与工资待遇直接挂钩，中小学教师对此普遍高度关注。中小学教师职称评定制度自上世纪 80 年代建立以来，对教育事业的发展起到了积极的推动作用。但近几年来，从潍坊市的实践来看，教师职称制度与当前教师队伍建设现状出现了一系列不相适应的现象。一是中学教师和小学教师职务序列不一致，导致小学教师比中学教师职称低一个等次。二是中小学教师职务（职称）系列的最顶层为副高级，没有设置正高级职务，教师晋升到副高级职称后，由于缺失新的激励机制，普遍降低了教书育人的积极性。三是教师职称长期实行评聘分开，学校的用人自主权难以落实，同时也积压了大量待聘人员，岗位管理难以在学校层面有效实现。四是教师的评价过于侧重论文、荣誉证书等显性成果，对教师师德、课堂教学效益等关注和评价不够。

主要做法

一、全面推行校长职级制改革

2004年9月，潍坊市委、市政府印发《关于推行中小学校长职级制度的实施意见》，取消全市所有中小学校的行政级别，实行校长职级制。2011年8月，潍坊市委办公室、市政府办公室转发市委组织部、市教育局、市财政局、市人社局四部门《关于深化和完善中小学校长职级制改革的实施意见》，从制度层面建立起促进校长专业发展、保障教育家办学的管理制度。

（一）建立基于校长办学业绩和个人素养的职级评定制度。取消中小学校长行政级别后，通过设置更加贴近校长成长规律的职级序列来引导校长专业发展。校长职级分为四级：特级校长、高级校长（分一、二、三档）、中级校长（分一、二、三档）、初级校长（分一、二档）。校长职级实行评级晋档、动态管理制度，市、县（市区）教育行政部门分别成立中小学校长职级评审委员会，负责对校长职级进行评审。在评审过程中，突出评价校长办学理念与办学实践的符合率，突出学校办学满意度评价，引导校长专注办学实绩。全市已有941名校长纳入职级管理序列，其中高级校长215名，中级校长432名，初级校长267名，试聘期校长27名，呈现出分布合理、渐次递进的职级分布态势。

（二）建立校长后备人才遴选制度。为延长校长岗前预备期，提前把适合做校长的优秀人才纳入统一管理和培养范围，通过现职优秀校级干部过渡、专家团队公开考选等方式选拔，并接受任职资格所需的知识、能力培训和挂职锻炼培养，经综合考核合格后，认定相应的校长任职资格，纳入校长后备人才库管理。校长任职资格每两年认定一次，有效期为四年。新任中小学校长必须从具备相应校长任职资格的人选中公开选聘，全市已经建立起760人的校长后备人才库，并已从中选聘14名同志担任校长职务。

（三）建立校长和学校干部公开选聘制度。选好、选准、选强校长，对于全面贯彻落实党的教育方针、政策，贯彻育人为本原则至关重要，因此必须建立科学化、专业化的校长选聘机制。潍坊逐渐探索出公开、竞争、择优的校长选聘方式，当校长岗位出现空缺，由教育专家、优秀教师代表和有关部门人员共同组建校长选聘委员会负责遴选确定初步人选，再由教育部门党委按照“党管干部”的原则，集体研究、聘任。纪检、组织等部门对竞聘校长人员资格、专家评委组成、选聘程序等进行全程监督。为确保选人准确性，实行校长试用期制度，新任校长第一年为试用期，试用期满考核合格的，正式聘任。学校副职由校长提名，教育行政部门进行资格审查和民主测评，校长提名副校长人选必须通过全体教职工 85% 以上的信任度投票。学校中层干部实行校内竞争上岗。中小学党委（总支、支部）书记由教育行政部门党委任命，群团组织负责人由学校党组织提名，按规定程序产生。职级制改革以来，全市先后选聘 178 名优秀人才担任校长，调整交流学校副职、中层干部 1 800 余人，选配交流学校党组织负责人 132 名。

（四）建立与职级认定和办学业绩相适应的薪酬制度。将校长职级与校长绩效工资直接挂钩，充分体现优劳优酬。每年按照校长职级确定校长绩效工资总额，全部列入同级财政预算，由财政部门直接拨付教育行政主管部门统一发放。初级、中级、高级校长的绩效工资标准不低于校长本人应发工资总额的 25%、30%、40%，特级校长可拿到本人应发工资数额 80% 的职级工资，优秀校长的岗位价值得到充分体现。校长绩效工资的 70% 按月发放，其余 30% 根据绩效考核结果发放。为此，全市每年支出财政预算 1 600 多万元。

（五）建立优秀校长延期退休制度。优秀校长是教育系统最需要的人才资源。如果套用行政干部任职年限管理校长，到了任职年龄就要“一刀切”。在县（市区）一级有 99% 以上的中小学校长都是科级及以下，51

岁或者52岁就要被“切”下去，造成了极大的人才浪费。潍坊依据国务院关于高级专家离休退休问题的相关政策，对工作业绩特别突出、身体健康、为当地群众和教职工所公认、职级达到高级和特级的优秀校长，实行退休年龄延长到65周岁。

（六）建立校长任期交流制度。校长施展治校才能，需要一个合理的周期。潍坊规定，担任中小学校长，每个聘期为四年，在一所学校连续任职一般不超过两个聘期。无特殊原因，聘期内的校长不作调整。校长聘任期满，原职务和职级自动解除，根据工作需要，经考察、考核合格，并经教育行政部门党委同意，可以续聘，避免因校长调整过于频繁带来的管理空档。同等职级的校长符合交流条件的可直接交流任职，也避免了校长长期在一个学校任职带来的职业倦怠。市区、县镇学校校长交流到农村学校或薄弱学校任职的，校长职级在本等级内晋升一档。年龄在45岁以下的校长，评定高级及以上校长职级，需具有在农村学校或薄弱学校任职、任教经历。同时把帮扶2~3所农村学校和薄弱学校情况作为评价特级校长工作业绩的重要内容。

（七）建立校长业绩评价制度。校长聘期内的考核分为第一、第三学年的学年度考核、第二学年的聘任期中考核和第四学年的聘任期满考核。建立社会参与的校长办学满意度评价制度，每年两次通过电话随访、问卷调查、座谈了解等方式征求社会知名人士、学校教职工、学生家长、在校学生等多方面对校长的评价意见。评价结果纳入校长的业绩考核和职级认定。

（八）建立校长培养培训制度。通过提高培训质量、活化培训方式、强化培训效果，构建起适合校长专业发展、个性发展的平台。采用市场准入机制，引进六家市级培训机构，各机构面向全市校长提供学习“菜单”，教育部门为校长发放“培训券”，校长自主选择学习内容、学习时间，教育部门根据培训机构收到的“培训券”和校长的满意度，向培训机构提供培训经费。每年全市中小学校长人均参加培训的次数达三次以上。

实施“教育家成长辅导团”项目，为每位优秀校长量体定做培训方案，用一至两年时间，帮助30名左右的中小学校长成为在全省、全国有一定影响的教育专家。同时，确定出10名左右懂教育、会管理、业绩公认的特级校长。

（九）建立校长和教育行政部门的双向交流任职制度。通过打通校长和教育行政部门班子成员交流任职渠道，形成优秀校长可以到教育部门任职，优秀教育部门管理人员可以担任校长的双向沟通用人机制。对业绩特别突出、具有中级及以上职级的校长任满一个聘期后，可调任教育行政主管部门科级领导职务；特别优秀的高级校长和特级校长，可调任市教育行政部门领导职务或者副调研员以上及其他相当职务层次的非领导职务。具有较高学术水平的教育行政部门副职以上负责人和直属单位主要负责人，可以通过申请校长任职资格进入校长后备人才库后参与校长职务的公开竞聘。全市先后有14名校长调任教育行政部门担任领导职务，13名教育行政部门领导通过考试进入校长后备人才库，其中4名已经担任学校校长。

（十）建立教育行政部门领导班子专业资格制度。为适应校长专业发展、实现教育家办学需要，组织部门对县市区教育行政部门主要负责人任职资格条件进行了规范和完善。县市区教育局局长除具备党政干部任用基本条件外，还要热爱教育事业，为师范类院校（专业）毕业或具有从事教育工作的经历；熟悉人才工作政策，尊重教育规律和人才成长规律，具有一定的学术研究水平。市、县教育行政部门领导班子成员中，有教育工作经历的人员不少于三分之二，并且要有担任过校长职务的人员，为形成懂教育、热爱教育的人管教育、办教育的良好格局提供制度保障。

二、全面推行中小学教师职称制度改革

2009年4月，经国务院批准，人力资源和社会保障部、教育部决定在全国范围内选取山东潍坊、吉林松原、陕西宝鸡三个地级市进行中小学教师职称改革试点。2009年9月，潍坊市政府召开中小学教师职称制

度改革动员大会，制定印发《潍坊市深化中小学教师职称制度改革试点工作实施方案》，正式启动此项改革，截至目前，已经按照新机制完成了两轮职称评审和岗位聘任，取得良好成效。

（一）健全制度体系。改革原中学和小学教师相互独立的职称制度体系，在中小学校增设正高级职务，建立统一的中小学教师职务制度。中小学教师职务分为初级职务、中级职务和高级职务，名称依次为三级教师、二级教师、一级教师、高级教师和正高级教师，分别对应事业单位专业技术岗位 4~13 等级。全市 8.9 万教职工中，符合条件的 8.2 万名全部对应过渡到新的职务序列。

（二）与事业单位岗位聘用制度有效衔接。由原来的评聘分开改为职务聘任与岗位聘用的统一。职称评审在核定的岗位结构比例内进行，不再进行岗位结构比例之外的资格评审，并允许跨校竞聘。

（三）完善评价机制。人社、教育部门按规定确定岗位指标、培训政策，并宏观监督，对聘任结果进行公示、备案、落实待遇；学校自主制定竞聘方案，体现学校特色和要求，达到学校全体教职工 85% 以上的满意度后可自主实施；教职工全员参与制定方案、参与整个聘任的组织和监督，确保把职称评给大家最认可的教师。

（四）建立师德考核前置制度。建立中小学教师师德全员考核制度，教师晋升高级职称，必须在上学期师德考核中获得优秀等次。每次职称评定前，都对申报人员逐人进行师德考核前置审核，审核结果及时进行公示。

主要成效

一、建立了符合校长岗位特点的管理机制

近年来，市直学校有 3 名同志通过竞聘走上校长岗位，县市区新提

拔校长 162 名，全市学校副职减少 252 名，中层干部减少 1 340 名；通过竞聘上岗产生学校干部 319 人，全部来自教育系统懂教育、热爱教育的一线优秀教师和管理人员。推行职级制以后，全市中小学校长平均参加各级各类会议的数量缩减了五分之四，校长研究教育教学的时间由改革前的 56% 提高到 82%。校长每年平均听课 156 节，听课最多的达到 298 节，校长一心一意研究教书育人和学校管理成为常态。全市获得“齐鲁名校长”的人选数量居全省各市首位。

二、有力促进了校长的专业化发展

全市 92% 的校长都主持或承担各类教育科研课题，全市 90% 以上的中小学校开发了 10 门以上的校本选修课程，三分之一的学校校本选修课程接近 30 门。全市每年通过人事调动、双向挂职、对口支援、校长联聘等方式参与交流的校长、副校长达到 15% 以上。469 名县市区驻地学校领导干部到乡镇及以下学校任职，优秀校长和学校的办学经验通过政府成果奖、创新燎原奖等得到推介，从城市到农村的各级各类学校普遍建立了发展愿景规划，形成了“一校一特色、校校有亮点”的生动局面。

三、扩大了学校在教师职称评聘中的自主权

学校出现空缺岗位，由具备任职资格未聘任和具备条件无任职资格的教师一起竞聘，竞聘的具体标准、条件和程序都由学校自主确定。从各学校情况看，在制定岗位竞聘方案时都比较突出地体现了教师教学能力、师德表现和育人业绩等重要因素，并且由学校民主、公开操作，学校对教师的评价权得到落实。另外，在竞聘条件上体现了对一线教师的倾斜，不担任教学任务的非教学人员不能参加竞聘和教师职称评审。同时，把担任班主任工作经历作为晋升中、高级教师职称的重要条件，赋予了较大权重，充分调动了教师担任班主任的积极性。在最近组织的两轮教师职称评审中，有 789 名教师通过高级职称评审，其中 746 人为一

线教师，其他 43 人为兼职管理人员；347 名通过中级职称评审，其中 331 人为一线教师，其他 16 人为兼职管理人员，向一线教师倾斜的政策效果十分突出。

四、对教师终身从教的激励作用明显呈现

在中小学设置正高级教师系列，并实行岗位分类分级管理，教师职务由原来的初级、中级、副高级三个等级变为现在 4～13 级的十个等级，形成了激励教师不断成长的长效机制。全市有 36.7% 的教师晋升到高一等级岗位，有 27.8% 的教师由低一级职务晋升到高一级职务。另外，符合条件、不具备资格的教师与具备资格的教师一起竞聘，一批业绩突出、资历浅的年轻教师竞聘到了高一级的岗位。按岗竞聘、谁优秀谁上岗的机制，既消除了具有资格未聘任人员的等靠思想，又打破了长期以来形成的论资排辈的陋习。

五、为现代教育制度建设提供了前提和保障

现代教育制度的核心是依法落实学校的办学自主权。校长职级制大大加快了校长的专业成长，懂教育、会管理成为潍坊校长的“名片”；职称改革助推教师专业发展，研究课堂、育人为本成为教师常态。这也为教育部门下放权力，学校自主办学奠定了基础。潍坊这几年区域推进课程改革、中考改革、育人为本基本制度建设等都收到了显著效果，根本原因就在于校长和教师对教育的深刻理解，对教育规律和人的成长规律的遵循。

（山东省教改办推荐）

筑广厦　稳师心

——广西德保县扎实推进农村教师周转宿舍项目建设

【摘要】2008年，财政并不富裕的德保县下定决心，每年划拨不低于300万元的专项资金，启动教师周转房建设项目，并把该项目列为政府“为民办实事”工程的首要任务。截至2011年底，德保县财政和中央共投入资金2 970万元，建设教师周转宿舍548套，让838位乡村教师（占该县教师总数的30%）住进了新房。教师不需要交纳任何费用，只需要签署德保县周转宿舍入住协议书，即可免费入住。今后，德保县政府将继续把乡镇中小学校教师周转宿舍计划纳入财政预算，预计至2015年，基本解决全县农村教师住房问题。教师周转宿舍不但使部分农村教师“住有所居”，更激发了特岗教师扎根农村、教书育人的热情，为推动义务教育均衡发展创造了条件。

实施背景

德保县位于桂西南贫困山区，全县辖12个乡（镇）185个行政村（社区），总面积2 575平方公里，其中石山区面积占70%。全县总人口36.18万人，聚居壮、汉、瑶、苗等9个民族。近年来，德保县坚持以科学发展观为指导，全力实施生态工业县、特色农业县、旅游文化县、山水宜居县、平安和谐县“五大发展战略”，城乡面貌明显改观。

但是，由于底子薄，教育基础设施落后，教育发展总体水平不高，农村教师住房难一直是困扰德保县政府的难题。很多老师一起挤在学校上世纪60年代修建的瓦房里。房子只有一人多高，踮起脚尖就能碰到房顶。瓦房不仅开间低、面积小，还十分老旧，瓦片时常掉落。每逢下雨，就是屋外大雨、屋内小雨，教师那种“屋漏偏逢连夜雨”的心情可想而知。即使在没雨的季节，教师在夜晚也经常被老鼠闹得睡不了觉。在房屋紧张的学校，有些老师连这样的瓦房也住不上，只能每天走教，天不亮就起来赶山路，格外辛苦。像这样的情况，德保县12个乡镇的学校几乎都是如此。全县2007年有教职工2 835人，教师宿舍面积62 250平方米，其中瓦房宿舍2 041开间、53 039平方米，占宿舍面积总数的85.2%。这些宿舍大部分建于上世纪五六十年代，多为泥舂墙、片石木瓦结构，是当时靠群众投工献料建成的。宿舍结构层次低、质量差，随时都有倒塌的可能，时刻威胁教师的生命财产安全。解决教师住房难问题，已经成为德保县教育发展十分重要而紧迫的任务。

启动项目，抓紧建设教师周转宿舍

为了能让学生上好学，让教师教好书，“办人民满意教育”，县委、县政府高度重视全县教职工的住宿问题，决定尽快启动教师周转宿舍建设项目，稳定教师队伍，推动教育事业均衡发展。把该项目列为县政府“为民办实事”工程的首要任务，成立教师周转宿舍建设工程领导小组，由县长担任组长，分管教育副县长担任副组长，成员由教育局、发改局、建设局、财政局、审计局、国土局、房改办、环保局、人劳局等单位人员组成，同时印发了《德保县教师周转宿舍实施方案》和《关于德保县租赁式经济适用住房建设实施方案的通知》等相关文件，明确了教师周转宿舍的建设任务和指标要求，明确了各相关单位在项目建设中的职责和任务。县委、县政府、县人大、县政协等主要领导多次亲临学校进行调研，召开专题会议，研究部署项目建设工作，解决教师周转宿舍建设过程中所遇到的困难和问题，有效保障建设项目顺利推进。

根据县政府决定，县财政每年划拨不低于300万元专项资金用于教师周转宿舍建设。2008年至2010年，德保县共投入资金1 770万元在马隘初中等12所学校实施教师周转宿舍建设工程，建设13栋楼房268套，总面积16 683平方米。其中2008年建成6所学校7栋楼房148套，建设面积9 213平方米，投入资金990万元；2009年建成3所学校3栋楼房60套，建设面积3 735平方米，投入390万元；2010年建成3所学校3栋楼房60套，建设面积3 735平方米，投入390万元。2011年，德保县又利用中央农村教师周转宿舍建设工程专项资金1 200万元，对17所学校实施教师周转宿舍建设，建成17栋楼房280套，总建设面积9 800平方米。目前，所有工程已竣工验收交付使用。

着力长远，科学规划，建立资金保障机制

教师周转宿舍建设项目是一项面广量大的民心工程，任务十分艰巨，在还没有上级专项资金支持的情况下，要完成教师周转宿舍建设任务，对一个省级贫困县来说是何等困难。实施教师周转宿舍项目的决定出台后，特别是被纳入全区农村教师周转宿舍建设工程试点县后，为把这一民心工程办好，实施好，达到合理布局、科学规划、安全够用的目标，县教育局立即成立专项工作小组，分头行动，据实摸排乡镇教师住房的实际情况，结合中小学布局调整规划，提出“先急后缓、从大到小、分步实施”的建

设方针，先对办学规模大、学生数多、教师住房紧缺且危房众多的初中和中心校进行教师周转宿舍建设，初中和中心校基本完善后，再逐步对村一级完小进行建设，最终基本解决中小学教师在校住宿问题。

德保县教师周转宿舍建设采取“政府投入为主，多渠道筹措资金为辅”的方式筹措建设资金，建立资金保障机制，县人民政府每年将教师周转宿舍计划建设资金列入年度财政预算，优先安排，确保到位。县财政局、县教育局相应成立工程专户，专款专用，让有限资金发挥更大效益。

客观求实，合理设计，规范项目管理

为使新建的教师宿舍楼达到设计新颖、经济实用的目的，德保县对每一栋楼的实施都坚持做到三点。一是客观求实，合理规划学校的功能区域。根据学校的师生人数制定该项目的建设套数、建设面积等，并做到实地规划、定点，从没有纸上谈兵、盲目规划的现象。二是设计要美观大方，安全实用，符合农村中小学建设规划要求。聘请有资质的设计单位对教师周转宿舍楼进行设计，并由县人民政府城建工作领导小组负责审定初步设计方案（包括设计方案、立面效果等）报县人民政府审批。几年来德保县财政投入的教师周转宿舍楼都采用两室一厅一卫一厨的设计方案，平均每套面积 62.25 平方米，中央财政投入的采用一室一厅一卫的设计方案，每套面积 35 平方米，抗震结构达到八度设防。格局合理、经济实用，体现了教师周转宿舍楼的舒适性、安全性、布局合理性。三是规范项目管理，严把工程质量关。在实施教师周转宿舍建设项目中，德保县按照项目管理基建程序的工作流程，不走过场，遵循法律程序逐项推进。一是严把每栋楼一柱一孔的地质勘察关，二是严把施工图纸设计、审查、评审关，三是严把立项报建报批关，四是严把工程公开、公平、公正的招投标关，五是严把工程质量关。

在组织项目实施的过程中，德保县聘请有资质的建设工程监理单位对工程进行全过程监理，县质监站、县建设局、县审计局、县财政局、县发改局等部门对项目的实施进行全过程监督与管理。工程的隐蔽部分验收都要有建设单位、质监站、监理单位、设计单位等人员到场，验收合格后才允许下道工序施工。同时委派项目学校一名经过专项培训的工程质量监督员，协助监理人员做好材料进场、抽样、质量监督等工作。严格把关，层层落实责任，杜绝“豆腐渣”工程发生。

克服困难，按时完成项目建设任务

教师周转项目的实施，是全县教职工多年的期盼，为落实好项目，县教育局出台项目管理细则。危房拆除、校园总体规划、施工图设计、工程预算等工作同步紧凑地进行，县里各职能部门各司其职，采取审批绿色通道及规费减免措施，共计减免各项规费 90 多万元，为项目顺利实施提供了强有力的保障。

项目实施采取领导挂点督办制、倒排工期制等有力措施，克服了地质情况复杂、交通不便、多雨季节等困难。德保县是大石山区，大部分乡镇属于岩溶地带，地质情况复杂。有的工程地基开挖不到 20 公分就碰到岩石，有的工程又出现基础超深现象。面对这些问题，教育局项目办积极联系各方，研究制定可行方案，保证了工程进度和质量。如兴旺中心校周转宿舍的实施是在高差有 5 米左右的凹地上建设的，地质情况很复杂，在开挖基础时发现有两个大小不一的溶洞，经过地勘、设计、监理、审计、发改、建设等部门实地勘察论证，决定采用灌浆办法进行加固处理。施工队昼夜加班，为施工赢得了宝贵时间。

在全县广大干部职工、群众及师生的大力支持下，在施工单位的共同努力下，德保县的教师周转宿舍建设项目顺利实施，在开工半年内让教师住上了新房。

项目实施成效

2008年至2011年，德保县教师周转宿舍建设项目实施后，共建成教师周转宿舍548套26 483平方米，为全县广大教职工提供了安全舒适的学习生活条件。共安置838名教师入住，38个特岗教师全部安排入住。共拆除教师瓦房校舍14 047平方米，消除了安全隐患。这项民心工程是德保县教师的幸福之基，也是城乡教育均衡发展的“破冰之举”。教师周转宿舍不但使部分德保县农村教师“住有所居”，也为推动义务教育均衡发展创造了条件。2009年新招的特岗教师，不需要交纳任何费用，只需签署德保县教师周转宿舍入住协议书即可入住。许多住进周转宿舍的教师激动地说:“我们终于告别了瓦房时代，过上有尊严的日子。”

教师周转宿舍试点项目改善了部分农村中小学教师无房住、住危房、校外租房的窘况。同时，它还带动了农村教师安居房的建设。德保县政府将在2012年启动教师保障性住房工程，让教师能以较低的价格购买一套属于自己的产权房，这将解决教师退出周转宿舍后无房可住的问题。

（广西壮族自治区教改办推荐）

民族教育优先重点发展
谱写草原教育新篇章

——内蒙古锡林郭勒盟大力发展民族教育事业

【摘要】锡林郭勒盟是一个以蒙古族为主体、多民族聚居的边疆少数民族地区，蒙古族人口占30%。近年来，在自治区党委、政府的关怀下，锡林郭勒盟始终把大力发展民族教育事业作为经济社会可持续发展的关键支撑系统和重要组成部分，通过完善政策保障体系、优化布局结构、改善办学条件，促进了从学前教育、义务教育、高中阶段教育到高等教育各级各类民族教育持续协调健康发展，民族教育事业取得了历史性成就。

认真贯彻落实党的民族政策，确保民族教育优先重点发展

多年来，锡林郭勒盟认真贯彻执行党的教育方针和民族政策，从“两基”攻坚到经费保障机制，从师资队伍建设到提高教育教学质量，从改善办学条件到加强学校管理，都给予高度重视和大力支持，使民族教育工作不断发展创新。出台《关于进一步加强民族教育工作的实施意见》，在发展规划、改革步骤、目标要求、办学形式、教学用语、课程设置等方面，做到民族教育优先重点保障，使民族教育事业以高于全盟平均水平快速发展。

加大民族教育投入力度，民族学校办学条件普遍改善

在依法落实“三个增长”、不断提高公用经费保障水平的同时，不断加大投入力度，优先改善民族学校办学条件。“十一五”以来，锡林郭勒盟实施“农村牧区中小学寄宿制学校建设工程”“农村牧区中小学危房改造工程”“锡盟教育布局结构调整集中办学试点示范工程”“职业教育基础能力和实训基地建设工程”和“中小学校舍安全工程”等教育工程项目，投入22亿元用于改善办学条件。其中投入民族学校的资金达11亿元，占总投入的50%。特别是牧区教育布局调整后，为确保牧区儿童能够进得来、留得下、学得好，锡林郭勒盟多渠道筹措资金，扎实做好城镇并入学校的提质扩容工作，坚持在重点项目建设方面有计划地向民族教育倾斜。目前，全盟所有牧区旗市全部建有民族幼儿园，蒙语授课幼儿园均实行公办体制，保证了这些地区幼儿就近接受蒙语授课学前教育。全盟民族学校教学用房、学生宿舍、食堂、仪器设备等得到进一步改善，所有民族中小学均实现楼房化，民族中小学的电化教学设备、计算机、多媒体教室、校园网络和校园广播系统配置条件等均处于当地同级同类学校的领先水平。

注重创新教师培训机制，大力开展民族学校师资培训工作

一、广泛开展民族学校教师全员培训

坚持把加强教师培训作为提高民族教育教学质量的关键环节，努力为全盟民族教育事业发展培养和造就一支具有先进教育理念、良好职业

道德和坚实业务基础的教师队伍。2008 年以来，用三年的时间完成一轮蒙语授课幼儿教师、义务教育阶段教师和高中阶段教师不低于 240 学时的学科培训，累计培训中小学教师 4 133 人次。2011 年蒙语授课小学、初中、高中专任教师学历合格率分别为 100%、99.7%、97.8%，蒙语授课小学专任教师专科率达到 92%，初中专任教师本科率达到 74%，均高于全盟平均水平。

二、全面提升民族学校校长队伍整体素质

努力拓宽培训渠道，提升培训层次，先后与国家教育行政学院、清华大学、北京师范大学、内蒙古师范大学建立培训协作关系，仅 2008 年以来，先后选派 166 名民族学校校长进行高级研修培训，占全盟民族学校校长队伍的 90%，基本使全盟民族学校校长普遍接受先进的教学理念、行政管理经验等方面的学习教育。2008 年，与国家教育行政学院合作建立“中国教育干部培训网—锡林郭勒中小学校长培训中心”，实现包括民族学校校长在内的中小学校长网上在线学习。为了全面提升校长管理学校的能力，用四年时间组织了 103 名民族学校校长到北京、天津、烟台、包头等区内外知名院校挂职锻炼，2008 年、2010 年、2011 年分别组织各旗市（区）教育局分管民族教育的局长和民族学校校长赴内蒙古自治区东部、西部盟市进行学习考察。

三、多种形式开展县级培训

除了国家、内蒙古自治区、锡林郭勒盟三级组织的各类学习培训，各旗县市（区）民族学校教师培训也各具特色。如：西乌珠穆沁旗启动实施“教师队伍建设工程”，采取“名家讲学、导师指导、回访提高”三段式培训模式，引进高端培训资源，相继实施通识教育、分学科讲学、回访式指导和派出学习四个阶段培训，先后邀请魏书生、冯恩洪等著名教育专家及全国各地名校长、名教师到该旗讲学；东乌珠穆沁旗组织中

小学干部及骨干教师赴杜郎口中学参观学习，并从北京邀请教育专家和骨干教师对全旗中小学教师进行集中培训；正蓝旗邀请杜郎口中学优秀教师对当地教师进行班主任培训和新理念培训；二连浩特市每学期邀请内蒙古师范大学教授给教师进行为期半个月的培训，等等。

四、基本实现免费培训

“十一五”以来，每年都安排150余万元专项经费，免除参加盟级组织的各类中小学教师培训的培训费、住宿费，并明确要求交通费由任职学校从师资培训专项经费中列支，部分培训项目还补贴了伙食费、资料费，切实减轻了教师经济负担，提高了广大教师参加培训的积极性和主动性。

建立完善民族教育助学体系，实现蒙语授课十五年免费教育

一、学前教育方面

2008年3月实施《锡林郭勒盟蒙古语授课学前教育补助暂行办法》，对所有蒙古语授课学前教育幼儿实行免保育费、免管理费政策。在该政策实施的当年秋季学期，全盟蒙语授课幼儿达到5 425人，较春季学期增加2 189人，增幅达67.6%。四年来累计为22 390名蒙语授课学前教育幼儿补助保育费、管理费2 534.4万元，2008年补助标准为每人每学年不低于700元，2009年提高到不低于1 200元。2012年，锡林郭勒盟为蒙语授课在园幼儿补助在园伙食费每人每年1 000元，同时启动汉语授课学前教育助学工作，实行补助保育费、管理费的政策，补助标准为每人每年1 200元。至此，锡林郭勒盟整体实现公办教育15年免费，民办教育全

员助学。

二、义务教育方面

认真落实农村牧区义务教育经费保障机制，从2006年开始，全盟民族学校学生纳入到免除杂费和补助公用经费范围，教科书免费，寄宿生得到生活费补助，2009年免除了寄宿生住宿费。为减轻蒙语授课家庭经济困难寄宿生经济负担，2008年，要求所有民族学校免收这些学生的寄宿费，并提高生活费补助标准。2011年，锡林郭勒盟在落实国家、自治区实行义务教育"三免一补"（免杂费、免书费、免住宿费和补助家庭经济困难寄宿生生活费）政策的基础上，全盟开始免除小学、初中学生作业本费，并按照在校生15%的比例对家庭经济特别困难的学生补助学习用品费，实现义务教育"四免两补"。

三、高中阶段教育方面

率先开展教育助学工作并不断扩大覆盖面。从2005年起率先实施牧区户籍高中阶段教育助学政策，2005—2006年，盟旗两级财政共安排2 306万元的专项补助资金，共资助牧区家庭经济困难学生14 730人次。2007年，进一步扩大了高中阶段助学覆盖面，将农村户籍家庭经济困难学生和城镇低保家庭学生及所有中职学生纳入高中阶段教育助学范围。截至2010年，实现了蒙语授课从学前到高中阶段十五年免费教育，全盟累计落实高中阶段教育助学资金2.03亿元，实施助学93 714人次，高中阶段学生助学面达到71.5%。2011年春季学期开始，对所有高中阶段教育学生施行高标准的"三免一补"政策，即免学费、免书费、免寄宿生住宿费，按30%的比例补助家庭经济困难学生生活费，并对所有蒙语授课高中阶段学生每生每年发放1 000元的民族助学金，2011年全盟落实普通高中助学资金1.05亿元。

四、高等教育方面

从2007年开始，对考入锡林郭勒职业学院“生态移民子女实验班”的学生每生每年补助学费2 000元。从2008年开始对考入全日制本、专科院校的家庭经济困难学生给予一次性入学补助，本科生1 000元、专科生800元。从2011年开始对接受全日制高等教育的禁牧区牧民子女每生每年补助6 000元，并对高中后学生在锡林郭勒职业学院接受高等职业教育培训实施免学费、免书费、免住宿费、每生每年补助伙食费1 500元的政策。

加强民族学校管理，提高民族教育教学质量

一、强化学校管理，外树形象，内强素质

近年来，每年突出开展一个主题活动，如“创建安全学校”“校园文化建设”“师德师风与学生品德建设”等，从不同侧面进一步加强民族学校的管理工作，使民族学校管理步入制度化、规范化、科学化轨道。

二、坚持教学改革，探索具有锡盟特色的办学路子

目前，从小学到高中系统地开展蒙汉双语教学：以蒙古语授课为主的中小学开设汉语和外国语课程，民族小学从二年级开始开设汉语文课，小学三年级开始开设英语课。民族中学全面实施“三语”教学，进行了“三语”教改实验，效果显著，全盟现有高中“三语”实验班学生337名，四年来共有211名“三语”实验班毕业生考入本科院校，占“三语”实验班毕业生的98.7%。

三、规范教学管理，提高民族教育教学质量

针对蒙语授课教育教学存在的问题，2008年制定完善了《锡林郭勒

盟中小学教学常规》和《锡林郭勒盟中小学课堂常规》，从教学常规管理抓起，从课堂抓起，努力提高教育教学质量。建立了较为科学的教育教学监督管理评价机制，进行初中、高中学科质量监测，促进教学质量的提高，2009年质量监测范围扩大到小学、初中、高中非毕业年级。

四、积极开展民族文化传承教育、民族教育特色教学和校本课程，进一步推动民族文化教育在校园蓬勃发展

在民族中小学开设了马头琴、浩比斯、搏克、民族舞蹈、蒙古象棋、嘎拉哈、射箭、安代舞、蒙古族传统礼仪等校本课程，一些民族中小学结合实际编写了《蒙古族文艺启蒙教育》《新蒙语》《蒙古长调》等教材，促进民族文化在校园里蓬勃发展。

大力开展教育信息化建设，积极推进民族中小学现代化进程

为实现民族教育的跨越式发展，通过实施“现代远程教育网络工程”，锡林郭勒盟所有民族中学都建有计算机教室，所有民族小学配备了远程教育卫星收视设备，开设了信息技术课程。从2008年开始，启动建设全盟教育城域网，覆盖全盟所有的中小学，目前已全部投入使用。2010年为所有义务教育阶段学校配备“蒙汉文教学资源网”服务器，也已全部投入使用，进一步提高了蒙语授课学校的优质教育资源共享能力。

经过坚持不懈的努力，近年来锡林郭勒盟民族教育发展水平始终高于全盟平均水平，2011年全盟蒙语授课幼儿学前一年入园率达到91%，学前三年入园率达到77%，高中阶段入学率达到89%，分别高于全盟平均水平11.7、5.5和1.4个百分点；民族初中入学率达到98.8%，高于全

盟平均水平 7 个百分点。2008 年、2009 年两个牧业旗分别被评为自治区“两基”巩固提高工作先进旗，2009 年牧业旗西乌珠穆沁旗被教育部授予“全国推进义务教育均衡发展工作先进地区”称号，2010 年牧业旗西乌珠穆沁旗被认定为全区第一个实现“双高普九”的牧区旗县。

（内蒙古自治区教改办推荐）

建思源学校　实施教育扶贫移民工程

——海南省加快促进农村地区基础教育改革与发展

【摘要】2007年起，海南省昌江县将该县王下乡的初中生全部迁至县城学校就读，以此逐步减少王下乡的人口，达到既从根本上解决贫困问题，又有效地保护环境的目的，从而拓展了易地扶贫的内涵，成为海南教育扶贫移民工程的最初探索和实践。2010年海南将教育扶贫移民工程作为国家教育体制改革试点项目申报并获得批准，该工程以省、市县财政和香港言爱基金共同投入的思源学校为主要建设模式之一。首期思源12所学校办学两年多来，教育教学成果显著：学生精神面貌焕然一新，行为举止文明礼貌，学业成绩明显提高；思源学校管理规范，校容校貌整洁美观，教学改革不断创新，已成为当地最受群众欢迎的学校之一，其办学成就正在深刻地影响着周边的学校。

教育扶贫移民工程进展情况

教育扶贫移民工程主要是在县城附近建设标准化学校，用于接收自然条件差、基础设施薄弱，至今没有通路、通电、通广播电视等的贫困自然村和处于生态核心保护区的边远村庄的义务教育阶段中小学生，为贫困地区的孩子提供与城镇孩子同等的教育条件。工程学校分为两种模式，模式一为省、市县财政和香港言爱基金共同投入的思源学校，模式二为省和市县财政资金投入改扩建的教育扶贫移民学校。截至目前，一期思源12所学校已顺利运行了两年多，取得了明显的办学成果；二期思源4所学校于2011年9月建成并投入使用；三期思源8所学校于2011年9月开工建设，预计2012年秋季开学投入使用。模式二的改扩建教育扶贫移民已完成一期9所学校建设，二期5所学校预计2012年秋季开学投入使用。详细情况参见下表。

海南省教育扶贫移民工程一览表

	所在市县	建筑面积	学位数	投资总额	进度
一期思源12所学校	文昌、临高、五指山、东方、定安、屯昌、昌江、乐东、陵水、白沙、保亭、琼中。	187 816平方米	21 700个	总计2.79亿元，其中省财政6 550万元，香港言爱基金捐助1.69亿元，市县财政配套3 779万元，其他资金711万元。	2009年9月1日建成开学。
二期思源4所学校	儋州、万宁、澄迈。	82 951平方米	6 900个	总计2.23亿元，其中省财政600万元，香港言爱基金捐助5 550万元，其余为市县财政配套。	2011年9月1日建成开学。
三期思源8所学校	东方、定安、屯昌、澄迈、临高、乐东、陵水、琼中。	280 000平方米	18 500个	计划总投入8.6亿元，其中香港言爱基金捐助1.5亿元，其余资金由省财政和市县配套解决。	计划于2012年9月1日建成开学。

续表

	所在市县	建筑面积	学位数	投资总额	进度
一期改扩建9所学校	儋州、文昌、琼海、万宁、澄迈。	46 341平方米	5 500个	总投入6 729万元，其中省财政5 000万元，市县财政1 476万元，其余资金253万元。	已全部完成并投入使用。
二期改扩建5所学校	临高、乐东、陵水、东方、屯昌。	17 633平方米	1 600个	总投入4 220万元，其中省财政3 000万元，市县配套1 220万元。	正在建设中，预计2012年9月投入使用。

实施思源学校模式的主要举措

一、建设标准化设施，引进优秀人才，提供优质教育资源

思源学校立足于标准化建设，教育教学设备设施均统一按照教育部最新标准配备，做到硬件达标但不奢华。同时，为了确保打造一支高素质的师资队伍，省政府办公厅印发《关于思源实验学校教职工配备工作指导意见的通知》，明确了学校的办学规模、编制核定、岗位设置、学生来源、教职工配备办法等。根据文件要求，省教育厅统一组织面向全国公开招聘学校校长、学科骨干教师和“农村特岗教师”，公开招聘的校长岗位薪金按年薪12万元人民币的标准发放。目前已聘任了16位校长、93名学科骨干教师，并为每所学校配备了不少于50名的“农村特岗教师”。

二、从边远贫困地区接收生源，政府提供生活和交通补助

思源学校在生源选择上严格把关，由当地市县教育行政部门提前制定

学生移民方案，宣传学生移民政策，以整体搬迁边远贫困地区中小学为主要方式。通过实施教育扶贫移民工程，各市县还进一步优化了学校布局。

学生进入学校后，政府为所有移民学生提供生活补助。绝大部分市县政府在省财政补助标准的基础上有所提高。其中，昌江县增加生活补助标准至小学生每人每年 1 820 元，初中生每人每年 2 080 元。东方市、陵水县分别是小学生每人每年 1 200 元，初中生每人每年 1 500 元。屯昌县还对单亲、孤儿等采取了差别化补助措施。

思源学校模式取得的主要办学成果

首期思源 12 所学校办学两年多来，教育教学成果显著：学生精神面貌焕然一新，行为举止文明礼貌，学业成绩明显提高，在全省中等学校招生考试中，思源学校学生连续两年均有不俗的表现；思源学校管理规范，校容校貌整洁美观，教学改革不断创新，已成为当地最受群众欢迎的学校之一，其办学成就正在深刻地影响着周边的学校。

关于思源学校模式的一些经验与思考

一、寄宿制学校管理

思源学校是寄宿制学校，住宿学生占到 80% 以上，学校后勤管理、安全管理成本高。首期思源开学后，普遍反映公用经费严重不足。省、市县财政首先采取专项资金和临时补贴等方式弥补学校公用经费缺口，后经省政府专题会议研究，将学校公用经费缺口纳入市县财政预算，同时采用政府购买服务安排公益性岗位的方式充实后勤服务人员，保证了学校正常运转。

二、师资队伍建设

思源学校是新建学校，师资队伍以新聘“农村特岗教师”和从撤并学校中调剂过来的教师为主。新聘“农村特岗教师”敬业精神强，工作积极主动但教学经验相对缺乏；从撤并学校中调剂过来的教师一开始由于不适应思源学校较为严格的管理方式和紧张的工作节奏，出现不服从管理甚至要求调离学校等现象。针对这些问题，思源学校充分发挥学科骨干教师的“传帮带”作用，大力开展了师德师风教育、教师培训、校本教研、拜师帮教等活动，着力打造一支业务精良、爱岗敬业、作风向上的教学团队，迅速提升了“农村特岗教师”教学业务水平，为思源学校的可持续发展奠定了坚实基础。

三、教育教学改革

思源学校学生基本来自边远贫困地区，也是教育事业发展的薄弱地区，学习习惯、文化基础相对较差。学校通过建立以班主任、任课教师为骨干的全员参与的德育管理队伍，以家访、开家长会等各种形式加强学校和家庭的联系，形成教育合力；通过丰富多彩的校园文化活动，营造良好的育人氛围，给学生以潜移默化的影响；通过改革教学方式和模式，激发学生学习潜能，培养良好学习习惯。经过不懈努力，学校有效纠正了学生的不良行为习惯，学生学业成绩也有了长足进步，教育教学成果获得了社会和家长的一致认可。

四、发挥示范辐射作用，推动义务教育均衡发展

思源学校模式成为海南加快促进农村地区基础教育改革与发展的成功实践。为充分发挥学校示范引领作用，市县教育行政部门以思源学校

作为农村地区校长、教师队伍的交流培训基地，采取互派挂职、跟班学习等形式，带动农村地区薄弱学校管理水平和教育教学水平的提升。同时，省教育厅组织海口地区优质学校与思源学校结对子帮扶，形成以思源学校为中心，教育发达地区学校支持思源，思源学校辐射带动当地农村学校的教育支援模式，也为促进义务教育均衡发展提供了有力抓手。目前，海南正在进一步完善思源学校帮扶模式，省教育厅将出台思源学校帮扶薄弱学校的实施方案，指导市县探索品牌联盟、委托管理等强校带动弱校的新途径，不断丰富促进义务教育均衡发展的政策措施。

（海南省教改办推荐）

构建“多元的开放式教育”

——贵州毕节市推进贫困地区教育体制改革的实践

【摘要】毕节市承担国家教育体制改革“探索贫困地区学前教育发展模式”“探索经济欠发达地区义务教育均衡发展模式”“加快经济欠发达地区中等职业教育发展”三个试点项目以来，积极探索，勇于创新，推进学前教育、义务教育和高中阶段教育快速发展，初步形成了“多元的开放式教育”改革发展模式和素质教育系统育人模式以及“两个123”的工作思路，教育改革发展在校舍建设和师资队伍建设方面快速推进，素质教育育人质量取得较大提升，教育改革探索试点工作不断向纵深推进。

背景情况简介

毕节市辖7县2区250个镇（乡、办事处），居住着汉、彝、苗、回等36个民族，总人口833万，其中少数民族人口占28.2%，大部分生活在深山区、石山区和少数民族聚居区。开发人力资源，提高人口素质，将沉重的人口负担转化为人力资源优势，长期以来一直是毕节试验区面临的主要任务。毕节有各级各类学校3 478所，其中幼儿园159所、小学2 817所、初中392所、普通高中学校81所、中等职业学校20所、特殊教育学校6所、高等院校3所。其中，学前教育三年毛入园率低于全省15个百分点，低于全国20多个百分点，高中阶段毛入学率低于全省2个百分点，低于全国30个百分点。城镇义务教育学校“大班额”问题突出，农村学校特别是村级学校办学条件较差，教师队伍数量不足，学科结构不够合理，整体素质不高。中职学校“三缺”（缺校舍、缺实训设备、缺专业教师）问题成为制约职业教育发展的瓶颈。

2010年3月，教育部和贵州省人民政府签订了共建“毕节贫困山区教育改革发展试验区战略合作协议”，明确从七个方面支持毕节教育改革和发展。2010年10月，国务院办公厅下发《关于开展国家教育体制改革试点的通知》，确定由毕节承担国家教育体制改革“探索贫困地区学前教育发展模式”“探索经济欠发达地区义务教育均衡发展模式”“加快经济欠发达地区中等职业教育发展”三个项目试点工作。教育改革试点工作开展以来，毕节紧密结合实际，以“贫困地区”和“欠发达地区”为切入点，从“穷财政如何办大教育”“穷地方如何办好教育”破题，在教育改革发展的探索实践中初步形成了“多元的开放式教育”改革发展模式和素质教育系统育人模式。

“多元的开放式教育”模式释义

毕节“多元的开放式教育”模式包括“多元的开放式教育”改革发展模式和“多元的开放式教育”素质教育系统育人模式。改革发展模式即以“多元发展”为特色、以“差异发展”为方向、以“借力发展”为战略、以“大开放”促进大发展。素质教育系统育人模式即以“三个践行”为主要内容和以“六个三”工程为载体的素质教育育人模式。其中，“三个践行”指践行生命感和责任感的教育、践行爱的教育、践行系统育人教育。“六个三”工程具体指开展人与自然、人与人、人与社会“三位和谐教育”，营造人人是德育教师、处处是德育环境、课课渗透品德教育的“三维德育环境”，构建人格与人性化管理、科学与民主化管理、制度与文化管理的“三维学校管理体系”，构筑学校育人、家庭育人、社会育人的“三维育人平台”，推进基础教育课程、教育人事制度、人才培养模式“三维改革”，实施强健学生体格、健全学生人格与增强学生智力和实现学生个性化、差异化、兴趣化发展的“三维成长模式”。

“多元的开放式教育”模式的主要做法

一、以“多元发展”为特色，以“差异化发展”为方向，以特色发展彰显多元

在教育改革试点工作中，毕节根据各校自身特色、区域文化优势、学生个性差异等，解放校长、教师、学生思想，推动“多元教育”发展。如毕节市大方县牛场乡以朵村果宝小学，近三年来实现了教育资源的凝聚，学生人数从 200 多人发展到 1 300 多人，让这个地处偏僻的村寨格外引人注目，成为全市办学水平一流的村级小学。其闪光之处在于把学生置于办学的最核心位置：一切为学生着想。其令人振奋之处在于，被客观上边缘化的村校同样也可以成为教育资源的聚集点。威宁县坚持“德育立校、科研兴校”，在全县开展了“五心”教育（把忠心献给祖国、把孝心献给父母、把爱心献给社会、把诚心献给他人、把信心留给自己）为主要内容的探索实践，全县从城镇到乡村，从县教育局到边远村小，“五心”教育全面推广，得到了广大家长和社会各界的好评。毕节市赫章县珠市民族中学、大方县马场镇各校开展的民族民间文化进校园活动，充分展现了学校的办学特色和学生的特长，被毕节市命名为“民间文化基地”。赫章县三中、野马川中学“中英项目”教育教学模式的探索实践

初步打破了教师“一言堂”的格局，师生互动、生生互动、师生与文本对话、师生与周围环境对话等教学模式的探索已取得初步成效。毕节市黔西县锦新小学普及剪纸艺术以及织金县三小开展的多样化特色教育等，已成为推进素质教育“差异化”发展、“个性化”发展、“兴趣化”发展的成功案例。

二、以“借力发展”为突破口，以“大开放”促进教育大发展

毕节教育实施“借力发展”战略，包括借资、借智、借爱心、借影响力。制定出台《毕节地区行政公署关于加快发展民办教育的决定》，鼓励支持民办教育特别是民办学前教育和中等职业教育发展。目前，已有重庆新世纪教育集团、重庆西凯教育投资公司、上海新纪元教育集团、云南周边开发有限公司、深圳蓝天教育集团、民办三联教育集团在毕节投资办教育。如毕节市金沙县，目前民办学前教育在师资、校舍等方面已占全县学前教育资源的71.7%左右，黔西县民办普通高中在办学水平上已与公办高中平分秋色。二是创新体制机制，拓宽融资渠道。2011年，毕节市启动的10万人规模的职教城，采取资产置换和BT（建设—转移）模式建设；投入4亿元的毕节一中新校区、威宁县职教基地、金沙县教育园区、纳雍县教育园区、织金县教育园区、七星关区城乡中小学改扩建等都采取BT模式建设。三是利用各种资源，合作参与教育发展。中央统战部、各民主党派中央、全国工商联和中华职业教育社等参与支持毕节教育发展，社会爱心人士提供捐助，搭建分享发达地区优质教育资源信息平台，实施优质教育资源对口帮扶等。四是举办专家讲座，确保改革发展方向。2011年，毕节市举办了两届“毕节试验区教育改革发展高级专家咨询会”。2012年以来，每月举办一期的“PPTS”讲坛（“PPTS”为校长、家长、教师、学生英语单词首写字母）。专家、学者为毕节教育的改革发展把脉献策，指明前进方向。

三、以“树人立德”为主题，以“三个践行”探索实践素质教育系统育人模式

毕节教育在改革发展中坚持以“树人立德”为主题，认真践行“生命感和责任感”的教育和践行“六个三”系统育人教育。2011 年，毕节市 2 000 多名教师申报立项“六个三”课题 406 个。一些校长或分管副校长亲自主持和参与课题研究，在教学中搞科研，通过研究促进教育教学质量的提高，科研兴校的理念深入人心。目前，部分课题的研究和实践已经取得阶段性成果。

“多元的开放式教育”模式的成果

一、“两大建设”快速推进

（一）校舍建设。2011 年，毕节市启动实施各类教育工程 346 个，毕节市职教城、威宁县职教基地、纳雍县教育园区、织金县教育园区、金沙县教育园区相继启动实施；建成 61 所乡镇中心幼儿园、2 328 个“小食堂”，8 所思源实验学校、19 所省“突破性高中工程”和 7 所“三江源”普通高中等项目先后开工。2012 年，启动实施各类教育工程 978 个，包括乡镇中心幼儿园建设、农村义务教育阶段寄宿制学校建设、“三江源”工程、突破高中阶段教育发展工程、毕节一中新校区建设、思源学校建设和学生食堂工程等。这些工程的开工实施使毕节教育硬件建设的“短板”得到提升。

（二）师资队伍建设。2011 年，通过实施“特岗”教师计划，毕节招录中小学幼儿园教师 3 220 名；通过远程培训和“国培计划”，培训校长 1 300 多人次、教师 23 737 人次。毕节“国培计划”参培率、学习率、合格率均达 100%，优秀率达 96%。2012 年，全市招聘“特岗”教师 4 532

名，其中国家级 3 291 名、县级 1 241 名。全市校长教师队伍数量快速增加，素质大幅提升。在 2011 年上半年举行的第 14 届全国多媒体教育软件大赛中，毕节有 10 件教师作品获奖，占贵州省获奖数的 67%。在贵州省第四届中小学现代远程教育优秀论文等评选活动中，毕节教师获奖作品占全省的 14.6%。

二、教育改革发展“两个 123”的工作思路更加明晰

通过近两年的探索实践，毕节教育形成了“两个 123”的工作思路。“两个 1”：一是立足于“一个切入点”，即穷财政如何办大教育、穷地方如何办好教育；二是抢抓一个多重优势叠加的机遇。“两个 2”：一是加快“两大建设”，即校舍建设和师资队伍建设；二是推进“两个模式”，即改革发展模式和素质教育系统育人模式的探索和实践。“两个 3”：一是加长“三大短腿”，即各类教育发展不协调“短腿”，义务教育发展不均衡“短腿”，中等职业教育发展滞后“短腿”；二是实现“三个赶超”，即到 2012 年各类教育普及程度赶超全省平均水平，到 2015 年各类教育办学水平赶超全省平均水平，到 2020 年各类教育普及程度赶上全国平均水平。

（贵州省教改办推荐）

让更多山区孩子通过教育成就事业

——陕西安康市走教育富民之路的实践

【摘要】陕西省安康市地处秦巴山区腹地，是一个国家级贫困市。近年来，在陕西省统计局民情调查中心组织的对医疗社保、就业安置、社会治安、干部作风、教育工作等八个方面的民意调查中，教育工作群众满意度2010年、2011年连续两年名列该市八项调查之首。一个贫困市的教育工作，缘何受到人民群众的理解、信任与支持？原因在于安康市坚持走教育富民之路，把教育扶贫作为发展山区经济、改善民生、促进和谐的重大举措，让更多的山区孩子通过教育走出大山，在更加广阔的空间成就事业，进而从根本上消除贫困。

背景和思路

安康市地处陕西最南端，北靠秦岭，南依巴山，汉江横贯其中，与四川、湖北、重庆接壤，辖1区9县161个镇（办事处），总人口303万，其中农业人口248万人，总面积23 529平方公里，山地占92.5%，丘陵占5.7%，川道平坝仅占1.8%，素有“八山一水一分田”之称，是一个典型的多山地区。安康是全国14个集中连片的贫困地区之一，经济欠发达，年人均收入在2 300元以下的贫困人口有116万，10个县区有9

个国定贫困县、1 个省定贫困县、189 个贫困片区、988 个贫困村，贫困村和贫困人口分别占陕西省的 13.3% 和 13.4%。安康农村的贫困落后，客观上是因为自然条件恶劣，但根源还在于教育贫困、人才匮乏。

近年来，安康市坚持走教育富民之路，把教育扶贫作为发展山区经济、改善民生、促进和谐的重大举措，把扶贫扶智、加强人才培养作为富民强市的奠基工程，坚持扶贫先扶教、助贫先助学、脱贫先育人，优先发展教育，通过教育移民、教育富民、教育惠民，提高贫困地区的人口素质，让更多的山区孩子通过教育走出大山、成就事业。

举措和成效

一、以优先发展为保证，坚持把教育作为第一民生工程

安康市委、市政府坚持民生为本、教育为先的发展理念，建立实行市长、县区长一把手主管教育，分管市、县区长主抓教育的领导机制。认真落实“经济社会发展规划优先安排教育发展、财政资金优先保障教育投入、公共资源优先满足教育和人力资源开发需要”的政策规定，切实把教育摆在优先发展的战略位置，及时研究解决教育改革发展中的重大问题和矛盾困难，以教育的优先发展推动经济社会持续健康快速发展。市委组织部、市教育局、市政府教育督导室联合下发了《关于县区党政领导干部优先发展教育督导考核实施意见》《关于建立教育优先发展问责制的实施意见》，强化对教育工作的考核和问责问效。

二、以加大投入为根本，着力改善农村学校办学条件

（一）把加大教育投入、最大限度改善办学条件作为教育扶贫的基础性工程来抓。安康市委书记多次强调，安康经济虽然落后但教育决不能

落后，安康财力虽然薄弱但教育投入一分也不能少。坚持优化财政支出结构，建立完善教育经费保障机制，把教育作为公共财政支出的重点领域予以优先保障。市政府下发《关于加大教育经费投入的意见》，建立健全教育经费投入增长机制。“十一五”以来，全市预算内教育经费支出从2006年的8.05亿元增加到2011年的33.82亿元，年均增长达到33%，为教育的快速发展提供了强有力的经费保障。

（二）积极争取专项投入和多渠道筹措资金，不断加大各类教育项目的投入。实施国家贫困地区义务教育工程、农村中小学危房改造工程、农村中小学现代远程教育工程、寄宿制学校建设工程、校舍安全工程、教育条件装备工程、教育对口帮扶工程、中小学实验教学县区普及工程、中小学布局调整工程等，累计项目建设投入19.6亿元，新建改扩建校舍175万平方米，较大程度地改善了城乡中小学办学条件和内部设施，把中小学校变成广大农村最美的建筑。

（三）市政府设立“政府励志奖”。奖励品学兼优的优秀学生和高中教育先进单位，激发广大教师教书育人、学生奋发好学的积极性。基础教育质量水平的不断提升，使山区孩子实现了“有学上、上好学”的愿望，为当地从根本上脱贫致富插上腾飞的翅膀。

三、以关注弱势群体为重点，斩断贫困复制链条

弱势群体既是贫困的表现，更是贫困的根源，全社会更应该关注、关心和关怀。安康从实际出发，认真落实国家教育惠民政策，把促进公平作为教育的基本政策，切实做好贫困学生、留守儿童、残疾儿童和进城务工农民子女等弱势群体的受教育问题，让他们共享教育的阳光雨露，共享改革发展的丰硕成果。

一是建立义务教育保障机制，用于义务教育经费保障资金2.26亿元。二是建立完善从学前教育到大学的资助体系，对困难贫困学生进行全方位援助。2011年多渠道落实资助资金1.58亿元，使8.5万名贫困学生不

因贫穷而失学辍学。三是推行高中阶段免费教育，为贫困地区的孩子走出大山创造条件。安康市从 2009 年开始探索实施高中阶段（包括普通高中和中等职业学校）免费教育制度。目前，有 4 个县已实现普通高中免费教育，有 5 个县实现中等职业免费教育。计划到“十二五”末，在 10 个县区全部实行高中阶段免费教育。四是提高学生营养水平和提高儿童身体素质。大力实施“蛋奶工程”和“营养计划”，惠及学生 28 万人。五是高度重视留守儿童和寄宿生管理。10.6 万名留守儿童和 11.9 万名寄宿生得到良好教育关爱和生活安排。其中，石泉县创造出“学业有教、安全有保、生活有帮、困难有助、亲情有护、心灵有润”的留守儿童管护经验，曾荣获第五届“中国地方政府创新奖”。六是切实关心特殊群体教育民生问题，重视特殊教育。建设特教学校 5 所，提前实现国家规定的地市和 30 万人口以上县都有一所特殊教育学校的发展目标，三类残障儿童入学率达到 95%。七是认真解决进城务工子女等弱势群体入学问题。实行公办为主、就近入学等政策，有效解决 1.9 万名进城务工落户子女的上学问题，使山区孩子“同在蓝天下、共同成长进步”的美好愿望成为现实。

四、以提高质量为核心，着力提高基础教育办学水平

基础教育是奠定一个人一生成长发展的关键。近年来，安康市把提高人口素质、高水平转移人口、培养德智体美全面发展人才作为重要任务，坚持以统筹城乡推进教育均衡发展，以师资队伍建设提高教育质量，让更多的人通过教育走出去，实现教育移民，带动全家脱贫致富，从更长远、更根本上解决贫困问题。

（一）下功夫解决城区学校“班大人多上学难”的问题。近年来，随着城镇化步伐加快，中心城区学校学生人数急剧增加。 2005 年到 2010 年平均每年增加 2 081 人，2011 年安康城区又新增学生 2 541 人，城区学校班大人多上学难的问题成为民生热点和难点。为此，2009 年以来市

本级投资 7 550 万元，争取校安工程资金 5 338 万元，无偿划拨市教育局机关、新城国有粮库、兴安公园等国有土地，集中力量实施安康城区 14 所学校资源整合项目建设，新建校舍面积 49 784 平方米，改、扩建校舍 48 619 平方米，新增学位 1 万余个，受到群众欢迎和好评。

（二）加强县域教育发展。在实现“两基”的基础上，旬阳、石泉两县建成省级教育强县，宁陕成为陕西省“双高双普”县，全市创建省、市级教育强镇 118 个，位居陕西省前列。城乡之间、学校之间的差距明显缩小，涌现出了一批先进典型。宁陕县作为全国贫困县率先实施免费十五年教育；岚皋县整县推进学前教育工程，三年行动计划已提前完成；石泉县留守儿童管护经验进一步完善、深化和推广；旬阳县联片教研和校本研修广泛推广，从而在全市形成了县县谋发展、创特色、争一流的良好局面。

（三）着力提高教育整体水平。坚持“学前教育抓普及、义务教育抓均衡、高中教育抓质量”的发展思路，2011 年新建公、民办幼儿园 96 所，新增在园幼儿 1.4 万人，全市学前一年、三年毛入园率分别比 2010 年提高了 14.3、19.9 个百分点；义务教育小学、初中入学率分别达到 100%，初中辍学率控制在 1.08%；高中阶段教育毛入学率上升到 83.6%，比 2005 年增加了 31 个百分点；全市主要劳动年龄人口平均受教育年限提高到 9.5 年。

五、以促进就业为导向，大力推进职业教育发展

（一）完善有关政策。职业教育是面向人人的教育，本质是使每个人都学有所长，具有就业致富本领。遵循教育富民、教育扶贫的思路，把大力发展职业教育作为提升劳动者就业创业能力、实现教育富民的“民生工程”来抓，制定《关于大力发展职业教育的决定》和《关于大规模开展职业技能培训促进劳务经济发展的意见》。

（二）形成职业教育整体推进发展格局。全市完成投资 3.5 亿元，在

陕西省率先组建“安康职业教育集团”，建成国家和省级示范校2所、重点校6所和实训基地9个，以职教集团为引领，汉滨、旬阳、石泉三个县级重点职中为支撑，其他七县职教中心整体推进的职业教育发展“137”格局初步形成。

（三）大规模实施“人人技能工程”。切实落实“两个‘一个不能少’”：对未升学初、高中毕业生“一个不能少”地进行职业教育，对外出务工人员“一个不能少”地进行免费职业技能培训。形成了大教育、大培训、大劳务、大发展的职业教育工作格局，全市劳务输出达60万人次，劳务收入占农民收入“半壁江山”。

（四）推进东西部联合办学。创新职业教育办学模式，积极与天津、苏州、深圳等地建立职业教育联合办学机制。从2005年开始已向东南沿海发达地区输送1.2万人，其中90%在当地实现稳定就业，走出了一条培训农民、富裕农民的职教发展路子。

（陕西省教改办推荐）

破解校车难题　为孩子保驾护航

——甘肃酒泉肃州区对寄宿生实行统一集中接送

【摘要】酒泉市肃州区现有中小学78所，学生51 019人，其中寄宿制学校26所，寄宿生20 761人。2011年，区政府作出决定，对寄宿生实行统一集中接送，解决了寄宿制学校学生上下学的交通问题，确保了寄宿生上下学交通安全，得到了社会各界及家长的充分肯定。

实施背景

2010年酒泉市肃州区被确定为国家教育体制改革试点项目“完善寄宿制学校管理体制与机制”试点地区后，市、区政府加大投入，积极改善寄宿制学校办学条件，使农村孩子与城区孩子一样享受到优质的教育资源。建立了《寄宿制学校管理办法》《寄宿制学校安全管理办法》等各项管理制度，下发了《关于加强中小学交通安全教育的通知》，进一步规范了寄宿制学校的管理。但随着寄宿制学校的建成，学生上下学交通问题一时无法得到解决，三轮车、摩托车、农用车以及其他“三无”车辆、报废车辆接送学生的情况在各寄宿制学校门口随处可见，学校门口交通秩序异常混乱，超员、超速问题非常严重，交通安全隐患极大，寄宿制学校学生上下学交通安全问题备受社会各界关注，成为广大人民群众迫切要求解决的问题。

为推动国家教育体制改革项目的顺利实施，肃州区委、区政府高度重视学生上下学交通问题，组织教育、交通、公安、安监、财政等部门经过多次广泛的调研论证，决定启动农村寄宿制学校学生统一集中接送管理机制，并于2011年4月8日在清水寄宿制学校举行了隆重的车辆统一接送学生启动仪式，在甘肃省率先实现了公交车辆统一接送寄宿制学校学生上下学的目标。

主要做法

一、加强对接送工作的组织领导

学生上下学交通安全事关社会稳定和人民群众的家庭幸福，解决好学生上下学交通问题，既是教育系统的一项重要任务，更是重要的民生问题。学校交通安全管理工作涉及的部门多，量大面广，协调、管理难度极大。在实行学生统一接送前，区委、区政府就高度重视学校交通安全工作，多次组织相关单位人员对各种车辆随意接送学生的现象进行治理整顿，起到了一定的作用，但无法从根本上解决学生上下学的交通安全隐患。实行统一接送后，为加强管理，提高效率，确保学生接送工作安全有序进行，区政府及时成立了由政府分管领导为组长，教育、交通、公安等部门主要领导为成员的接送学生车辆管理领导小组，检查指导学生接送工作，并建立了教育、交通运管、公安交警、安监以及客运公司等参加的学生交通安全管理联席会议制度，每月定期汇报交流接送工作，研究解决接送过程中存在的问题，确保了接送工作的正常运行和师生的交通安全。

二、积极探索营运模式

为切实加强管理，确保学生上下学交通安全，办人民满意的教育，区委、政府及教育部门主动作为，广泛调研，在财力非常困难、无法统一购买校车的情况下，结合全区实际，作出对各寄宿制学校寄宿生实行统一集中接送的决定，由政府统一领导，动员区属各客运公司参与接送工作，按实际接送次数向学生收取费用，教育、交通运管、公安交警、安监等部门加强监督检查，形成了“政府主导、社会参与、市场运作、部门监管”的营运模式。全区 5 大客运公司 140 多辆乡村班线车由运管部门统一调配，在接送学生时统一张贴“接送学生车辆”标志，负责按学校接送各自营运范围内的寄宿学生。为不影响客运公司正常的班线营运任务，确保按时接送学生，各寄宿制学校实行错时放学，城区寄宿制学校每两周往返接送一次，农村寄宿制学校每周往返接送一次，各寄宿制学校提前按照学生数量的分布情况合理确定车辆需求情况，及时将接送学生的线路、地点、时间和交接方式等以书面方式告知学生监护人，由监护人认可并签字。同时，在各村组接送站点设置接送站点标志牌，告知家长接送须知，各村委会周一、周五安排专人在接送站点值班，负责积极联系安置接运至各站点的滞留学生，避免学生随意走散，确保学生安全到家。

三、政策补贴落实到位

接送工作开始后，学生乘车费用怎么收取，是否会加重学生家庭负担，这些问题引起了政府的高度重视。为了不增加学生及车辆运营负担，确保车辆正常营运，区财政、物价、教育、交通运管等部门联合进行调研，结合寄宿生分布的实际情况，最终规定城区寄宿制学校学生乘车票价与班线车成人票价一致，农村寄宿制学校学生乘车按 4 公里以内 2.5 元、4 公里以外 3.5 元收取，将学生乘车费用降到最低。由于接送车辆往返空行造成营运成本过高，为确保接送车辆利益不受损失，加大政策补贴力度，采取“政府补一点、学生自己交一点、客运公司贴一点”的办法，由政府给予每生每年100元的交通费补贴，对接送车辆给予一定的油补，不足部分由客运公司自行补贴，落实接送车辆费用，学生每年用于上下学的交通费用控制在300元左右，减轻了学生及家长的经济负担，得到了家长的普遍认可。

四、健全接送车辆管理制度

全区寄宿生实行统一接送后，有效解决了学生上下学的交通问题。但是，由于管理制度不全，工作职责不明，利益协调不顺，执法检查不严等因素，出现了超员、超速或客运公司不按时出车接送等现象，特别是一些黑面的、“三无”车辆私自违规接送学生，学生上下学交通安全隐患依然很大。针对这些现象，区政府及时制定下发《接送学生车辆管理制度》和《关于加强和规范接送学生车辆管理工作的意见》，明确各单位及驾驶人员在接送过程中的职责，建立接送车辆及驾驶人员准入制度，规定不合格车辆不得接送学生。针对接送车辆管理不规范的现状，又及时制定下发《教育系统道路交通安全管理手册》，各学校也分别制定了学生乘车制度、跟车护送教师制度等，对学生及教师应遵守的职责提出明确要求，从制度上规范了接送车辆管理工作。

五、扎实开展交通安全教育

按照“教育在先，预防在前”的原则，各寄宿制学校都加大了交通安全教育力度，将交通安全教育纳入学校教育教学计划，充分利用主题班会、校园广播、专题讲座、挂图、手抄报、交通安全展板等形式，坚持对学生开展交通安全教育活动，强化学生的交通安全意识。公安交警部门积极主动深入学校开展交通安全知识讲座，向师生发放交通安全知识宣传资料，增强师生的交通安全意识。一年多来，各寄宿制学校共进行交通安全教育主题班会652场次，制作宣传展板136块，办黑板报及宣传专栏785期，举办交通安全专题讲座92场次，发放交通安全宣传资料 4 万多份。同时，加强对家长及驾驶人员的安全教育，通过家长会、致家长的一封信等向家长宣传交通安全知识，对家长进行交通安全教育，提高家长的交通安全意识；运管部门利用淡季和学生放假时间，集中组织驾驶人员进行安全知识培训，组织驾驶员学习道路交通安全法律法规及安全防范应急处置和应急救援知识，确保学生乘车安全。

六、加强营运过程监管

为保证接送车辆安全行驶，教育行政部门、公安交警部门分别与学校及客运公司签订安全接送协议，学校也与客运公司及驾驶人员签订安全接送协议，进一步明确职责，落实责任管理。教育行政、交通运管、公安交警部门及学校分别建立接送学生车辆管理档案，将接送车辆购买时间、安全性能、车主信息、驾驶员信息等纳入管理档案，统一进行监管。营运过程中，为确保车辆及师生安全，交管部门限制接送车辆行驶速度，学校安排跟车护送教师，监管学生及车辆行驶，跟车护送教师及时提醒驾驶人员安全匀速行驶。

为进一步落实责任，强化管理，区委、区政府领导多次带领教育、交通运管、公安交警、安监等部门深入寄宿制学校集中检查接送学生工作，开展超员、超速及非法营运车辆整治和隐患排查，及时协调解决存在的问题，保证了接送工作的正常有序进行。交通运管部门及学校组织人员经常对路况进行检查，对存在安全隐患的路段及时进行处理并设置警示标志；公安交警部门在学生集中接送期间，及时安排警力，检查接送学生情况，严厉打击“三无”车辆及超员超速接送学生等违规行为，定期检查接送车辆的安全性能；学校根据接送车辆管理规定，对接送车辆防滑装备、制动、转向、灯光、驾驶员情况等在每次接送前进行一次检查，并登记检查情况，建立健全安全检查台账，教育学生不乘坐不合格车辆，并公示接送车辆基本信息，设置举报电话，对违规接送学生的现象及时进行举报，确保了学生上下学的交通安全。

主要成效

一、减轻了家庭的负担

寄宿生实行统一接送后，家长不再自行接送学生，不再为学生上下学操心，可以抽出更多的时间和精力务农务工，发展家庭经济，提高生活水平，有效减轻了家长的负担。

二、规范了接送车辆管理工作

通过实行集中统一接送，建立接送车辆准入等相关制度，层层签订接送协议，安排跟车教师护送，召开接送学生车辆观摩活动等措施，家长用“三无”车辆、农用车、三轮车、摩托车等接送学生的现象得到了整治，校园周边交通秩序混乱的局面得到了治理，学生接送车辆管理进一步规范。

三、师生交通安全得到保障

实行统一接送后，通过健全完善制度，明确管理职责，加强交通安全教育，强化监督管理，开展隐患排查等措施，师生交通安全得到了保障，全区教育系统无交通安全事故发生，人民群众满意度进一步增强。

四、为经济欠发达地区解决寄宿制学校学生上下学问题提供了成功范例

在财力困难的情况下，动员社会和企业的力量，参与学生接送工作，既为政府节约了购买校车的巨额资金，解决了教育部门保证学生安全的后顾之忧，又方便了学生和家长，减轻了家长负担，确保了学生的生命安全，取得了很好的社会效应。

（甘肃省教改办推荐）

工欲善其事　必先利其器

——云南省积极推进教育统计信息化，服务教育改革科学决策

【摘要】近年来，云南省积极推进教育统计信息化工作，一是坚持依法统计，大力强化教育统计保障措施；二是利用信息化手段，提升统计数据质量；三是强化教育统计体制机制建设，积极探索和创新工作方式；四是重视教育统计数据的规范、分析与应用，提升统计服务能力。初步形成机构健全、全省上下重视教育信息统计的良好风气，探索建立了适应教育改革发展的统计信息化体制机制，有效地服务和应用于地方教育科学决策。

改革背景

教育事业科学发展，离不开科学统计和预测。一方面，各级各类教育的快速发展，对教育统计工作提出了信息化和科学化的发展需求；另一方面，教育统计工作的规范化、科学化，又为教育事业的发展提供了有力支撑。云南省委、省政府领导一直关注和重视云南统计工作，多次对统计工作作出重要指示，肯定成绩、提出希望。2011 年 9 月，省委书记专门就云南统计工作作出五点重要指示；2012 年 2 月，省领导再次对

统计工作作出重要指示，要求统计部门及时、准确地提供各类统计信息和咨询意见，为制定政策、实施社会管理服务。云南省人民政府先后下发《关于进一步加强统计工作的决定》《关于加强和改进统计调查工作的意见》等重要文件，提出“切实加强对统计工作的领导，把统计工作纳入重要议事日程”，要求“各相关部门要建立健全统计机构，充实统计人员，完善统计制度，强化部门（行业）统计，确保统计质量”。云南省教育厅也成立了由厅长任组长的教育信息化领导小组，切实加强对包括教育统计信息化在内的教育信息化工作的领导，并专门明确由发展规划处牵头组织全省基础教育数据库建设工作，保证教育统计工作地位明确、人员到位。各州市政府、教育部门和学校也建立了相应的工作机构，配备了工作人员，提供了必要的工作条件。

主要举措和做法

一、努力营造良好的教育统计工作氛围

（一）坚持依法统计。一是遵守法规，完善工作基础。在实践中，牢固树立依法统计思想，依法规范统计行为、维护统计秩序，杜绝违反统计法律法规、随意干预统计工作、随意改动统计数据的现象，确保统计数据真实可靠，提高统计公信力。二是努力建构实事求是、科学严谨的统计环境。坚决杜绝统计工作中受利益驱使、报成绩时没问题、要投入时困难多的数据不实现象。严格要求统计人员坚守职业责任，恪守职业道德，坚持用数据说话，用科学的态度行事，一就是一，二就是二，在数字面前不丧失立场和原则，提升教育统计数据的影响力和权威性。

（二）大力强化教育统计保障措施。一是保障经费投入。省教育厅积极加强与省财政厅、统计局等相关单位的协调，省财政每年列支110万

元的预算，为州市县级开展数据更新维护提供必要的经费。省教育厅从业务经费中每年拨付20余万元，专门用于教育统计基础能力建设和人员培训等。二是加强队伍建设。根据各级教育行政部门和学校实际，规范教育统计岗位配置，合理设置教育统计工作岗位，并为他们创造较好的工作条件。目前，全省教育系统县级以上、高等学校、省属中职学校共有专、兼职统计骨干300余人，年龄结构、专业结构合理，有力地保障了统计工作的顺利开展。在培训中，根据统计人员工作年限和业务能力的不同，依靠教育部培训平台，结合云南实际，有针对性地开展统计分析和监测、信息化手段运用等基本能力的培训，以提高队伍整体素质。在实践中，坚持以老带新，注重队伍“传帮带”，确保工作不因换人而断线。加强职业道德教育，要求统计人员坚守职业责任，恪守职业道德，坚持实事求是，依法统计，提升统计分析、监测和信息化手段运用等基本能力。

二、利用信息化手段，提升统计数据质量

（一）充分利用信息化手段，夯实统计工作基础。为提高数据的准确性，更能全面反映教育发展的实际，减少人为失误，根据云南教育统计的实践和统计工作的基本要求，自主研制开发了“云南教育统计辅助系统”，涉及教育事业统计工作的各个环节，特别是通过程序可以对有逻辑关系的数据进行相互校验。在教育部教育事业软件系统中，增加了12张紧密结合云南教育管理实际需要的学校基表和相应汇总表，并结合实际统计积累的经验增加了近700条校验规则，大大减少了数据采集中因人为操作失误导致的数据不实。几年来，该系统在使用中不断完善，得到了兄弟省份的认可和好评。

（二）积极开展教育基础数据库建设试点工作。近年来，云南通过多种方式建立了从小学到大学阶段的相关学生业务管理信息系统。一是省教育厅与省财政厅合作建设了义务教育阶段学生数据库，以个体的身份

证和学生号为标识进行采集，保存了全省义务教育阶段所有学生的基本情况，为“两免一补”经费下达提供了翔实的数据支撑。二是以云南中学学业水平考试网络管理系统为基础，拓展建设了中小学生信息网络管理系统，覆盖了近700万中小学生的信息，为学校学籍管理工作提供了统一标准的平台。三是围绕中等职业学校学籍管理工作，建立了中等职业学校学生数据库，便于学历证书颁发和认证。四是基于国家高校学生学籍管理系统，建立了云南高校学生数据库。

在已建数据库的基础上，目前云南正在以教育统计为主干，以信息化为手段，建立一个以个体为单位覆盖各级各类学校、学生、教师等信息的标准规范、体系完整的云南教育管理基础数据库，使统计工作渗透到日常管理工作中，保证数据准确、及时、共享，提高工作效率。同时，由于数据库可提供回溯到个体数据源和统计过程，所以在数据服务、数据可靠性追踪、数据分析等方面将实现动态管理与静态展示的有机结合，有助于教育行政部门实时、准确和动态地掌握师生信息。手段信息化、教育资源整合将提升教育统计对教育行政决策管理的支撑力。

（三）创新管理，率先开发了云南学校校舍中文 GIS 管理系统（地理信息管理系统）。通过建设，拥有了全省近 3 万所中小学校和教学点的校舍单体数据，包括校舍单体建筑的地理坐标、基本数据状态、照片和视频配音解说等丰富信息，为全省中小学校舍安全工程的推进和《云南省农村中小学布局调整工作指导意见》的出台，提供了准确的数据和信息支撑，成为统计信息化为科学决策服务的成功案例。

三、强化教育统计体制机制建设，积极探索和创新工作方式

（一）加强数据核查机制建设，提升数据质量。落实数据质量监控和“逢改必查、举报必查”制度，提高统计数据质量。如昭通市教育局监察部门每年都会定期不定期地到基层学校进行数据核查，指导学校填报各类教育统计信息，有效地避免了盲报虚报现象，确保了辖区各县和所

属学校统计数据的质量，提升了数据的可信度。同时加大对统计失职的治理力度。2011 年云南普洱市、楚雄市有三所初级中学被查出漏报寄宿生数据，省教育厅通过州市教育局核查了解情况后，责成县教育局和学校的相关负责人作出检查并给予相应纪律处分。建立教育统计数据质量交叉核查机制。即打破目前根据行政区划逐级向上审核报送数据和自上而下的数据质量核查方式，每年定期组织州市间和高校间开展交叉核查教育统计数据质量工作。以此促进不同统计单位的学习交流，提升数据质量。

（二）建立适应改革和发展需要的统计体系调整机制。教育是一个开放系统，与社会经济发展紧密相联。所以，在日常的教育统计工作中，云南始终重视和强化对宏观形势、重大问题、教育热点问题的关注和研究，对统计指标和观测点及时进行动态调整，使教育统计数据和分析资料更趋科学合理。针对教育对象细分的变化适时增加教育统计分析量。针对“农民工随迁子女”“农村留守儿童”“农村户口在校生”“校外寄宿学生”“半寄宿学生”“城市低保家庭学生”“少数民族学生”接受义务教育增减变动情况和全省中小学危房面积及排除危房情况等，及时调整增加若干报表，使之分类反映各种实际情况，以便于掌握不同学生群体及工作的变化情况。在中等职业教育基层统计报表中，新增加“分生源地中职招生情况表”，科学计算了地区高中阶段毛入学率，合理避免因计算方法不当引起地区间恶性竞争生源。

（三）积极探索和创新工作方式。一是建立区域间横向协作的工作组织方式。将教育发展水平相同或相近的州市和高校组成若干教育统计工作联盟体，以教育统计工作基础较好的州市和高校为骨干，以老带新，实现联盟体内技术和业务的交流提升、数据资源的共享、区域内教育问题的联合攻关，推动全省教育统计工作的共同进步。二是建立省际数据交流平台。积极加强与各兄弟省份教育统计领域的交流与合作，强化省际统计平台对接和资源共建共享机制，使教育统计为教育改革和发展问题的科学比较研究提供强大数据支撑，提高教育统计为科学决策服务的能力。

四、重视教育统计数据的规范、分析与应用，提升统计服务能力

（一）健全数据唯一性工作体制。在教育信息化的推进进程中，云南将教育统计信息工作纳入教育电子政务平台建设项目中，实现了由逐级汇总上报数据，到以学校为基本单位、逾级汇总为主要特征的教育统计报表制度重大改革，形成了指标全面、系统完备、管理规范、运转良好、服务能力较强的工作机制和相应的技术应用平台。现在所开展业务管理工作所需的基础数据均可从教育管理基础信息数据库中获取，确保了各业务系统的数据标准与教育管理基础信息数据库一致，做到“数出一门、数出一个”。同时强化了规范管理软件，凡学校使用的管理软件都要经审核才能许可使用，保证学校端的数据标准与教育管理基础信息数据库一致，做到“上下一体”。

（二）重视分析与研究。为加强对统计数据的分析研究，云南依托省教育科学研究院、省内外高等学校和科研机构，积极开展教育与经济发展相关文献及数据资料的分析研究，建立了教育与经济社会发展相结合的综合数据库，编制了一批高质量的专题分析报告。

省教育厅每年都编制《教育事业统计摘要》，各级教育主管部门及时整理发布区域内的教育事业统计公报，编印教育事业统计数据汇编，做到教育统计既有准确的统计数字，又有统计分析精品。自2009年起，每年在全省年度教育工作会议上以幻灯片、图表的方式及时发布上年度《云南省教育事业年度发展状况》，用数据来分析问题，总结成绩，以此对各州市、各级各类学校的一年教育工作进行客观公正的评价。同时力求科学预测新一年度的发展趋势及变化。数据有理有据，问题分析到位，结论可信可靠。以数据为依据进行问题分析，形成云南教育事业年度发展报告白皮书，为教育决策、教育评价提供科学依据。

（三）重视统计结果的应用，服务科学决策。一是利用信息化的手段处理历史数据。将过去、现在、未来的数据整合到一个公共、开放的信息平台上，让沉睡的数据站起来说话，供各级用户教育管理和决策使用。同时，定期编撰以教育统计数据展示为主要内容的云南教育事业发展工具书。二是在教育的宏观微观政策及重大问题的研究中，始终强调教育统计数据的正确运用。厅内各相关处室从自身业务出发，实现各业务子系统的通联，如将本专科人才培养、学生贷款管理等工作与基础数据库进行对接和拓展，这样确保学生信息的唯一和采集工作一次到位，减少工作运行成本，提高数据的准确性和使用率。三是利用信息化手段构建规划年内各级各类教育事业发展的监测平台。针对教育中重大民生工程、改革重点和难点、发展关键点，利用科学评价方法，建立相应的数据监测平台，开展定期的监测工作，以便及时发现问题、研究问题、解决问题。同时，通过监测分析发现教育规律，通过自觉的行为提升教育发展水平。

主要成效

一、形成了教育系统重视信息统计的良好风气

编制形成了一批高质量的教育统计专题分析报告。同时，省教育厅带头用统计数据来分析问题、总结成绩，以此对各州市、各学校的一年教育工作进行客观公正的评价，并预测布置新一年度的工作。可以说，统计数据问题研究方式在全省教育系统上下重视和应用已经蔚然成风。

二、探索建立了适应教育改革发展的统计信息化体制机制

探索建立了指标全面、系统完备、管理规范、运转良好、服务能力

较强的工作机制和相应的技术应用平台。做到了“数出一门、数出一个”和“上下一体”。

三、有效地服务和应用于地方教育科学决策

省教育事业统计成果已广泛应用于“两基”和义务教育初步均衡县域监测、农村中小学区域优化布局调整监测、义务教育学生“两免一补”经费核算和发放、高等学校办学条件监测、高等学校招生计划测算和编制等多项工作，为各级党委、政府教育行政决策提供了强有力的参谋支持。同时，教育事业统计成果充分反映教育改革和发展的变化，成为了教育改革发展的“晴雨表”。

（云南省教改办推荐）

管理体制改革专题

为推进义务教育优质均衡发展保驾护航

——北京市积极开展教育督导工作

【摘要】为贯彻落实《中华人民共和国义务教育法》(以下简称《义务教育法》)和教育部《关于进一步推进义务教育均衡发展的若干意见》精神，北京市政府教育督导室于2008年启动义务教育均衡发展督导评估工作，是全国率先开展省级督导评估并将评估结果向社会公布的省市。连续几年的督导评估工作，对促进全市及区域义务教育均衡发展发挥了积极作用，此项工作还获得2009年北京市人民政府“创新项目”一等奖。

对均衡发展内涵的理解

义务教育均衡发展随着经济、社会和教育的发展而变化，在推进义务教育均衡发展过程中，必须把握义务教育均衡发展的时代特征和要求。

第一，均衡发展不是限制发展，而是共同发展。均衡发展不是“削峰填谷”，而是整体提高义务教育的办学水平。发展是教育事业永恒的主题，真正意义上的均衡是在发展中实现的，没有发展，就谈不上均衡。

第二，均衡发展不是平均发展，而是分类指导发展。均衡发展不是搞教育的平均主义，不能只用一把尺子来衡量，而是要根据不同区域的实际情况，分区规划、分步实施、分类评价。

第三，均衡发展不是单一发展，而是整体发展。当前最需要关注和最需要解决的问题是城乡发展不均衡问题，要着力于积极推进区域均衡发展。

开展义务教育均衡发展状况专项督导的依据

《义务教育法》第八条明确要求："人民政府教育督导机构对义务教育工作执行法律法规情况、教育教学质量以及义务教育均衡发展状况等进行督导，督导报告向社会公布。"2008 年 4 月，北京市人民政府教育督导室依法研究制定《北京市义务教育均衡发展状况督导评价方案》，并经市政府同意，同年开始对全市义务教育均衡发展状况进行专项督导，建立了义务教育均衡发展状况数据库。

工作思路

一、落实法规依法督导

市政府教育督导室认真履行《义务教育法》赋予的法律职责，落实党的十七大关于以改善民生为重点加强社会建设的要求，结合北京教育发展的实际，以维护教育公平、促进义务教育均衡发展、推进首都教育现代化进程为目的，把义务教育均衡发展状况专项督导工作做实、做细、做好，为努力办好人民满意教育作出新贡献。

二、科研引领促进督导

实施义务教育均衡发展状况专项督导是一项系统工程，市政府教育督导室成立了专题项目组，经过反复研究论证，并广泛征求意见，形成了《北京市义务教育均衡发展状况督导评价方案》，同时运用统计学有关差异系数的测算方法，以测算数据作为判断均衡发展的重要依据。

三、实事求是阳光督导

义务教育均衡发展状况的专项督导是一项对政府和人民群众负责的“阳光工程”，不仅督导结果要向社会公布，而且督导过程的数据统计、测算要坚持实事求是，经得起历史检验。全市基础数据的处理及测算差异系数的公式公开透明，各区县教委、督导室可以实时在网络系统内进行测算，得出本区县义务教育均衡发展状况的相关数据。

四、完善手段科学督导

建立了“北京市义务教育均衡发展状况数据库”，编制测算程序，用计算机对数据进行处理，基层报表通过电子表格填报数据，快速得出各个学段、各个区县的统计测算结果，并绘制相应图表，为全市和各区县义务教育均衡发展状况的现状分析提供数据。

督导评估内容及统计方法

一、监测范围

对全市所有区县（包括燕山地区）义务教育阶段的小学、初中、完全中学、九年一贯制学校、十二年一贯制学校共计 1 638 所学校的相关数据进行统计测算，每年监测的数据近 2 万个。

二、监测内容

监测重点以资源配置为主要内容，统计测算的指标包括经费保障、办学条件、干部师资配置和普及水平 4 项一级指标，通过学校填报的基础数据，测算 27 项差异系数。具体内容见表 1。

表 1　义务教育均衡发展状况指标体系

一级指标	监测指标
经费保障	1. 生均教育经费
	2. 预算内生均教育经费
	3. 生均公用经费
	4. 预算内生均公用经费
	5. 教师年人均工资数额
办学条件	6. 生均占地面积
	7. 生均建筑面积
	8. 生均运动场地面积
	9. 专用教室达标率
	10. 生均教学仪器设备值
	11. 生均音乐教学器材值
	12. 生均体育教学器材值
	13. 生均美术教学器材值
	14. 图书达标率
	15. 每台学生机使用人数
	16. 每台专任教师用机使用人数
干部师资配置	17. 校级干部具有高级职务比例
	18. 具有合格学历教师比例
	19. 具有高于规定学历教师比例
	20. 专业对口教师比例

续表

干部师资配置	21. 具有高级职务教师比例
	22. 市级骨干教师比例
	23. 区级骨干教师比例
	24. 教师与学生人数比例
普及水平	25. 应届小学、初中按时完成率
	26. 体质健康合格率
	27. 初中毕业率

三、监测统计方法

（一）差异系数。差异系数主要用于描述同一项目样本数据的离散程度。差异系数越大，说明离散程度越大，差异系数越小，说明离散程度越小。

差异系数测算公式：

$$CV=\frac{\sqrt{\dfrac{\sum(X-\overline{X})^2}{N}}}{\overline{X}}$$

CV：差异系数；X：样本值；$\overline{X}$：所有样本的平均值；N：样本的个数

（二）综合差异系数。综合差异系数是将义务教育均衡发展状况评价指标体系中的 27 项指标，按照其在促进和实现义务教育均衡发展中的作用，赋予不同权重值。根据各项指标的权重分配，计算出 27 项指标的加权平均值，即为总体综合差异系数。

综合差异系数（即加权平均值）的大小，反映样本各项目数据整体的离散程度。综合差异系数越大，说明离散程度越大，综合差异系数越小，说明离散程度越小。

与此同时，参照国家督导办义务教育均衡发展督导试点方案有关指标体系权重分配数值，根据北京市义务教育的发展实际，组织有关专家进行研讨，确定了测算综合差异系数权重分配数值，见表 2。

表 2　综合差异系数权重分配表

一级指标	权重分配	监测指标	权重分配
A1　经费保障均衡系数	0.20	1. 生均教育经费差异系数	0.25
		2. 生均预算内教育经费差异系数	0.25
		3. 生均学校公用经费差异系数	0.10
		4. 生均预算内学校公用经费差异系数	0.10
		5. 教师年人均工资数额差异系数	0.30
A2　办学条件均衡系数	0.25	6. 生均占地面积差异系数	0.10
		7. 生均建筑面积差异系数	0.10
		8. 生均运动场地面积差异系数	0.10
		9. 专用教室达标率差异系数	0.10
		10. 生均教学仪器设备值差异系数	0.12
		11. 生均音乐教学器材值差异系数	0.06
		12. 生均体育教学器材值差异系数	0.06
		13. 生均美术教学器材值差异系数	0.06
		14. 图书达标率差异系数	0.10
		15. 每台学生机使用人数差异系数	0.10
		16. 每台专任教师用机使用人数差异系数	0.10
A3　干部师资配置均衡系数	0.45	17. 校级干部具有高级职务比例差异系数	0.18
		18. 具有合格学历教师比例差异系数	0.10
		19. 具有高于规定学历教师比例差异系数	0.10
		20. 专业对口教师比例差异系数	0.10
		21. 具有高级职务教师比例差异系数	0.10
		22. 市级骨干教师比例差异系数	0.14
		23. 区级骨干教师比例差异系数	0.20
		24. 教师与学生人数比例差异系数	0.08
A4　普及水平均衡系数	0.10	25. 应届小学、初中按时完成率差异系数	0.30
		26. 体质健康合格率差异系数	0.50
		27. 初中毕业率差异系数	0.20

（三）基尼系数。基尼系数是国际上通常用来测算居民收入分配差异状况，并将其作为一个判断分配公平与否的重要指标。按照通用的判断标准，基尼系数若低于 0.2 表示收入绝对平均；0.2 ~ 0.3 表示比较平均；0.3 ~ 0.4 表示相对合理；0.4 ~ 0.5 表示收入差距较大，已达到社会稳定的警戒线；0.5 以上表示收入差距悬殊，将会发生社会动荡。

四、监测评价标准

根据北京市经济社会发展水平和北京市义务教育发展水平的实际状况，在征询有关专家、教育部督导办和市教委相关处室意见的基础上，以各项监测指标数据测算得出的差异系数和综合差异系数为依据，确定《北京市义务教育均衡发展状况评价标准（试行）》，来对全市义务教育均衡发展水平进行评价，见表 3。

表 3　差异系数和综合差异系数评价标准（试行）

差异系数	均衡评价标准
≤ 0.5	均衡
＞ 0.5，＜ 1	比较均衡
≥ 1，＜ 1.5	基本均衡
＞ 1.5	不够均衡

督导评估的效果

为了整体把握全市义务教育均衡发展状况，北京对各区县区域均衡发展状况、城乡之间均衡发展状况、全市校际均衡发展状况进行监测分析，通过差异系数和基尼系数测算全市义务教育区域均衡发展状况，并将监测结果向社会公布。

根据测算，针对目前北京市义务教育均衡发展状况可以得出如下基本结论：区域内义务教育经费保障实现基本均衡，城乡学校间的差距在显著减小，校际生均占用的教育资源发生明显变化。一是通过采用基尼系数计算分析，发现各区县在区域范围内绝大多数项目的基尼系数低于0.3，属于比较均衡。二是通过对相关数据的统计分析，发现北京市近几年通过加大经费投入、改善办学条件、加强干部教师队伍建设等措施，有力地推进了义务教育的均衡发展，全市在主要教育资源配置方面已基本实现均衡发展。三是通过对城镇和农村两类学校 27 项二级监测指标的具体数值对比，发现农村地区学校有 9 项指标高于城镇地区学校，有 6 项监测指标持平，部分指标虽然与城镇地区存在差距（除市级骨干教师相差较大外，其他指标差距不大），但同时呈现逐步缩小的趋势。四是通过对市民选择的热点校与一般学校相关数据的对比，发现两类学校在 27 项二级指标中差距已不明显，在多数项目上，一般学校生均享有的教育资源普遍高于热点学校，初步扭转了优质学校教育资源高于普通学校、教育资源配置不合理的局面。五是北京的义务教育均衡发展正在向深层次推进，在影响学校内涵发展和质量提高的重要因素当中，有关教育经费保障、教育教学仪器设备配置和干部教师配备等方面的均衡程度都有不同程度的提高。

北京市推进义务教育均衡发展的基本经验

一是各级政府把推进义务教育均衡发展列为改善民生之首，给予高度重视，坚持教育优先发展战略，积极加大财政投入，义务教育经费大幅度提高，为北京市义务教育均衡发展提供了经费保证。二是市教委等部门颁布了《北京市中小学办学条件标准》，加大学校硬件建设力度，提高教育资源配置的标准化管理水平。区县政府、教委在办学条件改善方面，注重整体规划与分步推进相结合；在教育资源配置方面，注重保证教育教学需求与重点项目达标相结合；在教育教学设备管理方面，注重管理人员培训与制度建设相结合。三是市教委和区县政府、教委以“初中建设工程”“小学规范化建设达标工程”为抓手，持续推进不放松，狠抓落实见实效，有力地推动了中小学硬件建设和内涵发展，为北京市义务教育均衡发展奠定了坚实基础。四是教育行政部门与教育督导部门协同配合，加大督导检查的工作力度，督促各项工作落实到位，为推进北京市义务教育均衡发展营造了良好的监督管理环境。

（北京市教改办推荐）

全力推进教育督导 使教育管理链条形成科学闭环

——天津市教育督导体制的改革创新与实践

【摘要】教育督导是现代教育制度的重要组成部分，是现代教育改革和管理链条上的重要一环。做好教育督导工作，对于教育行政部门了解实情，科学决策，把握方向，推进工作，落实目标任务，具有关键的意义和作用。随着天津市教育改革和发展的不断深入，教育督导在教育行政管理中的特殊职能更加凸显出来。为了进一步发挥督导评估在地方政府履行职责中的重要作用，天津市全力推进教育督导的体制机制创新，取得明显成效。

改革背景

现行的教育行政管理体制中，由于观念和体制的原因，教育督导这个监督环节与教育决策和执行两个环节相比还相对比较薄弱。长期以来，教育行政管理工作一直存在“重执行，轻监督”的现象。教育督导是现代教育行政管理链条上的重要一环。做好教育督导工作，不仅对推进工作、落实任务具有重要意义，而且对了解实情、把握方向、科学决策具有特殊作用。因此，强化教育督导是深化教育行政管理体制改革的内在要求。

教育督导制度是现代各国普遍认可的有效的教育监督制度，是现代教育管理体系中不可缺少、不可替代的重要组成部分。督导制度建设的程度，标志着一个国家、一个地区教育管理水平的高低。近现代教育督导制度发轫于西方国家。目前，英国、法国、俄罗斯、美国、日本、加拿大、瑞典、澳大利亚等国，以及我国的香港和台湾地区，都建立了比较完善的教育督导制度、督导体系和督导机构。督学的社会地位很高，督导检查结果具有很强的权威性。教育督导对于推进本国、本地区教育现代化，发挥了不可磨灭的作用。因此，学习借鉴教育发达国家和地区的先进经验，结合中国实际，创新教育督导体制机制，是时代发展的呼唤。

随着教育改革和发展的不断深入，延续多年的“教育部门管理教育督导”传统模式，已经难以适应新形势和新要求。目前的教育督导机构，大都设在教育行政部门内部，既当“裁判员”，又当“运动员”，监督力度不够，信度不足。特别是在督政方面，由于缺乏权威性，实施监督难度更大，在很大程度上影响和制约了教育督导职能作用的发挥。因此，探索建立相对独立的教育督导机构，是开展地方政府履行教育职责改革的必然结果。

主要做法

一、创新督导管理体制

探索建立相对独立的教育督导机构，独立行使督导职能。2011 年 2 月，成立“天津市人民政府教育督导委员会”，负责管理全市教育督导工作。这是根据建设法治政府的要求，加快建立教育“决策权、执行权、监督权既相互制约又相互协调的权力结构和运行机制”，推进教育督导体制、机制改革的一项重大决策。

委员会主任由分管教育的副市长兼任，直接对市长负责。市教委主任兼任常务副主任，与教育联系较多的政府部门负责人兼任副主任，吸纳其他政府部门负责人和各区县分管教育的区县长和教育系统知名人士担任委员。委员会实行协商议事、民主决策、依法督导、接受监督的管理体制。市政府原来设置的教育督导室，为委员会的办事机构，具体负责落实委员会的工作要求，其内设处室由1个增加为4个，即综合处、督政处、督学一处和督学二处，分别负责对口督导检查工作，同时还增加了人员编制，人员由9人增加为18人，以保证全面落实委员会的工作要求及各项工作的正常运行。

2011年8月，教育督导委员会主任主持召开教育督导委员会第一次工作会议，统筹规划全市的教育督导工作，协调市政府有关职能部门落实教育职责，研究决定全市教育督导工作的重要事项，推动各项工作深入开展。

市政府还印发了《进一步加强“十二五”期间教育督导工作意见》，对全市教育督导创新工作机制、完善评估标准、优化督学队伍、加强机构建设等作了全面部署。

二、创新督导评价标准

以前，教育督导一直存在两个突出问题：一是督导职责不明确，二是督导标准不清晰。为此，天津根据《国家中长期教育改革和发展规划纲要（2010—2020年）》关于“坚持督学与督政并重，监督与指导并重”的要求，进一步明确了市和区县两级政府的教育督导任务。

（一）市政府的教育督导任务。一是对市政府所属相关职能部门履行教育职责情况进行督导检查（即“同级督政”），二是对区县政府履行教育职责情况进行督导检查，三是对职业教育主办单位履行教育职责情况和所属职业院校的办学水平进行督导检查，四是对市属普通高等学校的办学水平和教育质量进行督导检查。

（二）区县政府的教育督导任务。一是对所属相关职能部门履行教育职责情况进行督导检查，二是对乡镇政府、街道办事处履行教育职责情况进行督导检查，三是对所属各级各类学校的办学水平和教育质量进行督导检查。

为保证执行上述督导检查的客观性和准确性，修订了《区县政府教育工作的督导检查标准》，制定了《市政府相关职能部门履行教育职责的督导检查标准》。同时，出台了与《区县政府教育工作的督导检查标准》相配套的《区县教育局履行职责的督导检查标准》。

由于这些“标准”把执行实施的依据与监督评价的“工具”统一起来，也为全市形成“统一决策，标准管理，督导保证”的教育行政管理体系理顺了工作关系，奠定了制度基础。

三、创新督导评价机制

区县政府教育工作是全市教育科学发展的基础和关键，天津市首先从对区县政府教育工作的督导检查入手，从两个方面创新督导评价机制。

（一）基础性评价和发展性评价相结合。基础性评价涵盖了“标准”的所有项目，并用“过不过”对区县政府及其教育局和所属学校进行全面工作评价。目的是首先确保全市教育改革和发展的目标、措施的基本要求能够落到实处。发展性评价是根据督导周期内的重点工作，在“标准”中选定重点项目，用“好不好”对区县政府、教育局及学校的发展水平和创新成果进行评价。目的是让先进典型引领全市教育改革和发展。

为促进区县政府优先发展教育，推进教育公平，落实素质教育，保证学校安全，天津市在各类评价“标准”中，还分别设定了几个“红线”项目，并实行“一票否决”。比如依法落实政府教育经费的“三个增长”，按照规划进度落实义务教育学校现代化建设等。

基础性评价和发展性评价均以计分方式实施。评价的结果再按及格、一般、良好、优秀四个等第区分。基础性评价总分满分的为及格，发展性评价总分自低而高按照一定比例，折合成一般、良好、优秀三个等第，并在一定范围内进行公告。

（二）激励性评价和追责性评价相结合。为了更好地发挥督导检查的导向作用，根据评价结果的等第，对单位和个人进行奖励或实行问责。评价结果为优秀的区县，还可经市政府推荐获得国家的表彰奖励。同时，获得表彰奖励区县的主要负责人，分管区县长及教育局局长，在该轮督导周期内任职不少于2年的，也可获得相应的表彰奖励。评价结果不及格的区县政府及其教育局和所属学校，要由其主管机关实行问责，限期完成整改，并在一定期限内不得参加有关的评选活动。该单位主要负责人还要向主管机关书面检讨工作，校长也要列入不称职名单。

四、创新督导队伍建设

为进一步加强督导队伍建设，天津市教育督导委员会设总督学、副总督学，委员会主任任总督学，部分副主任任副总督学。根据新时期教育督导工作对这支队伍人员结构、专业素质、工作特点等方面的新要求，天津还创新了五项督学管理制度，引导督导队伍确立职业理想，树立职业道德，提高专业能力，强化专业纪律。

（一）首席督学制度。委员会设4名首席督学，由资深专家担任，总督学聘任。他们分别负责对市政府有关部门履行教育职责情况、区县政府教育工作及其学校的办学水平进行督导检查的专业指导。

（二）督学职级制度。在兼职督学中试行职级制度。本着能力水平和工作职责相结合的原则，初步设置了一级督学、二级督学、三级督学和见习督学四个职级，以体现督学的专业性。

（三）资格认定制度。通过督学资格认定的人员，教育督导委员会统一颁发督学资格证书，并在市政府教育督导室登记注册、分类储备。市、区县可根据督导工作的实际需要，定期从中选聘兼职督学。

（四）责任督学制度。进一步明确了督学责任区的划分，兼职督学分片负责，随机下校，从学校管理、学科教学两个方面进行检查监督、专业指导，及时帮助学校总结、推广经验典型，纠正解决存在的问题，充分发挥教育督导为“办好每一所学校”的保证作用。

（五）督学培训制度。每年制定督学队伍培训计划，定期开展时事政策、法律法规、教育理论、教育统计、教育测量、教育比较、课程改革、教师发展、校舍建设、设备配置、督导规则、督学纪律等方面的专题讲座。在执行督导检查任务之前，督导部门还组织兼职督学现场“实习”、专题研讨，帮助他们在实践中学习，在操作中提高。

实施效果

天津在建立教育管、办、评分离新机制的同时，按照国家规定着力推进督导全覆盖，建立了由督政、督学和质量监测组成的教育督导整体工作格局。为此，出台了一系列督导评估标准。其中，督政的标准有《关于区县人民政府教育工作的督导检查标准》《关于区县教育局履行职责的督导检查标准》《天津市政府相关职能部门履行教育职责的督导检查标准》《关于督导区县人民政府教育工作实行表彰奖励和问责处罚的暂行办法》。如：市财政局有13条督查标准，市规划局有7条督查标准，市人社局有10条督查标准，市发改委有8条督查标准。各区县有30条督查标准，其中有5条是“红线”项目。督学的标准有：制定并实施《天津市义务教育学校现代化建设标准（2008—2012年）》，内容涵盖办学条件、学校管理、队伍建设、素质教育4个一级指标、24个二级指标和100个三级指标（即评估要点）。此外，还制定了2010年至2015年的普通高中、幼儿园、特殊教育学校的现代化建设标准。同时，正在完善2010年至2015年的中等职业学校现代化建设标准，研究高等职业学院和普通高等学校的相关评估标准。义务教育质量的有关标准也已经草拟完成。至此，一个比较完善的督导标准体系基本形成。

随着有关标准的实施，天津开始有计划地推进全覆盖的督导检查。目前，第一轮对全市16个区县人民政府任期内履行教育职责情况的督导检查已经完成，并下发了对区县综合督政的反馈意见。全市1 209所义务教育学校中，已有1 130所通过了评估验收，达标率超过90%。其间，还先后对800多所达标学校进行了一至两次随机复查回访。到2011年年底，全市所有义务教育学校全部完成了义务教育学校现代化标准建设，有力地推动了全市义务教育高水平均衡化发展。

通过教育督导全覆盖，取得了以下效果。一是区县政府的教育职责得到落实。教育在全市各区县已经纳入政府的公共服务，并形成规划优先安排，经费优先投入，资源优先保证的新局面。为加快教育现代化，区县党政主要领导同志，亲自组织有关部门调查研究、制定政策、部署任务、检查指导。不少区县的一把手还定期听取汇报，现场解决问题。二是区县教育的管理方式开始转变。缩小校际差距，缩小城乡差距，办好每一所学校，教好每一名学生，正在由教育行政部门的管理理念转化为管理行为。各区县教育局都把实施学校现代化标准建设作为促进教育事业科学发展的难得机遇，精心组织，统筹规划，合力推动。而且，进一步强化了服务意识，加大了对普通学校的关注程度、对薄弱学校的帮扶力度。这种全新的管理运行机制，不仅体现了效率，更加凸显了公平。三是基层学校的素质教育有了发展。按照标准建设学校，为所有学校站在同一个平台上深化改革、加快发展创造了更加完善的基础条件，激发了广大校长、教师的工作热情和责任意识。

（天津市教改办推荐）

打破二元结构　建设“全域成都”

——四川成都市全面深入推进城乡教育一体化实践

【摘要】2003年以前，成都市城乡教育二元结构矛盾突出，农村教育整体薄弱的状况并没有得到根本改变。从2003年起，成都市全面深入推进城乡教育一体化，破解长期以来形成的二元体制矛盾和“三农”问题顽症。在工作实践中逐步形成了以政府投入为主体、以资源合理配置为核心、以缩小城乡教育差距为目的的城乡教育一体化发展机制。2010年以来，借助部、省、市共建的统筹城乡教育综合改革试验区和国家教育体制改革试点的发展平台，进一步推动发展方式根本转变和城乡全面现代化，促进“全域成都”教育优质均衡发展。同时，推进教育均衡发展从义务教育向学前教育和高中阶段教育以及终身教育延伸。

深化城乡一体发展机制，促进教育资源的“市域统筹”

一、统筹推进发展规划的城乡一体化

坚持把发展规划一体化作为城乡教育统筹发展的依据。2003年，成都明确提出：以农村中小学标准化建设为突破口，推动以农村中小学标准化建设为代表的教育八大措施，切实加强农村义务教育。2007年提出要用“全域成都”的理念实施城乡统筹，以推进城乡一体化为核心，缩

小城乡差距，让城乡教育等公共服务实现基本均等化。2009 年提出实施教育“均衡化、现代化、国际化”联动发展战略，促进“全域成都”教育优质均衡发展。2012 年提出“三圈一体”发展战略，推进教育“圈层融合”，促进“全域成都”教育高位均衡、优质发展。

二、统筹推进办学条件城乡一体化

坚持把办学条件城乡一体化作为城乡教育统筹发展的基础。针对办学条件城乡差异巨大的实际，2003 年至 2010 年，突破县域界限和管理体制限制，系统规划和实施了一系列直接针对农村和倾斜农村的市级重大工程和项目，不断改善农村办学条件，补足农村短板。

三、统筹推进师资配置城乡一体化

坚持把教师配置一体化作为城乡教育统筹发展的关键。促进教师城乡流动，推动教师从“学校人”向“系统人”转变，从“定点贡献人”向“多点贡献人”转变。统筹实施教师支教制度、送教下乡制度以及教师定期交流制度，促进城区学校干部教师向农村学校和薄弱学校流动；统筹实施“成都市特岗教师”计划、免费师范生培养计划、“常青树计划”等，补充农村教师，改善农村教师结构。2010 年，全市各学段的教师学历达标率城乡差距消除，高一级学历教师比例大幅提升。小学和初中高一级学历教师比例的城乡倍率由 2003 年的 1.85 倍和 2.84 倍均缩小到 1.19 倍。

四、统筹推进经费投入城乡一体化

坚持把教育经费一体化作为城乡教育统筹发展的保障。确保教育投入的“三个增长”，完善教育投入机制，新增教育经费主要用于农村，加大对农村教育转移支付力度，不断完善农村教育经费投入稳步增长机制。与 2003 年比较，2010 年，全市教育经费投入的各项指标均实现了 4 倍左右的增长，农村增速均大于城区。

五、统筹推进教育质量城乡一体化

坚持把教育质量城乡一体化作为城乡教育统筹发展的核心。科学制定远郊、近郊和中心城区基础教育质量提升计划，以农村初中教育薄弱环节为突破口，实施初中办学水平提升行动计划，完善质量监测体系以及教学质量监测评估等形成性评价制度，切实缩小城乡教育质量差异。与2003年比较，2010年，3～5岁幼儿入园率城乡差距缩小了7.68个百分点；全市初中毕业生升学率提高了12.75个百分点，达到95.16%，城乡差距缩小了28.11个百分点；高考万人上线率、高考万人本科上线率的城乡倍率由2003年的1.67倍和1.70倍缩小到1.07倍和1.26倍。

六、统筹推进评估标准城乡一体化

坚持把评估标准城乡一体化作为城乡教育统筹发展的手段。建立多维度监测评价指标体系，以促进均衡为重点，研制校际均衡、区域均衡和城乡均衡的监测指标体系；以促进学校内涵发展为重点，着手研制“素质教育监测评价指标体系”；以促进学生健康成长为重点，研制“学生课业负担监测指标体系”；以提高教育教学质量为目的，开展学生学业质量监测。

完善“全域覆盖”的布局规划机制，优化城乡学校布局

一、优化“全域成都”中小学布局

在农村中小学标准化建设以及落实《成都市普通中小学（公办）布点规划（2006—2020年）》的基础上，结合地震后地质变化、村小布局

调整、农村中小学校舍改造、义务教育阶段薄弱学校改造和初中办学水平提升等因素，统筹规划、合理调整、科学布局灾后城乡中小学校点。

二、强化“全域成都”优质教育布局

规划18个义务教育品牌学校、6个品牌幼儿园进7大片区新建小区，受惠学生约40万，同时规划一批优质教育资源进灾区、进山区。根据城市发展定位，合理规划并高起点、高标准建设天府新区的学校，用现代理念、现代制度办好学校。规划2012年培育50所左右“新优质学校”（中心城区20所左右），力争到2015年，中心城区义务教育阶段优质学校比例超过80%，每个街道至少有一所义务教育阶段优质学校。

三、优化中心城区幼儿园布局

根据近年来中心城区人口增加情况、市民需求等，制定《成都市中心城区幼儿园布局规划（2011—2020年）》并经审批通过，在现有509所幼儿园基础上，规划到2020年在中心城区新增114所，服务半径在300米，部分地区至500米，在城区任何一个居住片区，不到500米就布局有一所幼儿园。每个幼儿园原则上控制在15个班以内。

深化“城乡统一”的标准建设机制，构建新型城乡教育关系

一、不断健全和完善教育标准体系

2011年，在国家、省、市已有标准基础上，进行补充、修订和完善，形成适合成都实际、具有成都特色的教育标准体系，以强化教育资源均衡配置的标准和制度保障。主要包括健全和完善办学标准、学校建设标

准、学校配置标准、学校管理标准、特色学校评估标准、教育质量评估标准、办学水平评估标准、教师队伍建设标准、教育经费投入标准等9大类37个标准。目前已完成14个，2012年内将完成其余23个。

二、实施农村学校（幼儿园）标准化建设

市政府授权国有公司为投融资主体，采取市场化融资，统一设计、统一标准、统一建设127个灾后教育重建的自建项目，2009年秋季开学前，169所重建中小学校全部如期交付使用。按照“统一规划、统一标准、统一风格、统一建设和统一管理”的要求，2009年至2011年，完成223所农村乡镇标准化幼儿园建设，并构建“政府建设、社会领办、规范管理、限价收费”的运行机制。

三、启动城乡中小学标准化提升工程

2012年，正式启动为期三年的城乡中小学标准化提升工程。按照国家城市标准提高教师编制标准，并上浮7%，加大教师学历提升奖励力度，提升教师素质水平。提高生均设备值标准，按照“统一设计、统一标准、统一建设”的要求，实施中小学教室光环境改造和运动场标准化改造工程，提升设施装备水平。提高生均公用经费财政拨款标准，并建立标准动态调整机制，每两年调整一次，提高经费保障水平。

深化“倾斜农村”的资源配置机制，均衡城乡办学条件

一、项目建设向农村倾斜

系统实施市域统筹的项目和工程，着力将可调控的教育资源向低位倾斜。近年来，先后实施了34.7亿元的灾后教育重建项目，投入7.2亿

元的中小学技术装备改善工程，市级补贴总额逾亿的农村乡镇中心幼儿园标准化建设项目，投入1亿元的村小改造工程，投资77.5亿元的校舍安全工程，总投入已超过30亿元的职教攻坚工程等。

二、教育经费向农村倾斜

建立“市级统筹、分级承担，分类指导、区别对待”的经费分担机制，确立“一圈层给政策、二圈层给补贴、三圈层给倾斜”的经费支持机制，推动财政投入向农村教育倾斜，农村教育投入占全市教育总投入比例超过60%。

三、教师配置向农村倾斜

2009年，启动成都大学每年招收培养100名定向到农村的免费师范生工作。截至2011年，全市已累计招募“成都市高校毕业生支教计划”教师2 331名到农村学校任教。由市政府出资，实施两年的“常青树——名优退休教师下乡兴教计划”，已招募57人次名优退休教师下乡兴教。市级设立专项奖励经费，每年从城区选拔40名校长到农村学校任职3年，从农村学校选拔40名后备干部到城区挂职锻炼1年。

四、教师待遇向农村倾斜

2009年，全面落实义务教育绩效工资，实现教师收入“同县同筹”。到农村学校任职任教的干部教师，享受农村学校教师补贴。通过集中建设、政府补贴等方式，建成农村教师住房6 293套。评优评先、职称评定向农村教师倾斜，坚持除80%的评优名额在全市统一使用外，把20%的名额再投向农村学校。

（四川省教改办推荐）

实现两个“全覆盖”让每个孩子都吃饱吃好

——云南省加大农村义务教育省级政府统筹力度

【摘要】云南省有535万农村义务教育学生，其中寄宿制学生有300多万人。让这些孩子在学校吃上营养、可口、卫生、热乎的饭菜，是每个父母最急切的渴望，更是全社会高度关注的一件大事。2012年春季起，云南省委、省政府结合本省实际，加大省级管理统筹力度，全面扩大覆盖受益范围，在做好国家85个营养改善计划试点县工作的同时，把其余44个县列入省级试点，实现农村义务教育营养改善计划和农村义务教育贫困寄宿制学生生活补助两个“全覆盖”，提高了学生营养水平。

改革实施背景

一、实施农村义务教育学生营养改善计划是国家推行的重大民生工程

2001年，国家在部分中心城市的部分中小学，试点推行“学生饮用奶计划”和“学生营养餐工程”，云南部分州（市）城区学校开展了试点工作。2011年10月26日，国务院常务会议决定启动农村义务教育学生营养改善计划。11月23日，国务院办公厅下发了《关于实施农村义务教

育学生营养改善计划的意见》；11 月 24 日，国务院召开电视电话会议，部署实施全国农村义务教育学生营养改善计划。从 2011 年秋季学期开始，国家在集中连片特殊困难地区开展试点，实施农村义务教育学生营养改善计划，由中央财政按照每生每天 3 元的标准为试点地区农村义务教育阶段学生提供营养膳食补助。同时，中央财政进一步加大“两免一补”中家庭经济困难寄宿学生生活费的补助标准。

二、云南始终注意改善农村中小学生生活水平和条件

2000 年以来，云南积极采取措施，努力改善农村中小学校学生的生活水平和条件。一是大力倡导勤工俭学，各地因地制宜组织师生种好菜、养好猪、多收粮，提高学生膳食质量，降低生活成本，改善学生生活；二是积极开展营养餐试点，于 2001 年在昆明等部分中心城市的部分中小学试点推行“学生饮用奶计划”和“学生营养餐工程”，供餐方式主要是学校食堂集中供餐和学生营养餐企业送餐；三是充分发挥社会捐助的作用，昆明、保山等 6 个州（市）的 8 个县共 80 所学校，利用中国扶贫基金会的慈善资助，为贫困小学生每人每天提供一杯 200 ml 的牛奶和一个鸡蛋，为农村学校提供爱心厨房，累计获得资金 1 500 万元，惠及学生超过 2.2 万人。

三、仍需进一步做好云南农村中小学生营养改善工作

目前云南实施学生营养改善计划仍存在一些困难和问题。如农村中小学食堂严重缺乏。85 个县（市、区）寄宿制中小学食堂缺口就达 310.98 万平方米。学生膳食方式不统一。小学寄宿制学校学生实行一日三餐的占 26.36%，实行一日两餐的占 73.64%；中学寄宿制学校学生实行一日三餐的占 78.43%，实行一日两餐的占 21.57%。农村中小学后勤人员严重不足。大多数靠聘请临时工作为学校后勤人员，按每 50 名就餐学生配备 1 名工作人员的标准测算，中小学缺口达 19 096 人。

主要措施

一、大力加强省级政府统筹

省委、省政府高度重视农村中小学生生活水平和条件改善工作。针对中小学生“吃饭难”问题，省委、省政府领导作出了重要批示。2011年7月，副省长带队到昆明市的禄劝县进行了深入调研，提出了“加快食堂建设、提高寄宿生生活补助比例”的意见和建议。2011年底，云南完成《义务教育学生营养改善计划实施方案》的制定工作，并报请省人民政府批准，已上报教育部和财政部。2012年2月27日，云南召开电话会议，作出实现农村义务教育营养改善计划和农村义务教育寄宿制学生生活补助两个“全覆盖”的重大部署。结合落实教育经费法定增长，努力实现国家财政性教育支出达到国内生产总值4%的年度增长目标任务，省委、省政府加大教育财政投入，对“双覆盖”所需资金进行了全面统筹。除国家投入外，省、州（市）共同筹措，保证全部农村学生自2012年3月1日起享受到营养餐政策，同时使所有义务教育寄宿生均享受到生活补助。

二、全面扩大覆盖受益范围

（一）在国家确定85个试点县的基础上，将44个非国家试点县纳入全省营养改善计划实施范围，补助标准不变，同步实施试点，实现全省534.9万农村义务教育学生全覆盖。其中，中央财政每年安排资金约22.99亿元；列入省级试点的44个县所需资金全部由省级财政承担，需增加资金约9.1亿元。在省级层面的带动下，各州（市）财政也加大了对营养改善计划的扶持力度。如临沧市为实施“早餐计划”，共下拨资金1 638.12万元，其中市财政下拨456.27万元，各县（区）财政下拨1 181.85万元。

（二）在农村寄宿制学生生活补助方面，决定在国家原补助省内250多万学生的基础上，对未享受到贫困寄宿生生活费补助的农村义务教育

48.94 万中小学生提供寄宿生生活补助，将“一补”范围扩大到全省农村义务教育全部寄宿学生。其中小学 30.62 万人、初中 18.32 万人，省级财政安排资金 2.67 亿元。

三、积极加强学校食堂建设

改变经营模式，切实加强食堂管理。自 2011 年起，云南认真组织实施薄弱学校食堂改造建设项目，加大食堂建设力度。为了把这一民生工程办好办实，省委、省政府决定，加强对学生食堂的管理，所有学校的学生食堂 2012 年内都必须退出承包经营模式，改由学校直接管理，实行零利润经营，确保国家和省、州（市）的补助资金全额用于学生伙食。

四、探索开展中小学勤工俭学基地建设

省委、省政府明确提出，要将云南探索出的一些成功经验的勤工俭学活动继续做好，各级政府要长期保留中小学勤工俭学基地，确保每所小学不少于 5 亩地，中学不少于 10 亩地。云南省还要从中小学公用经费中挤出一定的资金，按照每所小学 5 万元、每所初中 10 万元的标准安排资金，用于支持学校修建大棚、猪圈、水利设施、土地平整、配备生产设备和工具等，通过勤工俭学的产品和收入补充和改善农村学生的生活。

五、加强管理，让学生吃得放心、吃得健康

省长明确批示，要“以对人民、对社会高度负责的态度，加强组织领导，狠抓工作落实，确保食品卫生和学生健康安全，确保补足经费足额到位，切实把这两件好事、实事办成‘民生工程’‘放心工程’‘阳光工程’”。副省长在全省电视电话会议上也就加强学生食堂管理、加强农村义务教育学生营养改善计划实施过程的监督检查作了讲话。

根据中央和省委、省政府的部署安排和有关领导的重要指示精神，省教育厅和各州（市）狠抓落实，建立相关管理制度，保障“双覆盖”

的有力推进。如玉溪市各县区教育局建立起中小学网上学籍管理系统，确保实名制学生与实施营养计划的人数一致，并全面实行持卡供餐制。临沧市还与各县区签订目标责任书，将农村义务教育学生营养改善计划作为年度考核的重要内容。

主要成效

一、加大了教育投入，扩大了受益范围

在国家农村义务教育学生营养改善计划试点中，云南共有85个县（市、区）列入试点范围，受益学生为383.21万人。其中，小学265.39万人，初中116.55万人，特殊教育学生1.27万人。受益学生占云南农村中小学生总数的70.7%。

二、多措并举，提高了学生营养水平

通过实施营养改善计划，各州市不仅仅拘泥于“蛋奶”形式和3元钱这个范畴，还因地制宜地探索营养餐实施路子，使中小学生餐食结构更趋合理，提高了营养水平。如大理推出了以饵丝、米线等为主的组合套餐。也有在寄宿制学校一日三餐的基础上提高质量的供餐方式。

三、受到社会各界的广泛好评

农村义务教育学生营养改善计划以及寄宿制学生生活补助全覆盖的实施，在社会上引起强烈反响，受到广泛好评，这一民生之举，更被老百姓亲切地称为“鸡蛋工程”或“蛋奶工程”。

（云南省教改办推荐）

教育成就民生幸福　教育决定深圳未来

——广东深圳市强化政府统筹职能，推进教育综合改革

【摘要】2010年，国家教育体制改革试点全面启动，深圳被国家授予承担开展省级政府教育统筹综合改革试点的任务。试点启动以来，深圳以教育体制改革为主线，统筹特区教育一体化发展，统筹编制教育发展规划，统筹建立健全以政府投入为主、多渠道筹集教育经费、保障教育投入稳定增长的体制机制，转变政府办教育管教育的方式，强化教育体制机制活力，强化学校自主内涵发展动力，促进教育与经济社会协调发展、各级各类教育协调发展。经过坚持不懈的努力，教育促进民生幸福、服务城市转型发展的能力不断增强，试点改革取得阶段性成效。

强化政府统筹职能，扎实推进教育综合改革

经过30多年的改革发展，深圳教育发展取得了令人瞩目的成就。全市现有户籍人口250万，常住人口约900万，实际总人口已突破1 400万；现有各级各类学校1 757所，在校学生143.53万人，教职工12.28万人。深圳市委市政府借助开展省级政府教育统筹综合改革试点这一契机，提出“教育成就民生幸福，教育决定深圳未来”的核心理念，统筹推进各级各类教育协调发展，要求教育当好“有使命感的领跑者”，不仅为深

圳提供可持续发展的动力，也为全省乃至全国教育改革探索新路、创造经验。

一、统筹制定教育改革发展“2 + N”纲领性文件

2010 年 9 月，深圳在全国、全省教育工作会议之后，立即召开了全市教育工作会议，市委市政府出台《关于推进教育改革发展率先实现教育现代化的决定》，提出未来 5 ~ 10 年教育发展的战略目标、主要任务、改革重点和保障措施。在此基础上，深圳组织开展了一系列专题调研，研究制定了《深圳市中长期教育改革和发展规划纲要（2011—2020 年）》和《深圳市教育发展“十二五”规划》两个纲领性文件，以及与此配套的学前教育发展行动计划、中等职业技术教育改革和发展行动计划、教育国际化行动计划和加强教师队伍建设的意见等。《深圳市国民经济和社会发展第十二个五年规划》和首次编制的《深圳市社会事业发展“十二五”规划》也都对教育作了重点规划。

二、扎实规划和部署教育综合改革试点

2010 年 11 月，深圳向国家教育体制改革领导小组办公室报送了省级政府教育统筹综合改革试点项目任务书。以省级政府教育统筹综合改革试点为龙头，深圳还着力推进改善民办教育发展环境和中小学课程改革等两项国家教育体制改革试点，围绕国家 3 项试点任务，具体部署了 63 项配套改革项目。同时，把推进省级政府教育统筹综合改革试点纳入市、区党政领导干部基础教育工作责任考核。通过这几个方面的部署和措施，深圳推进省级政府教育统筹综合改革试点工作从组织领导、工作机制、目标任务到责任分工、任务落实、进度安排等，都具体明确，进展扎实。

三、统筹建立健全教育投入稳定增长体制机制

市委市政府将教育投入作为财政优先保障的重点领域，全面落实

《国务院关于进一步加大财政教育投入的意见》等财政教育投入政策，完善教育投入机制，加大教育投入，用好管好教育经费。市委市政府《关于推进教育改革发展率先实现教育现代化的决定》，提出市、区财政一般预算支出中教育拨款比例每年同口径提高1个百分点。自2011年起，全面开征地方教育附加，首次将城市土地出让金收益的10%用于教育发展。健全教育经费多元筹措机制，鼓励国内外各界人士及机构捐资助学办学，多渠道筹措教育发展基金。

统筹特区教育一体化发展，缩小区际、校际差距

过去，因“一关分内外”，特区内外、学校之间，教育基础、发展水平、教育质量存在较大差距。2010年7月，深圳经济特区的范围扩大到全市，深圳在继续促进教育机会公平的基础上，把统筹推进特区教育一体化发展、合理配置教育资源，作为开展教育体制综合改革的主要着力点，缩小区域教育发展差距，提升教育公平水平。

一、用法制手段统筹促进教育公平

教育法规是教育公平的保障。深圳经济特区扩大到全市范围后，于2011年完成对特区法规和较大市立法的清理工作，实现各项教育法规适用于全市范围。首先把全市特别是原特区外教育用地规划纳入城市空间专项规划，由规划国土部门商教育行政部门统一编制。凡新建住宅小区需配套建设学校的，房地产项目分期开发建设时，必须在首期建设中配套建设学校；配套学校与房地产项目必须同期竣工验收，并将产权移交给政府，住宅小区与配套学校建设做到同步规划、同步施工、同步交付使用。2012年3月起施行的《深圳经济特区社会建设促进条例》，特别强

调基本公共教育，为合理均衡配置公共教育资源、优化教育结构、促进教育公平等，提供了强有力的立法保障。

二、提高教育资源均衡配置水平

2011年1月，市政府出台《关于优化深圳市义务教育财政投入结构的意见》，实现全市各区范围之内学校统一生均经费标准。2013年，全市义务教育阶段公办学校除人员经费以外的日常运行费用，将实行统一的生均拨款制度，并建立学校生均拨款标准调整长效机制，根据经济社会发展水平和物价水平适时调整生均拨款标准。深圳还正在建立全市统一的义务教育阶段公办学校设备设施配置标准及价格标准，目前已完成新一轮《深圳市学校设备设施配置标准》的编制工作，正在做好进一步论证和完善工作。

三、统筹推进学校均衡优质发展

教育投入向原特区外倾斜，截至2010年底，市、区两级财政投入近10亿元，完成原特区外96所村办小学设备设施的标准化设置和校舍改扩建工程，新增学位3.44万个，大大缩小了原特区内外、校际的办学差距。在此基础上，从2010年起，安排1.33亿元，启动为期3年的“百校扶百校”行动，对原特区外101所相对薄弱的学校进行“一对一”帮扶，帮扶学校之间通过开展相互听课、评课等教研活动及互派挂职干部等，实现结对双方优势互补、资源共享。2011年召开百校扶百校工作现场会，推广先进经验，表彰和奖励帮扶先进学校。2010年以来建成的5所普通高中均位于原特区外，正在建设和“十二五”期间规划建设的6所普高也均位于原特区外，显著强化了原特区外教育硬软件建设。

四、统筹推进学校内涵特色发展

2010年出台的《深圳市中小学素质教育特色学校创建实施方案》及

《加强中小学素质教育特色学校创建管理的若干意见》等文件，要求在全市范围开展素质教育特色学校创建工作。借鉴国际教育督导评价元素，编制《深圳市中小学办学水平评估方案》，以学校内涵发展、自主发展、自我诊断为督导重点，每四年对全市中小学进行一轮强制评估，构建以内涵发展为核心的指标体系、以问题为引领的学校诊断体系和以常态化为特征的信息采集体系。推进教育信息资源共建共享，全市公办中小学计算机配备实现师机比 1∶1，生机比 4.7∶1，市教育城域网已实现“校校通”和市、区、校三级互联互通，建立市级“网络课堂”，实现 4 000 多节优秀教学课例上网，全社会共享。目前，正在谋划和推进运用深圳超算中心和云服务中心优势资源，发展云端教育服务。

五、统筹公办、民办教育协调发展

民办教育已成为深圳教育事业的重要组成部分，为满足人口急剧增长产生的学位需求和市民群众多元化的教育选择，增强教育活力作出了积极贡献。深圳没有公办名校“翻牌”民办校、“无证”民办校和农民工子弟学校，但民办学校的整体办学条件、办学水平仍有待提高。深圳正以推进“改善民办教育发展环境”改革试点为契机，扶优汰劣，创新多元办学体制机制，鼓励民办学校优质特色发展，努力把民办教育办成深圳教育亮点。

六、切实解决外来务工人员子女上学问题

深圳对外来务工人员子女义务教育，坚持做到“四个统一”：统一学位申请，非深圳户籍儿童可与深圳户籍适龄儿童一样，不分户籍，按统一程序网上申请免试就近入学，学校招生计划、招生地段、招生条件、招生结果均面向社会公开；统一免费管理，符合入学条件者大部分安排入读公办学校，选择就读民办学校的也按统一规定实行免费；统一学籍管理，全市公办、民办中小学校学生学籍联网管理；统一教育管理，平

等实施教育教学。据统计，近三年深圳义务教育阶段70%以上的学位、公办学校55%以上的学位提供给了外来务工人员子女。这方面深圳已形成三个亮点：增加免费项目，在国家规定免交学费、杂费的基础上，增加了免收课本费（含部分练习本费）项目；免费对象从本省户籍扩大到符合深圳就读条件省外内地户籍学生；对符合就读条件、在民办学校就读的外来务工人员子女实行与公办学校相同标准的免费补助。

着力推进高等教育跨越发展，探索高等教育发展新路

一、深化深圳大学内部管理体制改革

重点推进人事分配制度改革，教职员工全员签约聘任、分类管理，行政人员脱钩行政级别。建立高端人才引进和培养机制，学校现已建立起学术主导的内部管理体制，建立了人事工作教授委员会、计财工作教授委员会、学术委员会，确立了人才招聘、资源分配、学科建设的学术主导方向。

二、发挥市校合作优势办好深圳大学城

深圳大学城与深圳产业结合紧密，2010年以来，努力完善科研创新平台，充分利用清华、北大、哈工大校本部优势，扩大学生培养规模，探索试办本科教育和国际化办学新模式，着力提升科技原创能力、高层次人才创新能力和高水平社会服务能力，使其成为深圳乃至全国高等教育科技创新示范基地和产学研结合典范区。3个研究生院已构建国际化创新团队，承担多个“863”“973”、自然科学基金、社会科学基金等国家级项目。全市现有全职院士5人、双聘院士16人、双基地院士17人，鹏城学者长期特聘教授15人、短期特聘教授45人，国家重点实验室深

圳分室1个，国家工程研究中心分中心3个，在建国家级重点实验室或分室9个，为深圳自主创新提供了有力支撑。

三、强力推进特色学院建设

面向深圳经济社会发展重大需求，按照“国际化、开放式、小而精”的原则，吸引国内外高水平大学与知名企业强强联合，高起点建设特色学院。2011年10月，深圳市第一所特色学院华大基因学院挂牌成立。2012年正在力推深圳先进技术学院、光启新材料学院等3～4所特色学院建设，香港城市大学表示愿在光启高等理工研究院设立博士点，由光启研究院具有导师资格的人员授课。在迅速聚集优质高教资源、增强教育对城市产业转型升级的支撑能力等方面，将取得新突破。“十二五”期间，全市将建设5～10所特色学院，主要采取三种形式：企业举办、现有高校二级学院与企业合作办学、国内外高校相关专业合作组成独立建制的学院。

加大财政支持力度，创新学前教育发展思路

深圳学前教育规模大，民办园比例高，政府产权配套园数量多。截至2011年底，全市共有幼儿园1 093所，其中民办园1 034所，占幼儿园总数的94.6%。从这一实际出发，积极探索具有深圳特色的学前教育发展新路，淡化公办与民办的办园体制差异，走以发展普惠性幼儿园为主、保障学前教育公益性和普惠性的道路，满足市民子女入园要求。一是将学前教育经费列入市、区财政预算。到2013年，市政府每年安排不少于1亿元的专项经费，用于学前教育发展。到2015年，学前教育经费将提升到财政教育拨款的5%，新增教育经费向学前教育倾斜。二是推进

普惠性幼儿园建设。从 2012 年起，新建政府产权幼儿园全部办成普惠性幼儿园。到 2013 年，全市普惠性幼儿园比例达到 50% 以上，到 2015 年达到 70% 以上，每个社区都有一所普惠性幼儿园。三是建立学前教育保教费补贴制度。对深圳户籍和符合深圳人口管理政策的 3 ~ 6 岁在园儿童提供补贴和资助。通过近两年的努力，目前全市共有 922 所幼儿园通过规范化督导验收，占全市幼儿园总数的 83%，幼儿园就读问题得到较好解决。

统筹发展职业教育，服务产业转型升级

积极推动职业教育围绕城市支柱产业、战略新兴产业和高端服务业，深化与企业合作，实现职业教育与现代产业对接。

一、强化职业教育统筹规划和管理

颁布实施《深圳市中等职业教育改革发展行动计划（2011—2015 年）》，2010 年组建了由政府统筹、以职业院校为主体、行业企业参与的深圳市第一职业教育集团，加快职业教育园区建设，推动校企深度合作，构建高、中职对接人才成长“立交桥”。建立经常性对话协商机制和工作平台，促进院校间、院校与企业间合作和资源共享。全市中职学校现有全国示范校 2 所、国家级重点校 5 所、省级重点校 2 所。2011 年、2012 年，在全国职业院校技能大赛中，深圳均获得优异成绩，名列全国前列。

二、提升高职教育骨干带头作用

深圳职业技术学院大力推动教学改革、就业创业创新教育，被评为全国高职院校示范校和全国十大最具就业力高职院校。深圳信息职业技

术学院全面提升软件专业教学水准，被评为全国高职院校骨干校和国家示范性软件职业技术学院。这两所高职院校正在进一步深入探索有高职特色的科研模式与路径，及与产业企业密切结合的办学和育人模式，争取多为全国高职教育出理论、出经验、出成果。

三、建立健全中、高职教育协调发展的现代职业教育体系

2011 年，中高职对口衔接培养工作进入新阶段，开展中高职 5 年制（3 + 2）对口招生及高职院校对口自主招生试点，扩大“中职—电大直通车”试点学校范围，中高职对口衔接培养工作已取得新进展。2012 年，深圳职业技术学院获准与深圳大学联合招收职业教育本科生，标志着深圳中职、高职和本科以上教育衔接贯通的职业教育体系建设取得重大突破。对深圳产业发展急需的 7 个紧缺专业实行免费教育，5 所中职学校新建扩建项目列入广东省新建扩建 100 所中等职业学校建设项目，7 所中职学校实训基地被认定获中央财政支持，2 所中职学校被列为首批建设的全国中职改革发展示范校。依托市第一职业教育集团与新西兰惠灵顿理工学院等 3 ~ 5 所院校开展合作办学，互认学分的专业超过 20 个，每年招生规模 4 ~ 6 个班，国际班办学规模进一步扩大，开创了职业教育集团化办学和合作办学的新局面。

（广东省深圳市教改办推荐）

联动发展 合作共赢

——长三角教育联动发展探索

【摘要】为全面落实《国家中长期教育改革和发展规划纲要（2010—2020年）》的有关要求，积极贯彻国务院《关于进一步推进长江三角洲地区改革开放和经济社会发展的指导意见》和国家发改委《长江三角洲地区区域规划》的精神，上海市教委、江苏省教育厅、浙江省教育厅于2009年正式建立长三角教育联动发展会商机制，并轮流召开了四次高层论坛（研讨会），不断完善长三角教育合作机制，拓宽长三角教育合作领域，深化长三角教育合作内容，创新长三角教育合作形式，有力地推进了长三角教育改革与发展进程。

夯实基础，建立机构，加强长三角教育联动发展机制建设

长三角教育联动发展是一项开创性的工作，可供借鉴和参考的经验有限，需要在实践中不断探索和总结。因此，为了确保持续推进长三角教育联动发展，需要加强对长三角教育联动发展工作的理论研究，建立健全长三角教育联动发展的工作机制，全面夯实长三角教育联动发展的工作基础。

一、建立长三角教育联动发展协调领导机构，推进长三角教育联动发展工作有序开展

为增强长三角教育联动发展的组织协调力度，江浙沪三地教育行政部门经研究决定成立长三角教育联动发展协调领导小组及其办公室，专门印发了《上海市教育委员会、江苏省教育厅、浙江省教育厅关于成立长三角教育联动发展协调领导小组的通知》文件。长三角教育联动发展协调领导小组由上海市教育委员会主任、江苏省教育厅厅长、浙江省教育厅厅长任组长，领导小组的主要工作职责是：定期召开协商会，审定年度联动发展计划与合作项目；组织制定长三角教育联动发展规划纲要；举办长三角教育联动发展研讨会；制定区域联动发展政策与措施；协调联动发展重大事项与重大问题。

长三角教育联动发展协调领导小组下设办公室，分别挂靠在上海市教委政策法规处、江苏省教育厅政策法规处和浙江省教育厅政策法规处。为方便长三角教育联动发展协调领导小组及其办公室开展工作，专门制作并启用了“长三角教育联动发展协调领导小组办公室”印章。

二、建立定期会商制度，每年召开一届长三角教育联动发展研讨会

自 2009 年开始，每年召开一届长三角教育联动发展研讨会，到 2012 年为止，一共召开了四届。先后签署了《长三角数字教育资源合作建设协议》《长三角地区中等职业教育实训基地共享框架协议》《长三角基础教研联动发展协议》《关于长三角高等教育专家资源库建设及共享的协议》《长三角高等学校大型仪器设施共享协议》《关于建立长三角地区高校图书馆联盟的框架协议》《长三角研究生教育创新计划合作协议》《关于共同举办长三角地区国际教育展合作意向书》《长三角高校优秀中青年干部挂职培养合作协议》《长三角地区高校学分互认协议》《关于建立新一轮长三角教育协作发展会商机制协议书》《长三角地区中等职业学校校长、专业负责人交流挂职框架协议》以及《长三角学校德育教师培训合

作意向书》等 13 项协议。

三、搭建对话与交流平台，共同探讨长三角教育改革与发展

为了更好地交流长三角各地共同关心的教育问题，长三角有关部门、社会机构积极搭建各种平台，构筑长三角教育联动发展的沟通渠道。如民盟、政协、教育学会等社会团体机构联合主办的“长三角基础教育论坛”，教育报刊社联合举办的“中国长三角校长高峰论坛”，幼教杂志联合举办的“长三角幼儿教育发展论坛”，社区教育部门联合举办的“长三角社区教育发展论坛”，民办教育部门联合举办的“长三角民办教育高峰论坛”，教研室联合举办的“长三角语文教育论坛”，等等。这些对话交流平台能够有效地实现信息交流与经验共享，推动共同面临的热点、难点问题的解决。此外，长三角有不少学校通过建立结对关系等方式，围绕学生培养、教师培训、课程建设、学校管理等各个方面开展了深入的合作。

共建共享，优化配置，推进长三角优质教育资源共享

为推动教育资源建设和应用的跨地区战略性协作，探索教育资源的区域性共建、共享、共赢机制，江浙沪三地教育行政部门按照“优势互补、长期合作、利益共享、共同发展”的原则，共同构建各类高水平教育资源共享平台。

一、开展优质数字教育资源的开发与应用，促进长三角地区教育信息化的发展

一是制定《中国长三角优质教育资源网规划工作方案》，正式开

通运行长三角优质教育资源网，并实现与各省市教育资源网的互联互通，形成了长三角地区教育资源的信息交流与共享平台。二是于2010年11月底完成“长三角新课程信息技术与学科整合优秀课例集萃（小学版）”“长三角新课程信息技术与学科整合优秀课例集萃（初中版）”两套DVD系列光盘的制作（每套光盘为30节课，三地各提供小学10节、初中10节课），目前已由上海教育音像出版社正式出版、推广应用。三是开展长三角千所学校网络结对活动，实施期限为2010—2012年，分三年实施。2010年完成30所种子学校的结对工作，2011年底完成300所学校结对，到2012年底将完成1 000所学校结对。2010年12月在苏州召开长三角千所学校网络结对第一批试点学校工作会议，并举行了首批30所学校的结对签约仪式。2011年11月在宁波召开长三角千校网络结对活动工作会议，完成了新的300所学校网络结对，同时对首批结对学校进行了表彰授牌。

二、构建高校大型仪器共享平台，助推高校科研合作

为实现高校系统大型仪器设施网络在长三角地区的有效对接，向全社会开放高校的大型科学仪器设施和公共实验室，为各种产业研发提供设计、检测、测试、标准化等专业技术服务，促进资源共享，降低高校大型仪器的闲置率，提升区域整体教育创新水平，江浙沪三地教育行政部门决定共同建立大型仪器共享平台。目前，已将长三角高等学校大型仪器共享平台纳入上海研发平台的免费热线电话“800-8205-114”中，将热线电话展示在长三角教育大型仪器的专题页面以及其他相关的宣传资料中，为长三角教育资源平台的建设提供包括热线电话在内的信息服务，成为长三角高校大型仪器共享的一扇对外服务窗口。此外，正在成立长三角地区高等学校大型仪器设施共享工作协调机构，建立“长三角区域科学研发仪器共用服务平台”网络，制订大型仪器设施共享的管理办法和激励措施。

三、打造长三角高校图书馆联盟，构建国际化的长三角信息资源链

为充分利用长三角各级各类高校图书馆现有的优质文献信息资源，江浙沪教育行政部门决定打造长三角高校图书馆联盟，共建一个以数字资源为主体的包括印本资源在内的长三角地区高校图书馆文献信息资源服务共享平台，以实现长三角地区高校文献信息资源的共建、共知和共享。图书馆联盟的主要任务是：在馆际互借、原文传递、资质认证、课题咨询服务、设备利用等方面展开合作；促成江苏省高等教育文献保障系统项目、浙江省高校数字图书馆项目和上海教育网络图书馆项目的建设成果转化为长三角教育的共同成果，服务功能扩展和延伸至地区范围内所有高校馆的广大读者；开展长三角地区高校图书馆间的馆员互访交流和馆员培训；加强与国内外其他联盟间的联络交流，处理协调与合作的相关事宜。目前，上海有 41 所浙江有 55 所高校签约加盟，江苏高校的签约加盟工作也在进行之中。启动了四个具体项目：长三角地区高校图书馆联盟文献共知共享平台项目，长三角地区高校图书馆联盟期刊信息服务平台，长三角地区高校图书馆联盟门户和认证系统建设，长三角地区高校图书馆联盟非书资料共享云。其中，联盟共享平台和门户认证系统属联盟网站基础设施建设，期刊信息服务平台和非书资料共享云属两个具体的重点项目。

四、加强中等职业教育实训基地共享，建设长三角高水平实训基地

为加快长三角地区的职业教育发展，江浙沪三地教育行政部门首批遴选了 15 个设备先进、管理一流、技术领先的通用型专业实训基地，作为长三角地区中等职业教育共享实训基地，面向长三角地区所有职业学校开放，接纳三地学生进行实训。同时，三省市教育行政部门分工协作，共同组织开发实训教学仿真软件，已有的仿真软件逐步实现共享。此外，三地还积极推动中等职业教育课程资源的沟通、交流与共享，逐步实行课程互选、学分互认。

五、共享终身教育资源，推进长三角学习型社会建设

为促进长三角地区终身教育和公共文化事业的合作与发展，加快教育公共服务平台和公众讲座资源的共享与联动，江浙沪三地教育、新闻出版、公务员管理和图书馆等12家单位共同签署了《长三角地区公众讲座资源共建共享协议书》，形成跨地区、跨部门公众讲座资源共建共享联盟，并于2011年8月16日至17日在上海图书馆共同举办了为期两天的“长三角地区公众讲座论坛”。此外，长三角地区每两年举办一届的“长三角社区教育发展论坛”，已经成为江浙沪三地社区教育工作者交流、学习与展示社区教育工作经验、探讨社区教育发展问题的平台。

合作培训，交流挂职，共同提升长三角师资队伍建设水平

建设一支高水平的师资队伍，是全面提高教育质量的关键所在。为了共同提升长三角师资队伍水平，江浙沪教育行政部门在师资队伍建设方面开展了深入的合作，充分利用各自的优势与资源，合作开展中小学校长培训，建立交流挂职制度。

一、开展长三角中小学名校长联合培训，共同提升学校管理水平

2010年正式启动的长三角中小学名校长联合培训计划，先后于2010年9月和2011年9月举办了第一、第二期长三角中小学名校长高级研修班，共培训学员200名。培训安排了通识培训、专题培训和基地学校培训等内容，每期开设近40场的专题讲座，组织学员参加了10余场优秀校长教育思想报告会，深入江浙沪两省一市的18所基地学校进行跟岗培训。目前，第一期已经顺利结业，第二期已完成通识培训、专题培训和基地培训，正在做出国培训准备和论文撰写工作。参加培训班

的校长在培训中能够做到学思结合、学研结合、学用结合、学创结合，他们还主动加强各学校教育经验的相互学习，系统总结、研究借鉴长三角地区学校的做法和经验，不断提高对学校教育教学和管理发展的认识水平。

二、开展长三角学校各类干部交流挂职，促进学校各类管理人才的成长

2011 年 10 月 25 日，召开长三角高校优秀中青年干部挂职签约暨启动仪式，会上签署了《长三角高校优秀中青年干部挂职培养管理办法》。经长三角有关部门密切配合、通力合作，最终选派 17 名高校优秀中青年干部到长三角其他地区高校交流挂职，其中上海派出 6 名到江、浙挂职，江苏派出 5 名到浙、沪挂职，浙江派出 6 名到江、沪挂职。

为加快推进长三角地区中等职业学校教师队伍建设，长三角教育行政部门组织开展了中等职业学校校长、专业负责人交流挂职，2011 年选派了 19 位中等职业学校校长、30 位专业负责人到长三角其他学校挂职。与往年的交流挂职相比，2011 年的交流挂职调整了时间，其中校长的交流挂职时间从过去的 3 个月调整为 2 个月，专业负责人从 3 个月调整为一个学期；拓展了范围，从发达地区为主向欠发达地区延伸，基本实现长三角区域全覆盖。

合作研究，合作培养，共同创新长三角人才培养模式

教育的根本任务是人才培养。为了深入推进素质教育，创新人才培养模式，全面提高教育质量，长三角教育行政部门合作组织开展教育教学研究，推进长三角高校学分互认，积极创新研究生培养模式。

一、追求共同发展，建立长三角教研发展共同体

2009 年，长三角教研室达成“长三角教研联盟”联动发展协议，共同建立会商沟通机制、资源共享机制，组织学术论坛，加强教研系统的横向交流与合作，推动事业发展。

2010 年 3 月在浙江杭州举办首届“长三角基础教育教学改革论坛”，论坛的主题是“教研员的使命与智慧”，开了 6 个分论坛，三地教研室专家分别就“课程与教材建设”“考试评价研究”“教学管理与教研管理”“高中教育教学改革”“初中教育教学改革”“小学教育教学改革”阐述了自己的观点，提出了建议。会议还对建立“长三角教研发展共同体”达成共识并签署了备忘录。

2011 年 3 月在上海市举办第二届“长三角基础教育教学改革论坛”，论坛围绕“质量与公平”主题，在“基础教育转型发展”“质量公平下的教学改革”“质量公平下的教研工作转型”“教研员的专业发展”等方面展开了充分的交流与研讨，并开展了“有效教学”“有效教研”“有效管理”三个方面的分论坛活动。

二、实施长三角交换生游学，推进高校学分互认

为推进长三角高校间的学分互认，实现优质教育资源的共享，长三角于 2011 年正式启动了高校交流生计划，首批参加长三角高校学生游学计划的高校为上海松江大学园区、浙江下沙高教园区和江苏仙林高教园区的各高校。2012 年上学期，浙江高校共派出 32 名学生赴上海松江大学园区和江苏仙林高教园区游学；江苏仙林高教园区高校共派出 24 名学生赴上海松江大学园区和浙江大学游学；上海松江大学园区高校共派出 24 名学生到浙江大学和南京大学游学。交换生的学习期限一般为 1 学年，交换生在接收高校修读相关专业的有关课程，接收高校为交换生提供修读课程的成绩单及学分，由交换生学籍所在学校按规定予以认定与转换。长三角高校间的学生互派、学分互认，加强了江浙沪两省一市高校区域

教育的深度合作。这一项目得到社会各界的广泛赞誉，多家媒体对这一人才合作培养新模式进行了广泛报道，引起积极反响。

三、举办长三角研究生论坛，提高研究生培养质量

为加强区域教育合作，提升创新人才培养工作水平，实现长三角区域研究生教育的科学发展、率先发展、联动发展，江浙沪三地教育行政部门自 2011 年开始积极推进长三角研究生教育创新计划项目的实施。2011 年的工作可以概括为“6 + 1”，即办好 6 场互相开放的“研究生论坛”，举办第 1 期“长三角研究生教育管理干部研讨班”。6 场长三角研究生论坛分别为：长三角“贸易、投资与中国经济的可持续发展”研究生论坛、长三角“戏剧影视文学与江南文化”研究生论坛、长三角“科技与新能源”研究生论坛、长三角“IT 创新”研究生论坛、长三角“教育学科研创新”研究生论坛、长三角“化学工程领域”研究生论坛。第 1 期“长三角研究生教育管理干部研讨班”于 2011 年 11 月 22 日至 27 日在苏州大学成功举办，来自上海、江苏和浙江三地高校的 30 名研究生教育管理骨干就新形势下研究生教育管理工作进行了深入的交流，共同探讨长三角研究生教育改革和发展问题。

（上海市教改办推荐）

后　　记

《国家中长期教育改革和发展规划纲要（2010—2020 年）》颁布两年来，各地各校根据教育规划纲要精神，围绕 425 项国家教育体制改革试点项目和各省（自治区、直辖市）及学校的试点项目，解放思想，大胆试验，勇于创新，涌现出一批教育改革的先进典型案例。这些案例所体现的经验和做法，反映了人民群众的智慧和基层的首创精神，初步展示了破解教育领域重点、热点和难点问题的重要成果，对于深化教育改革，促进教育事业科学发展，具有一定的启示意义。在各地教改办推荐的基础上，选择了 58 个典型案例，编入《教育改革典型案例（一）》。

参加本书编写工作的同志主要有：李铁群、张雪等。

在本书编写过程中，得到了教育部发展规划司、财务司、基础教育一司、基础教育二司、职业教育与成人教育司、高等教育司、教育督导团办公室、民族教育司、教师工作司、体育卫生与艺术教育司、科学技术司、高校学生司等相关单位的大力支持，提出了宝贵意见，在此表示衷心感谢！

由于时间紧迫，水平有限，书中难免有疏漏之处，恳请读者批评指正。

编　者

2012 年 8 月

图书在版编目（CIP）数据

教育改革典型案例. 1 / 刘自成主编. — 北京：人民教育出版社，2012.9
（中国教育改革发展丛书 / 袁贵仁总主编）
ISBN 978-7-107-25261-7

Ⅰ. ①教… Ⅱ. ①刘… Ⅲ. ①教育改革-案例-汇编-中国 Ⅳ. ①G521

中国版本图书馆CIP数据核字(2012)第215716号

责任编辑 牛瑞雪
装帧设计 吴丽丹
责任校对 黄 滨
责任印制 孙云鹏
出版发行 人民教育出版社
联系地址 北京市海淀区中关村南大街17号院1号楼
邮 编 100081
网 址 http://www.pep.com.cn
联系电话 010-58759829
印 刷 人民教育出版社印刷厂印装
开 本 787毫米×1092毫米 16开
印 张 27.75
字 数 360千字
版 次 2012年9月第1版
印 次 2015年7月第2次印刷
定 价 55.50元